U0857203

中国社会科学院创新工程学术出版资助项目
中国哲学社会科学学科发展报告·当代中国学术史系列

# 宪法学的新发展

NEW DEVELOPMENT OF SCIENCE OF CONSTITUTIONAL LAW

莫纪宏 翟国强 ● 主编

中国社会科学出版社

**图书在版编目(CIP)数据**

宪法学的新发展 / 莫纪宏，翟国强主编．—北京：中国社会科学出版社，2014.3

（中国法学新发展系列丛书）

ISBN 978－7－5161－4588－3

Ⅰ.①宪…　Ⅱ.①莫…②翟…　Ⅲ.①宪法学－研究－中国
Ⅳ.①D921.01

中国版本图书馆 CIP 数据核字(2014)第 171620 号

---

出 版 人　赵剑英
责任编辑　任　明
责任校对　季　静
责任印制　李　建

---

出　　版　中国社会科学出版社
社　　址　北京鼓楼西大街甲 158 号（邮编 100720）
网　　址　http：//www.csspw.cn
　　　　　中文域名：中国社科网　　010－64070619
发 行 部　010－84083685
门 市 部　010－84029450
经　　销　新华书店及其他书店

---

印刷装订　北京市兴怀印刷厂
版　　次　2014 年 3 月第 1 版
印　　次　2014 年 3 月第 1 次印刷

---

开　　本　710×1000　1/16
印　　张　19.5
插　　页　2
字　　数　324 千字
定　　价　55.00 元

---

凡购买中国社会科学出版社图书，如有质量问题请与本社联系调换
电话：010－64009791
**版权所有　侵权必究**

# 《中国哲学社会科学学科发展报告》

## 编辑委员会


**主　任**　王伟光

**副主任**　李　扬

**编　委**　（以姓氏笔画为序）

卜宪群　王国刚　王建朗　王　巍　邢广程　刘丹青
杨　光　李　平　李汉林　李向阳　李　林　李　周
李培林　李　薇　吴恩远　张宇燕　张顺洪　陆建德
陈众议　陈泽宪　卓新平　金　碚　周　弘　郑秉文
房　宁　赵剑英　郝时远　晋保平　唐绪军　黄　平
朝戈金　程恩富　谢地坤　蔡　昉　裴长洪　潘家华

**总策划**　赵剑英

**统　筹**　曹宏举　王　浩　任　明

# 总　序

当今世界正处于前所未有的激烈的变动之中，我国正处于中国特色社会主义发展的重要战略机遇期，正处于全面建设小康社会的关键期和改革开放的攻坚期。这一切为哲学社会科学的大繁荣大发展提供了难得的机遇。哲学社会科学发展目前面对三大有利条件：一是中国特色社会主义建设的伟大实践，为哲学社会科学界提供了大有作为的广阔舞台，为哲学社会科学研究提供了源源不断的资源、素材。二是党和国家的高度重视和大力支持，为哲学社会科学的繁荣发展提供了有力保证。三是“百花齐放、百家争鸣”方针的贯彻实施，为哲学社会科学界的思想创造和理论创新营造了良好环境。

国家“十二五”发展规划纲要明确提出：“大力推进哲学社会科学创新体系建设，实施哲学社会科学创新工程，繁荣发展哲学社会科学。”中国社会科学院响应这一号召，启动哲学社会科学创新工程。哲学社会科学创新工程，旨在努力实现以马克思主义为指导，以学术观点与理论创新、学科体系创新、科研组织与管理创新、科研方法与手段创新、用人制度创新为主要内容的哲学社会科学体系创新。实施创新工程的目的是构建哲学社会科学创新体系，不断加强哲学社会科学研究，多出经得起实践检验的精品成果，多出政治方向正确、学术导向明确、科研成果突出的高层次人才，为人民服务，为繁荣发展社会主义先进文明服务，为中国特色社会主义服务。

实施创新工程的一项重要内容是遵循哲学社会科学学科发展规律，完善学科建设机制，优化学科结构，形成具有中国特色、结构合理、优势突出、适应国家需要的学科布局。作为创新工程精品成果的展示平台，哲学社会科学各学科发展报告的撰写，对于准确把握学科前沿发展状况、积极推进学科建设和创新来说，是一项兼具基础性和长远性的重要工作。

中华人民共和国成立以来，伴随中国社会主义革命、建设和改革发展的历史，中国特色哲学社会科学体系也处在形成和发展之中。特别是改革开放以来，随着我国经济社会的发展，哲学社会科学各学科的研究不断拓展与深化，成就显著、举世瞩目。为了促进中国特色、中国风格、中国气派的哲学社会科学观念、方法和体系的进一步发展，推动我国哲学社会科学优秀成果和优秀人才走向世界，更主动地参与国际学术对话，扩大中国哲学社会科学话语权，增强中华文化的软实力，我们亟待梳理当代中国哲学社会科学各学科学术思想的发展轨迹，不断总结各学科积累的优秀成果，包括重大学术观点的提出及影响、重要学术流派的形成与演变、重要学术著作与文献的撰著与出版、重要学术代表人物的涌现与成长等。为此，中国社会科学出版社组织编撰“中国哲学社会科学学科发展报告”大型连续出版丛书，既是学术界和出版界的盛事，也是哲学社会科学创新工程的重要组成部分。

“中国哲学社会科学学科发展报告”分为三个子系列：“当代中国学术史”、“学科前沿研究报告”和“学科年度综述”。“当代中国学术史”涉及哲学、历史学、考古学、文学、宗教学、社会学、法学、教育学、民族学、经济学、政治学、国际关系学、语言学等不同的学科和研究领域，内容丰富，能够比较全面地反映当代中国哲学社会科学领域的研究状况。“学科前沿研究报告”按一级学科分类，每三年发布，“学科年度综述”每年度发布，并都编撰成书陆续出版。“学科前沿研究报告”内容包括学科发展的总体状况，三年来国内外学科前沿动态、最新理论观点与方法、重大理论创新与热点问题，国内外学科前沿的主要代表人物和代表作；“学科年度综述”内容包括本年度国内外学科发展最新动态、重要理论观点与方法、热点问题，代表性学者及代表作。每部学科发展报告都应当是反映当代重要学科学术思想发展、演变脉络的高水平、高质量的研究性成果；都应当是作者长期以来对学科跟踪研究的辛勤结晶；都应当反映学科最新发展动态，准确把握学科前沿，引领学科发展方向。我们相信，该出版工程的实施必将对我国哲学社会科学诸学科的建设与发展起到重要的促进作用，该系列丛书也将成为哲学社会科学学术研究领域重要的史料文献和教学材料，为我国哲学社会科学研究、教学事业以及人才培养作出重要贡献。

王伟光

# 中国法学新发展系列丛书

## 编　委　会

**总 主 编**　陈　甦

**编　　委**　王家福　梁慧星　李　林　陈　甦
陈泽宪　孙宪忠　刘作翔　莫纪宏
李明德　王敏远　周汉华　邹海林
张广兴　熊秋红　田　禾　冀祥德
沈　涓　赵建文　朱晓青　柳华文

**学术秘书**　席月民

# 《中国法学新发展系列》序

历史给了中国机会，而我们在场。历史正在给中国法治进步和法学繁荣以机会，而我们正好也在场。回首历史，恐怕没有哪个时代会像当今这样，给予法学研究者这样多的可以有所作为也必须有所作为的机会与责任。社会发展需要法治进步，法治进步需要法学繁荣。我们真的看到，在社会发展和法治进步的期望与现实的交织作用下，在以改革、发展、创新为时代价值的理论生成机制中，中国法学的理论建树与学科建设均呈现出前所未有的成就，其具体表现是那样的明显，以至于任何法学研究者均可随意列举一二。因此，在中国法学的理论形成与学科发展的场域中，我们有足够的与我们学术努力和事业贡献相关的过程及结果事例作为在场证明。

但是，我们作为法学研究者，是否对我们的理论创造过程以及这一过程的结果，特别是这一过程中的自己，有着十分清醒与充分准确的认识，这恐怕不是单靠态度端正或者经验丰富就能简洁回答的问题。在当前的学术习惯中，对法学研究成果的认识与评价缺乏总体性和系统性，往往满足于某项单一指标的概括标识和简要评述。对于法学研究成果，通常依赖著述发表载体、他引次数、获奖等级等指标进行衡量；对于法学研究过程，通常要在教科书的理论沿革叙述、项目申报书的研究现状描述中获得了解；对于法学研究主体，通常要靠荣誉称号、学术职务甚至行政职务予以评价。（当然，这种学术习惯并不为法学专业所专有，其他学科亦然。）这些指标都是有用的，作为一定范围或一定用途的评价依据也是有效的。但是，这些指标也都是有局限的，都是在有目标限定、范围限定和方法限定的体系中发挥着有限的评价功能。由于这些指标及其所在评价体系的分散运作，其运作的结果不足以使我们在更宏大的视野中掌握中国法学的理论成就和学科发展的整体状况，更不足以作为我们在更深入的层次上把握法学研究与学科建设规律性的分析依据。然而，这种对法学理论与学科现状的整体掌握，对法学研究与学科规律性的深入把握，都是十分重要的，因为这是法学研究者得以自主而有效地进行学术研究的重要前提。因其对法学理论与学科现状的整体掌握和对法学研究与学科建设规律性的深入把握，法学研究者才能在法学的理论形成与学科发展的过程中，明晰其理论生长点的坐标、学术努力的方向和能动创造的维度，从而作出有效的学术贡献，而不是兴之所至地投入理论形成机制中，被法学繁荣的学术洪流裹挟前行。为有效的法学研究助力，就是我们撰写“中国法学的学科新发展系列丛书”的初衷。

在规划和撰写本系列丛书时，我们对“学术研究的有效性”予以特别的关注和深入的思考。什么是“有效的”学术研究，“有效的”学术研究有何意义，如何实现“有效的”学术研究，如此等等，是始终萦绕本系列丛书整个撰写过程的思维精灵。探求学术研究的有效性，不是我们意图为当今的学术活动及其成果产出设置标准，实在是为了本系列丛书选粹内容而设置依据，即究竟什么才是理论与学科“新发展”的判断依据。

首先，有效的法学研究是产生创新性成果的研究，而不是只有重复性效果的研究。学术研究的生命在于创新，法学研究的过程及其成果要能使法学理论得以丰富，使法治实践得以深入，确能实现在既有学术成果基础上的新发展。但由于读者、编辑甚而作者的阅读范围有限或者学术记忆耗损，许多只能算作更新而非创新的法学著述仍能持续获得展示机会，甚而旧作的迅速遗忘与新作的迅速更新交替并行。法学作为一门应用性很强的学科，观点或主张的反复阐释固然能加深世人印象并有助于激发政策回应，但低水平重复研究只能浪费学术资源并耗减学术创新能力，进而会降低法学研究者群体的学术品格。通过与最新的法学研究既有成果进行再交流与再利用，有助于识别与判定法学理论创新的生长点，从而提高法学知识再生产的创新效能。

其次，有效的法学研究是有真实意义的研究，而不是只有新奇效应的研究。法学应是经世致用之学，法学研究应当追求研究成果的实效性，其选题确为实际中所存在而为研究者所发掘，其内容确能丰富法学理论以健全人们的法治理念、法治思维与法治能力，其对策建议确有引起政策回应、制度改善的可能或者至少具有激发思考的价值。当然，法学研究不断取得发展的另外一个结果就是选题愈加困难，法学研究者必须不断提高寻找选题的学术敏感性和判断力以应对这种局面，而不是在选题的闭门虚设与故作新奇上下功夫。谁也不希望在法学研究领域也出现“标题党”与“大头军”，无论是著述标题亮丽而内涵无着的“标题党”，还是题目宏大而内容单薄的“大头军”，都不可能成为理论创新的指望。力求真实选题与充实内容的质朴努力，才是推进有效的法学研究的主要力量。

再次，有效的法学研究是有逻辑力量的研究，而不是只有论断效用的研究。法学研究的创新并不止步于一个新理论观点的提出或者一个新制度措施的提倡，而是要通过严格的论据、严谨的论证构成严密的论点支撑体系，由此满足理论创新的逻辑自洽要素。法学创新的判断标准实质上不在于观点新不新，也不在于制度建议是不是先人一步提出，而是在于新观点、新建议是否有充分的逻辑支撑和清晰的阐发论述。因为缺乏论证的新观点只能归属于学术武断，而学术武断只能引起注意却不能激发共鸣。法学研究者常常以其学术观点或制度建议被立法采纳作为其学术创新及其价值的证明，其实在理论观点或制度建议与立法采纳之间，很难确立以特定学者为连接点的联系，即使能够建立这种联系，导致立法采纳的缘由也并不在于观点或建议的新颖性，而在于观点或建议的论证充分与表述清晰。

最后，有效的法学研究是有利他效应的研究，而不是只有自我彰显效能的研究。在法学研究的运作机制中，学术成果固然是学者个人学术创造力的结晶，其学术影响力是作品的学术质量与作者的学术声誉的综合评判，但学术成果的正向价值是其学术影响力的本质构成要素。法学研究成果必须有益于法治进步、社会发展和人民福祉，也就是具有超越彰显个人能力与成就的利他效应。如果法学研究成果的形成目的只是在于作者的自我满足，或者其表达效果只有作者自己能够心领神会，其作用结果无益于甚至有损于法治进步、社会发展和人民福祉，那就绝不能视为有效的法学研究。所以，坚守学术成果的正向价值，提高具有正向价值的学术成果的可接受性，是实现法学研究有效性的根本要件。

本系列丛书最为主要的撰写目的，就是通过对一定时期我国法学研究成果的梳理与选粹，在整体上重构我国法学研究既有成果的表述体系，从中析出确属“新发展”的内容成分并再行彰显，以有助于对中国法学研究现状的整体掌握与重点检索，从而促使当今的法学研究能够实现如上所述的有效性。在此主要目的之外，还有一些期望通过本系列丛书达到的目的。诸如其一，有助于提高法学专业学生的学习效率与研读效果。本系列丛书将法学二级或三级学科在近期的知识积累和学术发展予以综合、梳理和评价，从而构成一般法学教科书之外并超越一般法学教科书的知识文本体系。通过阅读本系列丛书，可以更为系统准确地掌握中国法学某一领域的知识体系、学术重点、研究动态、理论沿革、实践效果以及重要学者。其二，有助于强化法学研究人员的学术素质养成。一个学者能够完成法学某个二级学科或三级学科新发展的撰写，就一定会成为这个法学二级学科或三级学科的真正专家。因为他或她要近乎被强迫地对该学科领域学术著述进行普遍阅读，由此才能谈得上对该学科领域新发展的基本把握；要深下功夫对该学科领域的各种学术事件和各家理论观点进行比较分析，由此才能做出是否确属法学新发展的准确判断。通过对法学某个二级学科或三级学科新发展的撰写，可以提高作者对法学研究成果的学术判断力和法学科研规律的认识能力。其三，有助于加强科研人才队伍建设。本系列丛书的主要作者或主编均为中国社会科学院法学研究所和国际法研究所的科研人员，通过本系列丛书的撰写，不仅使法学所和国际法所科研人员的个人科研能力获得大幅度提升，也使得法学所和国际法所的科研人员学科布局获得质量上的均衡，从而使法学所和国际法所的整体科研能力获得大幅度提高。说来有些自利，这也是法学所和国际法所何以举两所之力打造本系列丛书的重要原因之一。

本系列丛书以法学某个二级或三级学科作为单本书的撰写范围，基本上以《××学的新发展》作为书名，如《法理学的新发展》、《保险法学的新发展》等。如果不便称为“××学的新发展”，便以《××研究的新发展》作为书名，如《商法基础理论研究的新发展》。本系列丛书的规划初衷是尽可能地涵括所有的法学二级学科或三级学科，但由于法学所和国际法所现有科研人员的学科布局并不完整，尤其是从事不同法学二级或三级学科研究的科研人员的素质能力并不均衡，即使联合外单位的一二学界同道助力，最终也未能实现本系列丛书涵括范围的完整性。这种规划上的遗憾再次提醒我们，加强科研队伍建设，既要重视科研人员个体科研能力的提高，也要重视一个机构整体科研能力的提高。我们希望，如果五年或十年之后再行撰写中国法学新发展系列丛书时，其所涵括的法学二级或三级学科将会更多更周延。

本系列丛书对各个法学二级或三级学科研究成果的汇集范围，限于2000—2012年已发表的专业著述。既然阐释学科新发展，总得有一个适当的标定期间范围。期间太短，则不足以看清楚学科新发展的内容、要点、意义与轨迹；期间太长，则不便称为学科的“新发展”。本系列丛书选粹材料的发表期间截至2012年，这是本系列丛书的撰写规划年份，也是能够从容荟集材料并析出其中“新发展”要素的最近年份；本系列丛书选粹材料的发表期间起始为2000年，倒不是因为2000年在法学研究的学术历史中有什么特别意义，只是因为前至2000年能够确立一个易于阐释学科新发展的适当期间。当然，人们通常认为2000年是新世纪的起点，以2000年为起始年份，多少有些借助万象更新好兆头的意思。

本系列丛书中每本书的具体内容由其作者自行把握，在丛书规划上只是简略地做出一些要求。其一，每本书要从“史、评、论”三方面阐释一个法学二级或三级学科的新发展。所谓“史”，是指要清晰地描述一个学科的发展脉络与重要节点，其中有意义的学术事件的起始缘由与延续过程，重点理论或实践问题研究的阶段性结果，以及各种理论观点的主要内容与论证体系，特别是各种观点之间的起承转合、因应兴替。所谓“评”，是指对一个学科的学术事件和各家观点予以评述，分析其在学术价值上的轻重，在理论创新上的得失，在实践应用上的可否。所谓“论”，是指作者要对撰写所及的该学科重要理论或实践问题阐释自己的看法，提出自己的观点并加以简明论证。“史、评、论”三者的有机结合，可以使本系列丛书摆脱“综述大全”的单调，提升其作为学术史研究的理论价值。这里特别需要说明的是，因本书撰写目的与方法上的限定，“论必有据”中“据”的比重较大，肯定在重复率检测上会获得一个较高的数值。对属于学术史研究的著述而言，大量而准确地引用学界既有论述是符合学术规范的必要且重要之举。可见，重复率检测也是很有局限性的原创性判定方法，本系列丛书的重复率较高并不能降低其原创性。其二，每本书要做一个本学科的关键词索引，方便读者对本书的检索使用。现在的大多数学术著作欠缺关键词索引，不方便读者尤其是认真研究的读者对学术著作的使用。本系列丛书把关键词索引作为每本书的必要构成，意在完备学术规范，提高本系列丛书在学术活动中的利用价值。其三，每本书在其书后要附上参考资料目录。由于2000—2012年的法学著述洋洋洒洒、蔚为大观，在确定参考资料目录上只得有数量限制，一般是每本书所列参考资料中的学术论文限100篇，学术专著限100本，只能少列而不能多列。这种撰写要求的结果，难免有对该学科学术成果进行重要性评价的色彩。但因作者的阅读范围及学术判断力难以周全，若有“挂百漏万”之处，万望本系列丛书的读者海涵。

中国社会科学院正在深入推进的哲学社会科学创新工程，是哲学社会科学研究机制的重大改革。其中一项重要的机制性功能，就是要不断提高科研人员和科研机构的科研效能、科研效率与科研效果。深入系统地掌握具体学科的发展过程与当前状况，不仅是技术层面的学术能力建设，更是理念层面的学术能力建设。因为对既有科研过程和学术成果的审视与省察，可以强化科研人员的学术自省精神和学者社会责任，从而提高理论创新的动力与能力。中国社会科学出版社以其专业敏锐的学术判断力，倾力打造学科新发展系列图书，不仅是“中国法学新发展系列丛书”的创意者，更是本系列丛书的规划者、资助者和督导者。正因法学所、国际法所与中国社会科学出版社之间的良性互动，本系列丛书才得以撰写完成并出版面世。可见，科研机构与出版机构之间的良性互动与真诚合作，确是学术创新机制的重要构成。

陈　甦

2013 年 7 月 1 日于北京

# 《宪法学的新发展》作者

**主　编**　莫纪宏　翟国强

**撰稿人**　莫纪宏　王广辉　任　进　崔英楠　翟国强
崔皓旭　刘小妹　周　婧

# 目　　录

# 导　论

## 中国宪法观念与学说的发展轨迹

1982 年 12 月 4 日，第五届全国人民代表大会第五次会议以无记名投票方式正式通过《中华人民共和国宪法》，学界一般通称为“八二宪法”。这次宪法修改是对 1978 年宪法进行的全面修改，内容上回归 1954 年宪法设定的基本制度，在宪法的修改程序和方式、宪法结构安排、国家机构的设置、公民基本权利和义务的规定等方面，体现了对 1954 年宪法的继承和发展。1982 年宪法制定的一个重要的背景，就是以法律来为政治设定规范这样一个价值目标。通过宪法的颁布实施，法律制度进一步健全，中国的政治格局逐渐趋于稳定，逐渐从非常政治返回到常态政治，执政党的重心逐渐由政治领域的阶级斗争向经济建设方向转变。受到马克思主义关于经济基础决定上层建筑理论的影响，执政者认为，中国的改革应当首先改变经济制度。根据“八二宪法”的制度设计，国家的主要任务是以经济建设为中心，政治领域的改革也都是为经济体制改革服务的。与此相对应，历次宪法修改的重要内容，就是对经济体制改革的成果进行确认。而回顾中国三十多年来的经济体制改革实践，其基本路径是地方进行先行先试的探索，摸着石头过河，等经验成熟后再进行利弊权衡，归纳总结，上升为正式法律制度，推广到全国范围实施。但作为社会主义宪法的一个重要特征，中国宪法对经济制度的规定比较具体，因此经济体制改革的实践不免会产生突破宪法对经济体制的具体规定的现象。① 对此，有学者称之

① 对于这种过于详细的规定，张庆福曾提出不同看法，他指出：“各国的宪政建设实践表明，凡是对经济问题规定得比较简明扼要的，其稳定性就比较强，权威性就比较高。而相反，规定得越详细的，宪法的稳定性就差。宪法如何规定经济关系才

为“良性违宪”。①随着我国市场经济体制的不断发展和完善，宪法修改中对经济体制进行的实质性修正条款逐渐减少，其他方面的内容逐渐增加。在1999年的宪法修正案13条中，将法治国家确立为宪法原则之后，实现法治国家所要求的“有法可依”，各项具体法律制度的完善是当务之急，因此如何完善法律制度成为宪法实施的主要任务。在此背景下，立法成为宪法实施的主要方式。三十几年来，在全国人大的主导下，我国各级立法机关积极完善各个不同领域的法律制度，形成了中国特色的社会主义法律体系。三十几年间，伴随着大规模政治运动状态的终结和经济领域的改革开放，主流的宪法观念和宪法理论也发生了不同程度的变化。在宪法实施和宪法修改过程中，宪法制度的变迁与其背后的价值理念在发展过程中相互影响，促成了今日的宪法理论与实践的格局。

## 一 主流宪法观念的发展

1982年宪法颁布实施至今已经三十一年整，这三十一年间，中国的经济、政治、文化等社会背景发生了大幅度的变化，与此相适应，全国人民代表大会分别于1988年4月12日、1993年3月29日、1999年3月15日和2004年3月14日，对1982年宪法进行了四次局部修改。三十年来，随着经济体制改革的深化和对外开放程度的提高，中国的主流政治观念也在不断变化，与此相关的宪法学方法论和基础理论体系，也发生了一系列的变化。

### （一）从根本意志到根本规范

宪法变动频繁的时期，主流宪法观念往往会强调宪法背后的人民意志，从1954年宪法到1982年宪法，各个宪法草案报告中的“人民意志”出现的频率逐渐提高。1954年宪法制定时，刘少奇《关于中华人民共和国宪法草案的报告》中人民意志出现6次。在1982年宪法修改的时候，人民的意志在彭真的《关于中华人民共和国宪法修改草案的报告》中一

---

适度呢？我认为，宪法对经济问题的规范要比对其他问题更概括更原则，要留给法律更大的空间。具体说，重点规定公民的经济权利，特别是对公民财产权利的保护。在总则或总纲中只简要概括规定国家的基本经济政策，主要规定国家的基本经济制度。”参见“纪念宪法颁布20周年座谈会纪要”，《法学研究》2003年第1期。

① 郝铁川：《论良性违宪》，《法学研究》1996年第4期。

共出现 7 次。

随着宪法秩序趋于稳定，主张宪法是根本法，并以此为依据来规范政治活动，成为政治观念的主流。在 1982 年的《关于中华人民共和国宪法修改草案的报告》中指出："中国人民和中国共产党都已经深知，宪法的权威关系到政治的安定和国家的命运，决不容许对宪法根基的任何损害。"

将宪法看作是根本规范的观念必然要求重视宪法的实施，发挥宪法的规范功能。1992 年在纪念宪法颁布十周年会议上的讲话中，全国人大常委会委员长乔石再次提到了"决不允许对宪法根基的任何损害"。并进一步指出："贯彻实施宪法，还要求全国人大和全国人大常委会认真把监督宪法实施的职责承担起来。要加强对法律、法规是否违宪的审查，对任何违宪行为都要坚决纠正。地方各级人大及其常委会都要在本行政区域内保证宪法的遵守和执行。全国人大常委会要很好地运用解释宪法的职能，对宪法实施中的问题作出必要的解释和说明，使宪法的规定得到更好的落实。"将宪法作为根本规范的理念，同时也要求一切国家权力的正当性都来源于宪法的授予。李鹏在 2001 年法制宣传日的讲话中曾指出："全国人大及其常委会是宪法规定的最高国家权力机关，其权力来源于宪法，也必须在宪法范围内活动，必须在宪法规定的范围内行使立法、监督等职权，不得超越宪法。"①

迄今，主流宪法观念仍然强调宪法是人民意志的体现，在宪法修改过程中更加重视扩大公民的有序参与，并致力于完善参与的法律程序。只是在宪法实施的语境下，更加强调宪法作为根本法律规范的功能。

### （二）坚持审慎的修宪理念

基于文革中政治秩序极度混乱引发社会动荡的教训，执政者对通过宪法来追求政治秩序的稳定期望很高，1982 年宪法及其四个修正案都体现了中国共产党追求稳定政治秩序的一种价值诉求。根据 1982 年宪法修改时彭真在全国人大会议上所作的《关于中华人民共和国宪法修改草案的报告》，对这部宪法的功能定位是："一部有中国特色的、适应新的历史时期社会主义现代化建设需要的、长期稳定的新宪法"，并寄希望于通过

① 参见李鹏"在全国法制宣传日上的讲话"，《法制日报》2001 年 12 月 4 日。

确立一种约束政治活动的根本规范，来实现对这种稳定政治秩序的价值追求。因此在宪法修改草案说明中，还特别强调“宪法的权威关系到政治的安定和国家的命运，决不容许对宪法根基的任何损害”。这种追求政治秩序稳定的价值诉求，直接影响了历次宪法修改。1988 年，第一次修改宪法时，中共中央的建议正式名称采取的表述方式是“修改宪法个别条款”。1993 年 3 月 14 日，《中国共产党中央委员会关于修改宪法部分内容的补充建议》指出：“必须进行修改的加以修改，……这次修改宪法不是作全面修改，可改可不改的不改。”1998 年 12 月，李鹏在修改宪法征求专家意见会上指出：“修改宪法事关重大，这次修改只对需要修改的并已经成熟的部分内容进行修改，可不改和有争议的问题不改。”① 1999 年 3 月 14 日，《第九届全国人民代表大会第二次会议主席团关于中华人民共和国宪法修正案（草案）审议情况的说明》指出：“属于可改可不改的内容，可以不作修改。”2004 年 3 月 8 日，《关于〈中华人民共和国宪法修正案（草案）〉的说明》也指出“这次修改宪法不是大改，而是部分修改，对实践证明是成熟的、需要用宪法规范的、非改不可的进行修改”。

回顾历次宪法修改，一个基本的态度就是坚持宪法修改的“绝对必要性原则”，最大可能地维护和实现政治和法律格局的有序稳定，这种对于宪法修改的谨慎态度，已经成为指导历次宪法修改的一个主流宪法观念。

### （三）从政治象征到法律规范

1982 年宪法的修改是以 1954 年宪法为基础的，1954 年宪法既受到苏联的宪法制度，同时其原理又受到苏联宪法学说，特别是斯大林的宪法观念的很大影响。由于接受了马克思主义经济基础决定上层建筑的原理，社会主义宪法的一个重要的特征，就是将宪法理解为是对某种政治事实的确认和宣示。在中国共产党的主流宪法理念中，特别强调对事实问题的确认。毛泽东曾经认为，宪法是“革命成功有了民主事实以后，颁布一个根本大法，去承认它，这就是宪法”②。因此，在八二宪法的起草过程中，有关的政治家和领导人非常重视宪法序言中对“四件大事”等历史事实

---

① 参见“李鹏主持召开修改宪法征求意见座谈会听取法律界经济界专家学者修宪意见”，《人民日报》1999 年 2 月 2 日第 1 版。

② 《毛泽东选集》第 2 卷，人民出版社 1952 年版，第 693 页。

的叙述，宪法序言的内容是在邓小平直接过问下，由彭真亲自执笔起草。①

毋庸讳言，从政治的视角看，在任何国家、任何政治体制下，宪法不仅是法，同时也是一个政治象征或者政治宣言②。特别是通过革命取得政权后制定的宪法，往往需要对一些事实进行宣告和确认，通过以宪法规范确认事实的方式来寻求政权的历史正当性。但宪法更重要的功能在于为政治过程提供根本法律规范，因此需要以法律的方式来实施。三十年来，随着法治化进程的不断深入，宪法的法律性逐渐被社会各界接受并强化，“法的宪法化”逐渐成为部门法学界所认同的重要学科命题，主流宪法观念逐渐将宪法看作是法律体系的基础，因此是一种需要在法律系统内贯彻实施的规范。而这种实施的方式主要是通过立法的方式加以实施，实施宪法的一个主要机构是全国人大。③ 随着法律体系的不断完善和健全，宪法确认的基本权利和国家组织规范在普通法律层面得以具体化，并建立了相应的保障机制。在这个过程中，宪法的法律性逐渐被各级立法机关和行政机关乃至社会公众所普遍接受。

（四）从确认改革到规范改革

回顾我国的改革开放进程，其中一个重要的特征是所谓的“摸着石头过河”，但也不缺乏“顶层设计”④，宪法总是在不断进行探索改进，而这正是一种最高层次的“顶层设计”。因此，改革过程中的法治建设的整体思路，采取的是一种经验主义的方法。国家层面的立法大多是以地方的立法经验为基础，上升到国家层面的立法。因此，立法更多的是对改革成果的法律确认。

---

① 参见王汉斌《王汉斌访谈录》，中国民主法制出版社 2012 年版，第 66 页。

② Larry R. Baas, The Constitution as Symbol: The Interpersonal Sources of Meaning of a Secondary Symbol, American Journal of Political Science, Vol. 23, No. 1 (Feb., 1979), pp. 101 – 120.

③ 参见王汉斌《王汉斌访谈录》，中国民主法制出版社 2012 年版，第 80 页。

④ 2013 年 11 月 12 日中国共产党第十八届中央委员会第三次全体会议通过的《中共中央关于全面深化改革若干重大问题的决定》，明确了宪法与改革的关系，也就是说：“坚持正确处理改革发展稳定关系，胆子要大、步子要稳，加强顶层设计和摸着石头过河相结合，整体推进和重点突破相促进，提高改革决策科学性，广泛凝聚共识，形成改革合力。”

但随着宪法实施的深入，各项规范公权力的宪法制度不断健全，主流宪法观念逐渐由被动地确认改革发展到能动的规范改革。在1993年宪法修改时，《中国共产党中央委员会关于修改宪法部分内容的补充建议》指出，宪法修改是根据十多年来我国社会主义现代化建设和改革开放的新经验，着重对社会主义经济制度的有关规定作了修改和补充，使其更加符合现实情况和发展的需要。这些表述和提法，体现了主流政治观念中以宪法来确认改革成果的主张。随着宪法上的程序化不断完善，在宪法和法律的轨道上进行改革逐渐成为主流的宪法观念。在立法法制定过程中，对于改革相关的授权立法和中央地方立法权分配等问题的讨论，就体现了这种将改革纳入法制轨道的宪法观念。①

（五）宪法叙事的理性化

三十几年来，主流政治话语逐渐以更加理性的态度看待宪法，在有关宪法的政论叙述中，出现了理性化或者去情感化的特征。这也是自新中国成立以来主流宪法观念的一个整体发展趋势。不可否认，政治叙事必然带有情感（甚至是激情）色彩，在中国主流政治叙事中的一个重要样本，就是《人民日报》或者新华社等主流媒体的表述。早在1954年宪法制定后，《人民日报》的标题是《首都人民热烈欢呼宪法的通过》，新华社的消息题目是《北京、上海等城市广大人民欢庆中华人民共和国宪法的公布》。而在1982年宪法通过后，人民日报社论的标题是《人人学习宪法，人人掌握宪法》、《新时期治国安邦的总章程》等。1993年宪法修改后，新华社的新闻标题是《首都各界座谈宪法修正案，与会者认为意义重大影响深远》。2004年宪法修改时，新华社的新闻标题是《从宪法修改看中国特色社会主义》。此外，从历次宪法修改的草案说明中，也可以看出政治修辞运用更加趋于谨慎，概念表述尽量不带感情色彩，这成为宪法修正案草案说明的一个重要发展趋势。

导致上述这种变化的原因有很多，其中一个重要的原因就是主流宪法观念更多地将宪法看作是一种法，而不单是凝聚意志和力量的政治性文件，因此在宪法叙事中尽量回避情感色彩。这种变化也是中国政治过程中个人魅力型权威逐渐向法治权威过渡的必然要求。

---

① 参见李鹏《立法与监督：李鹏人大日记》，新华出版社、中国民主法制出版社2006年版，第316页。

## 二　宪法学基础理论的发展

与上述主流宪法观念的变化同步，宪法实施以来的宪法学理论研究也出现了繁荣发展的趋势。这种变化的原因可以追溯至中共十一届三中全会宣告了政治领域极“左”思潮的结束，执政党所提出的政治领域的思想解放要求：“在人民内部的思想政治生活中，只能实行民主方法，不能采取压制、打击手段。要重申不抓辫子、不扣帽子、不打棍子的‘三不主义’。各级领导要善于集中人民群众的正确意见，对不正确的意见进行适当的解释说服。”伴随着这种思想解放的进程不断深入，理论研究逐渐走向正轨，出现了学术观点的争鸣和交锋。特别是最近十年以来，中国的宪法学研究在方法论和基本理论体系上出现了明显的变化。三十几年来，宪法学理论研究也间接地影响着主流宪法观念的变化，进而影响着宪法制度的发展。①

### （一）方法论的转型

新中国成立后，宪法学的研究完全摒弃了民国时期的宪法学说，在马克思主义的指导下，创立了以阶级分析方法为根本方法的宪法学。以阶级分析方法为根本方法的宪法学，强调宪法在内容上是统治阶级意志和利益的集中体现，认为宪法是阶级力量对比关系的表现。

十一届三中全会以后，法学理念的革新之一，就是对阶级斗争思维方式进行了一定程度的反思。② 随着时代发展和学术界思想进一步解放，将“政治力量对比关系”作为宪法的本质特征，逐渐成为代替阶级理论的新学说。这种宪法理论研究可以称为“政治教义宪法学”。③ 这些理论在方法论上，坚持马克思主义的立场，对宪法规范采取政治化的解说性研究。在宪法制定或者修改的时期，这种政治化的方法有其存在的历史合理性。即，政治势力和政治理念主导着宪法规范的生成，宪法学理论的研究也不

---

① 比如，1998 年 12 月 22 日，李鹏主持修改宪法征求意见座谈会上，张庆福、曾宪义提出宪法修改增加“保护公民私有财产权”；黄子毅、王家福、陈光中提出宪法修改增加“国家尊重和保护人权”。虽然在 1999 年宪法修改时这些观点没有被采纳，但是在 2004 年宪法修改时被采纳。

② 参见周凤举《法律单纯是阶级斗争工具吗？——兼论法的社会性》，《法学研究》1980 年第 1 期；苏谦《也谈法律的继承性》，《法学研究》1980 年第 1 期。

③ 林来梵：《中国宪法学的现状与展望》，《法学研究》2011 年第 6 期。

免受当时的政治和社会环境的影响。再加上中国自 1954 年宪法制定以来，一贯采取的政治动员式的制宪和修宪模式，政治理念对宪法学影响深刻也在情理之中。而且，当时一些主流宪法学家兼具学者与政治家的双重身份，比如张友渔、王叔文等，加上高度政治化的学术环境，也导致了宪法学方法的政治化特征。因此，宪法学者在宪法起草、全民讨论和宣传过程中的功能不是研究问题，而是普及宪法知识，宣传解释宪法背后的政治原理。①

进入 21 世纪以来，关于宪法学的方法，大多数宪法学者认为，宪法学应当具有独立于其他临近学科，尤其是政治学的方法。② 宪法学研究在整体上经历了一次由宏大叙事到精细化研究的法学方法的转型。这种方法论转型的一个重要思路，就是将宪法看作是一种具有法律约束力的规范，并突出其实践导向性。因此主张采取法解释学的方法对宪法文本进行一种规范性解释，进而形成一个解释理论体系。晚近中国法学界兴起的宪法解释学或者规范宪法学，正是以此作为学术努力的方向，试图建构中国的宪法学体系。这种现实问题导向的研究方法和思路，正在被越来越多的学者所肯定，成为学界的主流学说。这种方法论转型的原因是宪法法律实施的必然要求。此外，对于法律实践中不断出现大量的宪法问题，也需要从理论上给予解答，由此产生了对抽象宪法条文进行法律解释的需求。

1982 年宪法实施以来，在官方主流的政治话语体系中，采取一种谨慎的宪法变迁观念。在此背景下，宪法解释的方法最初是为了回应现实变迁的需要，对宪法条文的含义进行新的理解，其功能定位是作为宪法修改的一种替代手段。1993 年 3 月 14 日中国共产党中央委员会《关于修改宪法部分内容的补充建议》指出，“有些问题今后可以采取宪法解释的方式予以解决。宪法第六条规定社会主义公有制实行按劳分配的原则，并不排除按劳分配以外的其他分配方式。必要时可作宪法解释。”在 1999 年 3 月 14 日，《第九届全国人民代表大会第二次会议主席团关于中华人民共和国宪法修正案（草案）审议情况的说明》指出，有些修改意见和建议可以

---

① 参见张友渔《中国法学 40 年》，上海人民出版社 1989 年版，第 154 页。

② 郑贤君：《宪法学为何需要方法论的自觉？——兼议宪法学方法论是什么》，《浙江学刊》2005 年第 2 期。

通过宪法解释予以解决。2004 年 3 月 8 日王兆国在《关于〈中华人民共和国宪法修正案（草案）〉的说明》中指出，“这次修改宪法不是大改，而是部分修改，对实践证明是成熟的、需要用宪法规范的、非改不可的进行修改，可改可不改的、可以通过宪法解释予以明确的不改”。2004 年 3 月 12 日第十届全国人民代表大会第二次会议主席团关于《中华人民共和国宪法修正案（草案）》审议情况的报告，进一步重申了有的（修改建议）可以通过宪法解释予以明确。

在这种宪法修改实践中贯彻的主流宪法观念，刺激了宪法学研究对于宪法解释的关注，宪法学理论界与宪法决策者就宪法解释问题，在宪法修改过程中，也进行了一定程度的互动。① 早期的理论更多的是将宪法解释作为回应社会现实的一种方式，与宪法修改相对应进行思考。因此，主要关注的是宪法解释的一般方法，宪法解释的界限等问题。② 但是与理论界对宪法解释热切关注形成鲜明对比的是，作为宪法解释的法定机关全国人大常委会，却并未作出任何具有法律效力的宪法解释。有鉴于这种现状，理论界开始反思仅仅在抽象层面研究宪法解释的一般方法和原理的现实意义，并逐渐认识到，仅仅关注宪法条文的宪法解释学，无法有效地回应现实的需求，也无法促成现实中宪法制度的发展，因此，理论界对于宪法解释的研究开始出现了两种发展趋势。一是以现实问题为切入点，进行一种问题导向的宪法解释学研究。最近十年以来出现的大量宪法案例或事例的研究体现了这种思路。二是将宪法解释与普通法律论证相结合，寻求宪法在一般法律中的贯彻落实。宪法理论界对合宪解释方法、宪法权利的辐射效力等问题的关注，就体现了这种思路。

随着宪法研究的不断深入，宪法学理论在方法论上更加多元化。除了

---

① 根据李鹏日记记载，在征求意见会上一些学者提出的运用宪法解释来应对社会发展的思路被肯定：“修改宪法事关重大，这次修改只对需要修改的并已成熟的部分内容进行修改，可不改和有争议的问题不改。宪法赋予全国人大常委会解释宪法的职权，因此有些问题将来可以通过全国人大常委会关于宪法的解释来解决。”参见李鹏《立法与监督：李鹏人大日记》，新华出版社、中国民主法制出版社 2006 年版，第 260 页。

② 韩大元、张翔：《试论宪法解释的客观性与主观性》，《法律科学》1999 年第 6 期；韩大元、张翔：《试论宪法解释的界限》，《法学评论》2001 年第 1 期；韩大元：《“十六大”后须强化宪法解释制度的功能》，《法学》2003 年第 1 期。

从法解释学角度进行宪法学理论研究之外，学界也不乏基于外部视角，对宪法现象进行社会学政治学方法的研究，即作为“社会科学的宪法学”研究。而且，在宪法解释学或规范宪法学的思考过程中，并没有排斥政治学和社会学的研究方法。持论平稳的学者更趋向于以实践问题为导向，以法学方法为根本方法，同时引入其他学科的研究方法，围绕宪法规范来寻求对中国宪法现实具有解释力度的宪法学说。三十几年来，中国的法治建设取得了很大成就，法律制度获得了相当程度的自主性。但是政治对法律而言仍处于绝对优势地位，因此，从政治的外部视角来思考中国宪法问题的研究方法仍颇有空间。这些政治学的研究方法，体现为透过宪法来探求其背后的利益关系或政治理念。有些研究是直接对政治话语中的宪法概念根据政治逻辑进行解读，甚至进行理论续造；再有就是基于研究者的价值立场，对其进行学术化解读。但是就整体而言，目前的这种“作为社会科学的宪法学”，仍缺乏从中国历史、中国社会角度进行认真严肃的学术研究，有的只是一种政治哲学的泛泛解读，有的只是一种有关宪法的叙事或修辞。

目前中国的主流政治观念并不排斥国外的制度经验，明确提出“要借鉴人类政治文明有益成果”。宪法学研究中参考借鉴国外的宪法理论和制度实践，也成为近年来宪法学研究的一个重要特征。毋庸讳言，无论从立宪主义思想上还是宪法制度的演进上，西方理论和制度对我国的影响是无法回避的现实。但是就目前研究现状而言，如何使域外理论本土化也是一个重要的挑战。目前，应对这种本土化的挑战，特别需要重视中国宪法（思想）史的研究和宪法社会学的研究。

### （二）基本范畴与理念的变迁

宪法学方法的变迁决定了宪法学范畴体系的发展。我国宪法学的方法曾长期受到苏联宪法理论的影响，早期的宪法学体系“明显地是历史唯物主义原理这一学科的机械性延伸，如阶级分析的方法和国体、政体、阶级、革命、经济基础、上层建筑、生产力、生产关系等用语”①。在具体对特定问题进行分析时，一般惯于引用政治性的概念解释宪法条文；甚至反其道而行，直接将宪法条文作为论证政治决断正当性的依据。受到这种

---

① 童之伟：《宪法学研究方法之改造》，《法学》1994 年第 9 期。

思路的影响，我国的宪法学理论曾将国体、政体等政治学的基本范畴，作为宪法学的基本范畴。

随着法学研究整体水平的提高，法学逐渐成为一门具有独特方法的学科。此外，独立的范畴体系也是形成独立学科品格的重要标志。中国宪法学应当逐渐抛弃那些陈旧的范畴，建立中国宪法学自己的话语系统，成为学界的共识。① 在这种理念指导下，许多政治学的概念逐渐被宪法学边缘化，宪法学的范畴体系开始逐渐独立于政治学。国体、政体、阶级、革命、经济基础、上层建筑、生产力、生产关系等政治学的范畴，逐渐被宪法学理论体系边缘化。自 2005 年以来，宪法学界对于宪法学基本范畴问题，已经召开了数次专题研讨会，但是对于基本范畴究竟包含哪些范畴，仍然没有达成较为一致的共识。② 对于我国宪法学的基本范畴的发展，韩大元指出，“中国宪法学”与“中国的宪法学”是不同的，在构建“中国宪法学”过程中，必然经历“中国的宪法学”阶段，可能沿用政治现象与宪法现象之间灰色地带中的术语，但随着学术的进一步发展，中国宪法学能够成立和成熟的时候，应当逐渐抛弃这些陈旧的范畴。③

八二宪法颁布实施以来，基本权利作为宪法核心价值的观念，成为理论研究的共识，有关基本权利的研究逐步升温。特别是法理学界对于权利义务基本范畴的研究，更促使了宪法学界对于基本权利的关注。基本权利成为宪法学的一个重要的核心范畴，甚至被认为是最为核心的基本范畴。目前，中国的宪法学理论体系大致可以分为国家机构和基本权利两大部分，其中基本权利体系的比重也在逐渐增加。迄今为止，我国

---

① 韩大元：《对 20 世纪 50 年代中国宪法学基本范畴的分析与反思》，《当代法学》2005 年第 5 期。

② 如，李龙和周叶中认为，宪法学的基本范畴包括：宪法与宪政、主权与人权、国体与政体、基本权利与基本义务、国家权力与国家机构共五对基本范畴。韩大元认为，宪法学基本范畴主要包括：国家－社会；宪法－法律；立宪主义－民主主义；人权－基本权利；主权－国际社会。李龙、周叶中：《宪法学基本范畴简论》，《中国法学》1996 年第 6 期；韩大元：《对 20 世纪 50 年代中国宪法学基本范畴的分析与反思》，《当代法学》2005 年第 5 期。

③ 林来梵、郑磊、翟国强：《对话与约定的狂想——一场中国宪法学圆桌学术会议的综述》，《浙江社会科学》2005 年第 3 期。

宪法学界对于基本权利在宪法规范体系中的核心地位，达成了学说上的基本共识，中国的宪法学研究已经逐步转向以基本权利为核心的研究。① 而且，近年来的基本权利理论研究，已经开始将基本权利的保障理念渗透至国家机构和各种公法制度中进行研究，进而试图构建以基本权利为轴心的宪法学。加上宪法学方法论转型的影响，对于基本权利法解释学的构建，成为近十年来中青年宪法学者的努力目标。目前，有关基本权利法解释学的研究成果已经颇具规模。

八二宪法实施以来，在国家公权力研究方面，也产生了一些价值立场的变化。其中一个重大的理念变化，就是对所谓“议行合一”原则的反思。所谓“议行合一”是指立法机关和行政机关合二为一，制定法律的机关同时负责执行法律。② 我国宪法学界曾经一度把“议行合一”看成是社会主义国家政权组织的普遍原则，并将其与资本主义的“三权分立”相对立，体现社会主义制度优越性的体制或原则，并以此作为姓“资”还是姓“社”的区分标准。1989 年王玉明旗帜鲜明地提出“议行合一不是我国国家机构的组织原则”。③ 此后，吴家麟对“议行合一”学说进行了深刻反思，并从巴黎公社是怎样实行议行合一的、为什么巴黎公社要实行议行合一、马克思和列宁是怎样肯定议行合一的、议行合一的利弊何在、我国政权组织原则是民主集中制还是议行合一、议行合一与议行统一是否相同六个方面，论证了议行不宜合一。④ 时任全国人大办公厅研究室主任的刘政也撰文指出，议行合一不是我国人民代表大会制度的特点。⑤ 大多数学者认为，强调“议行合一”容易忽视政权之间的合理分工和制约，不利于保障各国家机关依法行使职权，而且由于其实际上主张人大代表和人大常委会委员兼职，不利于人

---

① 对此张千帆指出，宪法学过去将眼光放在“人民”、“国家”、“主权”等宏观概念，现在的焦点则转移到个人的基本权利。张千帆：《从“人民主权”到“人权”——中国宪法学研究模式的变迁》，《政法论坛》2005 年第 2 期。

② 蔡定剑：《中国人民代表大会制度》，法律出版社 2003 年版，第 92—93 页。

③ 王玉明：《议行合一不是我国国家机构的组织原则》，《政法论坛》1989 年第 4 期。

④ 吴家麟：《“议行”不宜“合一”》，《中国法学》1992 年第 5 期。

⑤ 刘政、程湘清：《人民代表大会制度的理论与实践》，中国民主法制出版社 2003 年版，第 108—115 页。

大监督权功能的发挥①。经过一番激烈的争论之后，“议行合一”说在我国的理论研究和实践中的影响逐渐式微。这种理念变化是承认国家机关之间权力分工和制约的一个重要标志，也为通过国家机构组织法和监督法等法律来实施宪法提供了理论基础。

上述价值观念转变的另一个体现，就是承认人民代表大会之外的司法机关具有相对的独立性，人大不宜对司法过程进行个案监督，司法机关是适用法律的机关，在宪法上具有独立地位。在这种司法优位的理念下，宪法学理论曾一度主张法院在具体案件中有选择适用法律的权力，甚至有拒绝适用违反宪法的法律的义务。但是这种主张并未被主流政治观念所接受，特别是由司法机关来决定代议机关制定的法律的正当性，与中国宪法制度设计的初衷不符合。为此，主流政治观念旗帜鲜明地“坚决不搞三权分立”，其中包含着反对由司法机关来审查法律合宪性的观点。自八二宪法颁布实施以来，主张保持现有的政治观念和政治格局不变的前提下，由全国人大常委会（或者人大内部特设机构）来监督宪法实施的思路，为大多数学者所接受。但自宪法实施以来，全国人大常委会尚未作出过具有法律效力的宪法解释或宪法判断。这是目前中国宪法学理论，特别是宪法解释学所面临的最大实践困境。因此，近年来宪法学研究的一个重要的课题，就是宪法如何在一般部门法领域发生规范效力，并结合具体的案件或者事例，在一般法律问题中，寻求宪法实施的迂回路径。

① 参见蔡定剑《中国人民代表大会制度》，法律出版社2003年版，第88—91页；童之伟、伍瑾、朱梅全《法学界对“议行合一”的反思与再评价》，《江海学刊》2003年第5期。

# 第一章

# 国家基本制度

“每经历一段苦难深重的生活，都要通过宪法来确定为消除苦难所需要的新的政治及社会的基本形态，从而进入新的历史阶段。”① 确认新的国家基本制度，正是我国现行宪法产生的原因之一。正因为宪法是对国家基本制度的确认，那么，如果国家基本制度由于社会的发展变化而产生变化了，宪法也必须适应这种客观变化的需要，对宪法中所确认的基本国家制度做适当修改或解释。正因如此，宪法的“稳定性”与“适应性”之间的张力与平衡，便成为近年来宪法学界研究国家基本制度的主要维度。

## 第一节 国家基本制度概述

### 一 国家基本制度的概念与特征

“制度”一词在古代汉语中，最早见于《礼记·礼运》：“大人世及以为礼，城郭沟池以为固，礼义以为纪，以正君臣，以笃父子，以睦兄弟，以和夫妇，以设制度。”这里的制度是“规制法度”的含义。“制度”一词在现代意义上，含义非常广泛，有广义和狭义之分。狭义上的制度，一般指要求大家共同遵守的“办事规程”或“行动准则”。② 在广义上，它是指“行为规则体系”。即包括一系列思想观点、行为规范、组织机构、物质设施等在内的行为规则体系。具体而言，指在特定社会范围内统一的、调节人与人之间社会关系的一系列习惯、道德、戒律、法律（包括

① ［日］杉原泰雄：《宪法的历史》，社会科学文献出版社2000年版，第1页。
② 《现代汉语词典》，商务印书馆1996年版，第1622页。

宪法和各种具体法规)、规章(包括政府制定的条例)等的总和。它由社会认可的非正式约束、国家规定的正式约束和实施机制三个部分构成。制度在定义上是狭义的,在理解及运行上是广义的。宪法确认的国家基本制度,亦是如此。

国家基本制度是指由宪法所确立的,规范国家行为和社会行为的基本原则、基本规则和基本规范的总和。它是国家制度的重要组成部分,集中体现宪法的指导思想、基本原则以及国家性质的要求。它不仅为国家政权的有序运转以及国家经济、文化和社会等职能的有效发挥,提供稳定、普遍的依据和保障,而且对宪法规定的国家根本任务和社会目标的实现,具有重要作用。①

虽然作为宪法的政治基础和社会基础,国家基本制度是先于宪法而存在的,但是在依法治国的基本方略和宪法原则下,国家基本制度一经宪法确认,便成为一项宪法制度,兼具政治性与法律性。因此,笔者认为,对国家基本制度的理解应当坚持理念、制度与文本的有机统一。一方面,宪法规定国家基本制度,设计国家权力结构,目的是保障人权,这正是现代宪法与古典宪法不同的精神气质。在保障人权的现代宪法政治理念下,“尊重人的主体性和个体性,以人的权利为出发点和归宿,正是宪法的真谛所在”。所以,宪法规定的国家基本制度,国家机关的组织结构和权力机制,都必须放在保障人权的维度上来检视。另一方面,宪法是具有最高法律效力的国家根本大法。文本是制度与理念的书面表述形式,使它们明确化、实在化,避免了制度和理念在口头传承过程中的中断或者扭曲。所以,对国家制度的理解,也要依据文本。比如,对国体、政体、国家结构形式等的理解,文本就很重要。

## 二 国家基本制度的主要内容

宪法是一种政治决断和政治安排。这一决断首先包括国家性质、国家形式等基本国家制度,也包括经济、社会、文化等方面的基本制度。我国现行宪法规定,社会主义制度是中华人民共和国的根本制度,以此为前提和基础,宪法对国家的各项基本制度作出了规定。

---

① 《宪法学》(马克思主义理论研究和建设工程重点教材),高等教育出版社、人民出版社2011年版,第134页。

总体来说，宪法学教材对国家基本制度主要内容的确定，有一个逐步扩展的过程。在早期的宪法学教材中，大多没有在编章结构中直接出现“国家基本制度”的概念，而是对国家基本制度中的基本政治制度的主要内容分章论述，有的教材直接以“国家性质—国家形式”的体例涵盖基本政治制度，① 有的教材分章论述了“政权组织制度”、“国家结构制度”、“国家机构制度”、“政党制度”等内容。② 随着对国家基本制度认识的体系化，宪法学教材开始以专门的编章系统阐释“国家基本制度”，其包含的内容也由基本政治制度逐步扩展到基本经济制度、基本文化制度，乃至基本社会制度。但是，这些教材对国家性质和国家形式是否应纳入国家基本制度的问题，仍有不同的观点。有的教材，将“国家性质与国家形式”单列为一项宪法制度，其与国家基本制度并列；③ 有的教材在“国家基本制度”编章中，包含了国家性质和国家形式的内容，如认为，国家基本制度包括国家构成制度和主权制度、国籍制度和公民资格制度、政党制度、选举制度、基本国家政权制度、基本经济制度、基本文化制度、基本社会制度和国家象征制度；④ 或者认为，国家基本制度包括国家性质、国家形式、公民的基本权利和义务、选举制度、国家机构和政党制度。⑤

综上可见，关于国家基本制度主要内容的争论，主要是基于对国家基本政治制度所包含内容的不同理解。为了更加深入的讨论这一问题，不少学者撰写论文梳理和阐释了基本政治制度的概念与内容。

有学者认为，政治制度区分为普通政治制度、基本政治制度和根本政治制度三个层级。所谓基本政治制度，是指一国由宪法规定，由基本的法律将宪法条款加以具体化，用于处理社会公共事务的重要治理模式或规则体系。在我国，基本政治制度既是与普通政治制度（或非基本政治制度）

---

① 许崇德主编:《宪法》(21 世纪法学系列教材)，人民出版社 2002 年版。

② 李元起主编:《中国宪法学专题研究》，人民出版社 2009 年版。

③ 《宪法学》编写组:《宪法学》(马克思主义理论研究和建设工程重点教材)，高等教育出版社、人民出版社 2011 年版。

④ 莫纪宏:《宪法学原理》(中国社会科学院研究生重点教材)，中国社会科学出版社 2008 年版，第四章第二节“宪法与基本国家制度”。

⑤ 周叶中主编:《宪法》(普通高等教育“十五”国家级规划教材)，高等教育出版社、北京大学出版社 2009 年版，第二编“宪法基本制度”。

相对称的，又是与根本政治制度相对称的。具体而言，基本政治制度比普通政治制度重要，而根本政治制度又比基本政治制度重要。根本政治制度是全部政治制度中最基础、最根本的那一个。①

那么，我国的基本政治制度有哪些呢？一种有代表性的，同时也是比较传统的提法是，我国有“人民代表大会制度、多党合作和政治协商制度、民族区域自治制度等三大基本政治制度”，其中“人民代表大会制度是人民民主专政政权的组织形式，是我国的根本政治制度”。②

当然，基本政治制度是一个发展的概念，非基本政治制度可以成长或转化为基本政治制度，反之亦然。从基本政治制度确立的历史过程来看，1993 年宪法修正案第 4 条，在宪法序言中增加规定，“中国共产党领导的多党合作和政治协商制度将长期存在和发展”，由此确立了多党合作和政治协商制度的基本政治制度地位。民族区域自治制度是中国共产党运用马克思列宁主义解决我国民族问题的基本政策，因此，《民族区域自治法》规定，“民族区域自治，是国家的一项重要政治制度”。进而，2001 年《民族区域自治法》修改，将民族区域自治确立为“国家的一项基本政治制度”，并规定要“继续坚持和完善民族区域自治制度”。从基本政治制度的发展进程来看，中共十七大报告将基层群众自治制度，提高到了与上述三种基本政治制度并列的位置。十七大报告明确提出，要“坚持和完善人民代表大会制度、中国共产党领导的多党合作和政治协商制度、民族区域自治制度以及基层群众自治制度，不断推进社会主义政治制度自我完善和发展”。因此，有学者认为，这一新提法“把基层群众自治制度确立为我国民主政治的四项制度之一，把坚持和完善基层群众自治制度作为坚持中国特色社会主义政治发展道路的重要内容，这是我们党的一个重大决策，是对基层群众自治制度地位的重大提升”。由此，基层群众自治制度已发展成为我国的第四项国家基本政治制度。③

此外，少量学者还认为，应当将特别行政区制度确立为我国的第五项

---

① 童之伟：《特别行政区制度已成为我国基本政治制度》，《政治与法律》2011 年第 4 期。

② 梁柱：《论社会主义三大基本政治制度的形成与完善》，《光明日报》2004 年 8 月 31 日。

③ 李学举：《我国基层群众自治制度地位的重大提升》，《求是》2008 年第 3 期。

国家基本政治制度。[①] 其理由，一是认为特别行政区制度是涉及国家统一以及中央与地方关系的重大制度，是解决香港、澳门回归，乃至解决我国台湾问题的基本国策。二是认为特别行政区制度是我国宪法、法律所规定的国家政治制度。现行宪法第 31 条规定："国家在必要时得设立特别行政区。在特别行政区内实行的制度按照具体情况由全国人民代表大会以法律规定。"香港基本法和澳门基本法都分别在序言最后一段规定："根据《中华人民共和国宪法》，全国人民代表大会特制定中华人民共和国香港（澳门）特别行政区基本法，规定香港（澳门）特别行政区实行的制度，以保障国家对香港（澳门）的基本方针政策的实施。"《立法法》第 8 条规定："下列事项只能制定法律：……（三）民族区域自治制度、特别行政区制度、基层群众自治制度。"童之伟更以基本政治制度的三项法律要素为比较指标，认为特别行政区制度的法律地位高于基层群众自治制度。他认为，按照建设法治国家的要求，我国某种政治制度是否属于基本政治制度，从法律的观点看，取决于它是否完整地具备三项要素：（1）是否有明确的宪法地位，即宪法是否确认了它；（2）宪法是否赋予了有关政治制度的相关组织机构以国家机关的地位和职权；（3）最高国家权力机关是否为其运作制定了配套的法律。以这三项法律完备要素作指标进行比较，基层群众自治制度的法律地位低于特别行政区制度，其具体理由是：（1）宪法设立基层群众自治制度的规定，虽设有专条，但放在《宪法》第 3 章第 5 节"地方各级人民代表大会和地方各级人民政府"之中，实际上是被作为一种地方行政管理体制的附随体制看待的，地位较低；而特别行政区制度，是宪法在总纲部分以专条规定的。（2）城市居民委员会组织法和村民委员会组织法都是全国人大常委会的立法，地位低于由全国人大制定的两部香港和澳门特别行政区基本法。（3）基层群众自治制度的组织机构依法不是国家机关，没有职权，只有"职责"，而这种职责既非权利范畴的相对于国家权力的自治权，又不完全是相对于公民权利的国

---

① 参见许崇德《"一国两制"是我国的基本政治制度》，《法学》2008 年第 12 期；邹平学《关于特别行政区制度研究的若干思考》，《政法论丛》2010 年第 6 期；童之伟《特别行政区制度已成为我国基本政治制度》，《政治与法律》2011 年第 4 期；尤俊意《特别行政区制度应确认为一项基本政治制度》，《政治与法律》2011 年第 5 期。

家权力，而是地方基层行政机关职权的一个附属部分；而特别行政区制度下，其政权机构的职权，相对于中央人民政府，它是自治权的体现，相对于其治理对象，它是权力即地方国家机关职权的体现，其法律性质明确，制度特征鲜明。①

## 三 制度改革与“宪法变迁”

正是因为宪法是对国家基本制度的确认，那么，如果国家基本制度由于社会的发展变化而产生变化了，宪法也必须适应这种客观变化的需要，对宪法中所确认的基本国家制度做适当修改。从宪法修改、宪法变迁的实践来看，经济体制改革的推进占据了现行宪法四次修正案的主要内容，因此学界对经济体制改革与宪法修改的关系、经济体制改革重要成果是否应当入宪、宪法修改案内容的解读以及宪法频繁修改与宪法自治性、权威性之间的关系等问题，进行了梳理和研究。

有学者对国内学界关于经济体制改革重要成果是否应当入宪存在的理论纷争，进行了梳理和归纳。有一种观点主张，经济体制改革成果不必也不应该入宪。其理由包括：（1）宪法是国家的根本法。所谓“根本”是指一些东西是不能被违反的，不可改变的，也是永久的。如果有关经济体制的内容入宪，随着改革开放以来中国的经济政策乃至不同所有制在国民经济中的比重不断发生变化，将势必要求宪法不断做出相应的修改以适应形势发展的需要。我国宪法正是由于这样的原因而频繁修订，这显然不利于增强根本大法的稳定性和权威性。（2）经济体制改革多由政策指引。由于政策与制度相比较具有灵活性和实用性，这些政策变动不居，因此不宜入宪。宪法的修改程序通常比一般法律更为复杂，因而让宪法规定经济体制改革的一般政策，将会束缚立法者的手脚，使之不能随着社会变化而及时调整政策。如果每次重大的经济改革都需要获得宪法授权，不但有可能对宪法权威产生消极影响，而且有可能阻碍改革的步伐。（3）宪法是我国其他部门法的统领。宪法对于经济体制的规定，是我国进行经济立法的最高指引。宪法如果对于经济体制改革的内容规定得过细，将有可能与其他部门法产生两种不良的法律后果：一种情况是，宪法中已对某一方面

---

① 童之伟：《特别行政区制度已成为我国基本政治制度》，《政治与法律》2011年第4期。

的经济体制做出了明确规定，而宏观、微观的经济调控法律欲针对中国改革现实做出调整，则可能出现学者所称的“良性违宪”，法律体系内部的矛盾无法协调。宪法规范滞后还可能制约部门法的发展。另一种情况则是，宪法对某些经济体制的内容做出了明确的规定，但在部门法中如果缺乏相应具体的可执行的法律规范，宪法实际上会无法得到有效的实施，实际违反宪法的事件就会不断发生。

另一种观点认为，经济体制改革重要成果入宪，是发展中国特色社会主义的必然选择。持此种观点的学者主要从我国宪法与社会发展的特殊性入手，论证经济体制重要成果之所以应当入宪的现实依据。其理由主要包括以下内容：（1）与“宪法是根本法”在我国的特殊理解有关。我国宪法在序言中宣称“本宪法规定了国家的根本制度”时，实际上阐明了我国对于根本法含义的独特理解——至少宪法对于国家根本制度加以规定，是宪法成为根本法的原因之一。在我国，这些根本制度显然包括政治制度、经济制度和社会制度，所以，经济体制、经济制度作为涉及国家和社会的基本制度纳入宪法框架是理所当然的，它们是作为根本法的宪法应该包含的内容。（2）与我国宪法独特的背景和目的有关。我国宪法是中国共产党领导全国人民进行艰苦的政治革命和社会革命取得的胜利果实，社会主义宪法被赋予社会整体制度重构、缔造和守护的神圣使命。而“中华民族的富强”是中国社会主义宪法所追求的目标，要消除贫困，就必须进行社会建设，尤其是必须进行经济建设。因此，经济体制改革及其重要成果在我国被赋予了强烈的政治意义，经济制度入宪，在我国具有与政治制度入宪同等的重要性，甚至还具有其独特的意义。（3）与中国特色社会主义的发展有关。中国在社会主义革命和建设的过程中，形成了“中国特色的社会主义道路”，这条道路更加强调中国国情，强调实践，强调中国人民的主动性和创造性。中国近一个世纪处于剧烈的社会变动中，尤其在最近30年中经济基础方面发生了巨变，这必然要在宪法成长过程中有所反映。中国现代经济制度正处于不断摸索与试验的阶段，宪法应该记载经济关系的重大变化，因此，中国宪法引入经济制度内容非常重要。①

---

① 顾美霞：《经济体制改革与我国宪法四次修改之研究》，参见 http：//skb.jnu. edu. cn/xsbbs/showthread. asp? threadid =4180，2013 年 4 月 20 日访问。

无论理论上怎么争论，从现行宪法四次修改的实践考察，经济体制改革成果入宪占据了宪法修正案的大部分内容，因此有学者认为，经济体制改革是启动我国现行宪法四次修改的根本原因。在经济体制改革的进程中，会不断地出现一些理论和实践问题，造成和现行《宪法》的许多规定相冲突，使作为上层建筑的《宪法》与社会的经济基础不相适应，成为经济发展的障碍。而宪法修改正是解决这种冲突关系的路径。① 也有学者意识到了法治与宪法意识对于制度改革的合法性提出了要求，因此认为“经济体制改革是我国现行宪法修改的根本原因”要从“马克思主义关于法与经济基础关系是二者关系的理论依据，而宪政意识的增强、经济立宪时代浪潮的导引、市场经济与宪法关系的现实把握则是二者关系的现实依据”② 这两个角度来理解。

即便经济体制改革是我国现行宪法修改的根本原因，宪法的修改也应当有个“限度”，因为宪法必须在稳定性和适应性之间寻求平衡。因此，有学者认为，宪法修改的最大限度在于其不能损害宪法的自治性。所谓宪法的自治性，是指在满足社会一般正当性诉求的前提下，由宪法规范、宪法程序和司宪技术等组成的相对空间。③ 有学者提出了“宪法改革”的概念，认为宪法改革应围绕宪法核心问题，调整好国家权力与阶级结构的关系、国家权力内部的横向与纵向关系以及执政党与国家政权机关的关系。并认为，中国宪法应当从“改革宪法”向“宪政宪法”转变。④

## 第二节 人民代表大会制度

人民代表大会制度是我国根本的政治制度，自1954年创立至今已有近60年的历史。在这半个多世纪的历史进程中，人民代表制度无论是在

---

① 于沛霖、张贻翠：《经济体制改革与中国现行宪法的四次修改》，《大连海事大学学报》（社会科学版）2008年第6期。

② 李晓艳：《论现行宪法修改与经济体制改革的关系》，《西安政治学院学报》2008年第2期。

③ 秦前红：《论宪法修改与宪法自治》，《中国法学会宪法学研究会2003年年会论文集》。

④ 夏勇：《中国宪法改革的几个基本理论问题》，《中国社会科学》2003年第2期。

理论上还是在实践上，都取得了长足的发展和进步，特别是在我国实行改革开放以后，随着民主和法治建设的推进，人们对人民代表大会制度的认识和理解的水平不断提升，涌现出大量的研究成果。为了深入了解我国人民代表大会制度的研究状况，进一步推进人民代表大会制度研究，本书在此部分，将对人民代表大会制度研究进行系统的梳理和总结，力求全面地反映我国当前人民代表制度研究的全貌，为我国人民代表大会制度未来的研究提供参考。

## 一　人民代表大会制度研究的历史回溯

从我国人民代表制度建立之初，学者们便没有停止对人民代表大会制度的思考和探索。但是在不同的社会阶段，对人民代表大会制度的研究呈现出不同的态势。为了研究上的便利，笔者将其划分为三大阶段，即起步阶段、兴起阶段和蓬勃发展阶段。

### （一）起步阶段（1954—1976 年）

全国人民代表大会创建于 1954 年 9 月 15 日，① 但是对于人民代表大会的探索，早在其成立之前便已经开始，如在 1940 年，毛泽东同志就在《新民主主义论》中，首次提出人民代表大会制度的设想和理论。他指出："中国现在可以采取全国人民代表大会、省人民代表大会、县人民代表大会、区人民代表大会直到乡人民代表大会的系统，并由各级人民代表大会选举政府。但必须实行无男女、信仰、财产、教育等差别的真正普遍平等的选举制，才能适合各革命阶级在国家中的地位。"② 对于中国人民代表制度的性质，周恩来指出："人民代表大会处于苏维埃工农兵代表大会制的体系，完全不同于资产阶级的议会制……人民代表和苏维埃也是不同的。"③

人民代表大会制度正式确立后，为人民代表大会制度研究提供了契机，特别是由于当时人民代表大会制度处于初建阶段，实践中出现了很多问题，更加引发了人们发现问题和解决问题的热情，并在时任全国人大常

① 这一天，全国人民代表大会在北京召开，这标志着人民代表大会制度在全国范围内的确立。

② 《毛泽东选集》（合订本 1 卷本），人民出版社 1968 年版，第 637—638 页。

③ 《周恩来统一战线文选》，人民出版社 1984 年版，第 244 页。

委会副委员长彭真的领导下，展开了健全人民代表大会制度的讨论和研究。这些研讨的涉及面较广，但当时的重点是围绕人大及常委会如何开展立法和监督工作展开的，其中包括人民代表大会制度是否要对政府进行监督，是否在县以上地方各级人民代表大会设立常委会等问题。[①] 应该说，在人民代表大会制度设立的头三年，对于人民代表大会制度的研究，可谓初露峥嵘。遗憾的是，这一良好的发展态势很快被突变的政治形势打断了。由于1957年"左"的指导思想的抬头，人民代表大会制度受到严重冲击，其地位和作用开始降低，到1966年"文化大革命"爆发，人民代表大会制度陷入瘫痪和半瘫痪状态，成为名副其实的"橡皮图章"。这种状况一直持续了十年之久。在这种社会政治环境中，关于人民代表大会制度的讨论也自然就此停滞。这种情况一直持续到1978年党的十一届三中全会召开，人民代表大会的工作才正式恢复，人民代表大会制度研究也才随之迎来了兴起的春天。

（二）兴起阶段（1978年至20世纪90年代初期）

1978年年底党的十一届三中全会全面总结了新中国成立以来的历史经验教训，提出了发展社会主义民主、健全社会主义法制的任务，开辟了我国改革开放和社会主义现代化建设的新时期。人民代表大会制度日渐恢复了生机和活力，在国家的政治生活中越来越占据主导地位。1982年宪法的颁布，健全了全国人大及其常委会的组织机构，人民代表大会制度建设得到了丰富和发展。1987年党的十三大报告在全面论述政治体制改革的同时，又多角度提出了完善人民代表大会制度的构想。在这样一系列政治利好政策的刺激下，学界掀起了对全国人民代表大会制度研究的小高潮。这一时期，研究人民代表大会制度的力作很多，主要有孔令望、孙潮的《国家监督论》[②]，蔡定剑的《中国人民代表大会制度》[③]，全国人大常委会办公厅研究室编著的《人民代表大会制度建设四十年》[④]，袁瑞良的《人民代表大会制度形成发展史》，[⑤] 梓木的《民主的构思：论我国人民

---

① 参见刘政《五十年代关于人民代表大会制度的一次重要探索》，《人大研究文萃》，第524—525页。

② 浙江人民出版社1991年版。

③ 法律出版社1992年版。

④ 中国民主法制出版社1991年版。

⑤ 人民出版社1994年版。

代表大会制度的发展与改革》[①]，何华辉的《人民代表大会制度的理论与实践》，等等，这些著作从不同的视角，对人民代表大会制度进行了较为系统的论述。[②] 这一时期还有一部值得一提的著作，就是刘政主编的《人民代表大会制度词典》[③]，这是当时研究人民代表大会制度一部非常重要的工具书。

尽管这一阶段重新唤起了学者们对人民代表大会制度研究的旨趣，但不可否认的是，由于受当时政治、经济、社会条件的限制，这一阶段学界对人民代表大会制度的研究还远远不够，不但论述人民代表制度的专著相对匮乏，而且有关人民代表大会制度建设的文章也相对不足。郭道晖的《对党与人大关系上一些提法的商榷》，[④] 刘政的《关于人民代表大会制度研究中需要进一步探索的几个概念和提法问题》，[⑤] 石世龙的《试论我国人民代表大会制度的完善》[⑥] 等文章，对人民代表大会制度的完善提出了自己的见解和主张，但除此之外，这一时期的人民代表大会制度研究，更多地是局限在一些实际性问题的探讨，而对人民代表大会制度的理论研究并不深入。这一时期对国外议会制度的研究，则是停留在制度介绍的层面上，没有进行深入的比较分析。[⑦] 进入 20 世纪 90 年代中期后，宪法学界的这种状况有了明显的改观，人民代表大会制度研究进入蓬勃发展阶段。

（三）蓬勃发展阶段（20 世纪 90 年代中期至今）

可以看到，从 90 年代初期开始，学者们对人民代表大会制度的关注呈现出与日俱增之势。但是更准确地说，人民代表大会制度研究的蓬勃发展出现在 90 年代中期以后。我国市场经济的快速发展对政治体制的民主化和法制化提出了更高的要求，特别是 1991 年党的十五大提出“依法治

---

① 光明日报出版社 1989 年版。

② 武汉大学出版社 1992 年版。

③ 检察出版社 1992 年版。

④ 载于《学术交流》1994 年第 4 期。

⑤ 载于《中国法学》1991 年第 3 期。

⑥ 载于《云南学术探索》1994 年第 6 期。

⑦ 这方面的文章有蒋劲松的《市场经济中的美国国会概说》，李益前的《外国议会与司法权》，卓越的《美德法议会选举制度的若干特点》，《西方议会委员会的立法功能》，等等。

国”的治国方略，进一步提高了人民代表大会的宪政地位。作为中国民主法制建设的主要承担者，人民代表大会当仁不让地成为中国社会走向民主化和法制化的重要推手，而这也对人民代表大会制度本身提出了全新的要求。鉴于人民代表大会制度日益加强的地位和职能及其在运行过程中出现的种种问题，如何完善人民代表制度，成为人们关注的焦点所在，人民代表大会制度的研究获得了深化和发展。与人民代表大会制度相关的著作和文章如雨后春笋般破土而出，人民代表大会制度研究进入了一个新的历史时期。无论是研究的范围，还是研究的深度，或是研究的质量等，都有大幅度提高，而且令人欣喜的现象是，涌现出了大批从事人民代表大会制度研究的科研人员，活跃了人民代表大会制度研究的氛围，提高了人民代表大会制度研究的理论水平。

自此，关于人民代表大会制度的研究，可以说呈现出百花齐放的景象。研究者们从不同的视角，对人民代表大会制度进行探索和思考，研究内容涵盖了人民代表大会制度的基本理论，人民代表大会的制度建设以及人大工作问题等诸多方面的问题，接下来本文将对此分别进行探讨。

## 二　人民代表大会制度研究的主要内容

### （一）基础理论方面

#### 1. 人民代表大会制度的内涵、作用和优越性

准确地把握人民代表大会制度的内涵和性质，是坚持和完善人民代表大会制度的基础。针对社会上对人民代表大会制度的狭义理解，即将人民代表大会制度等同于人民代表大会及其常委会制度，一些研究者指出，人民代表大会制度是我国根本的政治制度，不仅包括作为国家权力机关的人民代表大会及其常委会的制度，还包括国家权力机关与其他国家机关关系的一套规定和制度。①

研究者们一致认为，尽管我国人民代表大会制度还不够健全，在一些具体制度方面还需要完善，但是人民代表大会制度是符合我国政治逻辑的

① 刘政：《人民代表大会制度研究中需进一步探讨的几个问题》；蔡定剑：《人民代表大会与人民代表大会制度的概念和性质》，《人大研究文萃》（第一卷），第275—280页，中国法制出版社2004年版。

根本制度，是中国近现代以来对政体模式探索实践的结果，是适合中国国情的最有效的代议制民主政体，是中国人民基于历史和现实做出的正确选择。新中国成立60余年，特别是改革开放30多年来，人民代表大会制度不断巩固和发展，显示出强大的生命力和巨大的优越性，因此必须坚持和完善人民代表大会制度。对于西方的三权分立制度，研究者们指出，作为一种政治模式，三权分立制度有其价值和合理性，但是这一制度在西方有其生存和发展的土壤，却并不适合中国。就像胡锦涛总书记指出的："一个国家实行什么样的政治制度，必须与这个国家的国情和性质相适应。中国的社会主义民主政治，之所以是最适合中国国情的民主政治，是最能够把中国13亿人民的意志和力量凝聚起来共同奋斗的民主政治，关键在于它植根于中华民族几千年来赖以生存和发展的广阔沃土，产生于中国共产党和中国人民为争取民族独立和国家富强而进行的伟大实践。"因此，对于中国而言，无论是从理论上还是实践上讲，都需要坚持人民代表大会制度而不能搞三权分立。①

人民代表大会制度的优越性是所有研究者都予以肯定的。人民当家作主是社会主义民主政治的本质和核心。人民代表大会制度是人民行使国家权力的最好形式，是中国人民当家作主、参与管理国家事务和社会事务的最有效的政治制度。根据研究者的总结，人民代表大会制度的优越性主要体现在三个方面：一是其作为人民民主权利的特点保障了人民意志可以得到充分体现。人民不仅有权选择自己的代表，并随时可向代表反映自己的要求和意见，而且对其选择的代表还有权监督，有权依法撤换或罢免那些不称职的代表。二是其民主集中的特点保障了中央和地方国家权力的统一。在中央和地方之间合理划分职权，既保证了中央集中统一的领导，又挥了地方的积极性和创造性，使中央和地方形成稳固的统一整体。三是其民族区域自治的特点有利于保证我国各民族的平等和团结。自1954年9月第一届全国人大代表普选以来，人大代表的广泛民族区域性便开始逐步

① 秦宣：《为什么要坚持人民代表大会制度而不能搞"三权分立"》，《前线》2009年第3期。许崇德：《人民代表大会制度与三权分立制度有根本区别》，《理论导报》2009年第2期。秋石：《为什么必须坚持人民代表大会制度而不能搞三权分立》，《求是》2009年第7期。张明军：《中国为什么必须坚持人民代表大会制度而不能搞三权分立》，《思想理论教育》2010年第1期。

增强，有效地增进了民族团结和社会的和谐。还有研究者从伦理制度的角度论证了人民代表大会制度的优越性，通过对伦理制度化中主体性体现的价值功能的分析，讨论了人民代表大会的制度功能。①

2. 人民代表大会制度建设与宪法政治建设

宪法政治是文明社会的标志。现代政治制度之所以要以宪法为基础，就是要通过制定宪法的形式，为公共权力设定根本的规则，为公共权力提供合法性来源。在中国进行宪法政治建设，首选目标是加强人民代表大会制度建设。因为在宪法政治的三要素——民主、法治、人权中，人民代表大会制度是践行民主的不二机制，是实现法治、人权的前提和基础。没有人民代表大会制度的改革完善，法治就不可能真正建立；没有人民代表大会发挥作用，人权也不可能从根本上得到保障。目前的问题是，如何按照宪法政治体制的要求，来加强和完善人民代表大会的制度建设，逐步实现宪法政治体制与人民代表大会制度的接轨。其基本方向是：理顺党的领导与人大权力的关系，培养宪法至上的观念和宪法政治意识，完善选举制度和实行竞选，以及保障公民权利、建设有限政府和实行司法审查等。②

3. 人民代表大会制度与政治文明建设③

政治文明的一个根本要求就是政治民主。从根本上说，没有民主，就没有政治文明。这其中，人民代表大会承载着重要的历史使命，可以说，没有人民代表大会制度，就没有民主，就没有政治秩序；没有人民代表大会制度的发展，就没有政治的进步。人民代表大会制度是中国特色政治文明的主要制度形态，它的发展和完善是衡量我国政治文明建设水平和完善程度的重要标志，是推动21世纪中国政治文明发展的最宝贵的体制内政

① 翟峰：《对建国60年人民代表大会制度发展的认知与探索》，《人大研究》2009年第12期。李龙、潘传表：《论人民代表大会制度在中国的必然性与优越性》，《湘潭大学学报》（哲学社会科学版）2008年第1期。刘振强：《伦理制度化中主体性体现的价值功能——兼论人民代表大会制度的优越性》，《社会科学论坛》2010年第5期。

② 谢庆奎：《宪政体制与人民代表大会制度建设研究》，《新视野》2005年第1期。

③ 参见程湘清《政治文明与人民代表大会制度》，《北京大学学报》（哲社版）2004年第6期。

治资源之一。① 对于我国当前正在进行的政治体制改革，一些研究者认为，人民代表大会制度改革是我国政治改革的逻辑起点。通过人民代表大会制度的改革，既可以解决现代化发展所带来的政治参与扩大的问题，又可以保证政治体制改革在一定的范围内进行，并且可以进而辐射到司法制度改革、政党制度改革，从而最终实现政治体制改革的总体目标。②

4. 和谐社会与人民代表大会制度建设

党的十七大报告指出："社会和谐是中国特色社会主义的本质属性。科学发展和社会和谐是内在统一的。没有科学发展就没有社会和谐，没有社会和谐也难以实现科学发展。构建社会主义和谐社会是贯穿中国特色社会主义事业全过程的长期历史任务，是在发展的基础上正确处理各种社会矛盾的历史过程和社会结果。要通过发展增加社会物质财富、不断改善人民生活，又要通过发展保障社会公平正义、不断促进社会和谐。"50 多年的实践证明，是不是坚持和完善人民代表大会制度，直接关系国家政治、经济、文化和社会事业能否全面、协调、可持续发展，也关系到和谐社会建设目标的实现。人民代表大会制度在构建和谐社会中，起着举足轻重的作用。人民代表大会制度作为建设有中国特色社会主义的根本性政治制度，必然而且应当在构建社会主义和谐社会的工程中发挥根本性的和关键的作用。如果在根本政治制度上未能做到和谐社会的要求，则必然影响到整体和谐社会的建立。

在建设和谐社会中，要充分发挥人民代表大会的立法职能，推进民主法治，保证社会公平正义，为和谐社会的建设提供有效的法律依据和基础。在建设和谐社会中，要充分发挥人民代表大会的利益表达渠道的作用，平衡各方面利益，促进和谐社会建设。在建设和谐社会中，要充分运用人民代表大会对关系国计民生人民疾苦的重大事项的决定权。整合各方面力量，推动和谐社会建设。在建设和谐社会中，要充分发挥人民代表大会民主监督的反腐机制。

---

① 金太军：《建设政治文明与完善人民代表大会制度》，《理论探讨》2004 年第 4 期。

② 蔡定剑：《论人民代表大会制度的改革和完善》，《政法论坛》2004 年第 6 期。浦兴祖：《以人大民主为重点继续推进中国民主政治的发展》，《复旦学报》2005 年第 5 期。谢岳：《完善人民代表大会制度：中国政治体制改革的当务之急》，《学术月刊》2005 年第 6 期。

5. 人民代表大会制度与民主

党的十七大报告指出，“人民民主是社会主义的生命”，发展民主政治是中国现代化进程的必然选择，“是我们党始终不渝的奋斗目标”。作为实现人民民主的制度载体，人民代表大会制度是中国民主精神的集中体现。就像一个学者指出的，“人民代表大会的至上性体现了人民主权的民主源头，人民代表大会的产生体现了选举民主，人民代表大会的运作过程体现了协商民主”。①

民主是人民代表大会制度的核心价值。在中国的民主化与法治化进程中，人民代表大会制度在最广泛的范围内，将人民组织到国家政权中，进而使人民从形式上到实质上都成为国家的主人，实现了人民当家作主的目标。正是因为我们有了人民代表大会制度，党的领导、人民当家作主、依法治国这三者才实现了有机的统一。②

（二）制度建设

人民代表大会制度自确立以来，特别是在中国实行改革开放之后，取得了令世人瞩目的成绩。可以说，人民代表大会制度已经成为人民当家作主广阔而坚实的制度平台，但是我们不能据此说人民代表大会制度已经完美无缺，由于历史和现实的种种原因，人民代表大会制度在实践中仍有诸多问题亟须改革和完善，对此，宪法研究者们显然已有充分的认识，并针对我国人民代表大会制度建设中存在的问题，提出了许多有益的见解。

1. 关于代表制度的研究

任何一项制度的运行状况都与其运作主体密切相关，人民代表大会制度也不例外。人民代表大会制度能否良性运行，与其特定主体人民代表的代表职权的行使情况和代表义务的履行情况都是密不可分的。因此，研究人民代表大会制度首先应从人大代表入手，以便为人民代表大会制度建设奠定真正的主体之本、动力之基和活力之源。

关于人大代表的研究成果，可以说相当丰富，特别是随着人大代表在国家政治生活中的地位和作用越来越为社会所认识和尊重，如何最大限度

① 张明军：《中国为什么必须坚持人民代表大会制度而不能搞“三权分立”》，《思想理论教育》2010年第1期。

② 孔凡义：《民主和效能：人民代表大会制度改革的双重取向》，《甘肃行政学院学报》2008年第2期。

地提高人大代表的代表水平，更成为学者们关注的焦点和热点。① 归纳起来，学界关于人大代表制度的研究，主要有以下几方面：一是人大代表的研究，其中包括对人大代表代表性的研究，人大代表主体地位的研究，人大代表结构问题的研究，人大代表素质以及对人大代表履职等方面问题的研究。当然，尽管学者从不同角度对人大代表进行论述，但不难看到研究者的目的是殊途同归的，就是一方面保障和提升人民代表的主体地位，另一方面加强对人大代表的监督和制约。

（1）人大代表的代表性。近年来，越来越多的学者开始关注人大代表的代表性问题，并从不同角度讨论了人大代表的代表性问题。例如，如何认识人大代表的代表性问题，人大代表代表性缺失的原因分析，如何完善人大代表的代表性问题，等等，均有学者进行探讨。

首先是“人大代表代表谁”，这个问题似乎不证自明，人大代表自然代表人民，对此我国代表法有明文规定，研究者们也无异议。但是这里所说的人民是很宽泛的概念，由此引发的问题就是代表究竟是代表辖区人民的利益还是代表选区人民的利益。对此，研究者们的观点并不统一，一度出现了“广义代表说”和“狭义代表说”两种说法。当然，也有研究者认为，两种说法均存在一定缺陷，主张人大代表的双重代表性，认为人大代表在履行职务时，要正确处理辖区利益与选区利益的关系，使选区利益融入辖区利益，辖区利益包含和体现选区利益，实现辖区利益与选区利益的协调一致。② 研究者们普遍认为，目前我国人大代表存在代表性不强的问题，并针对人大代表的代表性完善问题，提出了对策和方法。如研究者指出，人大代表代表性的实质，是人大代表忠实地代表并有效地表达人民的意志和利益。完善代表性至少要做到两点：一是在选举制度中，保证人

---

① 比较有代表性的有邹平学《中国代表制度改革的实证研究》，重庆出版社2005年版。孙哲：《全国人大制度研究（1979—2000）》，法律出版社2004年版。

② 胡位钧：《两种代表制理论之再评价》，《法商研究》1998年第2期。黄学贤、朱中一：《完善人大代表的代表性》，《浙江人大》2006年第2期。封丽霞：《人大代表代表谁?》，《学习时报》2006年2月27日。雷伟红：《改善人民与人大代表关系的法律思考》，《人大研究》2008年第5期。卢勇：《论人大代表的代表性》，《求实》2002年第11期。郝永伟：《人大代表的代表性分析：代表选区利益与代表辖区利益的困惑和解决途径》，《人大研究》2009年第11期。蒋万伦：《人大代表代表谁》，《人大研究》2004年第6期。

民能自主选择代表进入权力机关；二是在人民代表大会制度中，保证人大代表能为人民办事。①

（2）关于人大代表主体地位的研究。近年来，学界们对于代表主体地位的主流观点，就是人大代表应该实行专职化。很多研究者认为，人大代表只有实行专职化，才能确保人大代表有效地履行职责。所谓人大代表专职化，就是指人大代表在当选期间，仅围绕人大代表这一特定身份，从事政治活动或进行政治行为。② 有研究者认为，代表专职化可以克服代表兼职产生的种种弊端。“在专职代表制下，人大代表必然会对其代表身份产生较强的角色认同感，从而在实践中保证代表身份的实质化。这就避免了兼职代表制下代表观的错位问题”。③“在我国实行人大代表专职制是必要也是可行的，可以通过先试点后推广模式和国家指导结合人民参与推进模式来逐步实现人大代表专职化”。④ 当然，也有研究者对于代表的专职化持审慎的态度，认为代表专职化是一把双刃剑，或有可能使民主有效性陷入“两可”境地，或有可能导致民主的精英主义倾向。因此，实行代表专职化要慎重而行。⑤ 有研究者认同这种观点，指出在现阶段，人大代表专职化面临多重现实困难，全面推开并不现实，可以借鉴和汲取代表专职化的优势，对现行人代会制度进行改进。⑥ 2010 年 10 月修改的《代表法》，否定了代表专职化和设立代表个人工作室的思路，似乎为学者们对代表专职化的论争暂时画上句号。但是，这似乎并未影响研究者的研究旨趣，人大代表的专职化问题依然是学者关注的话题⑦。

（3）对人大代表结构的研究。人大代表结构是否合理和具有广泛代

---

① 袁兆霆：《试论人大代表代表性的完善》，《人大研究》2010 年第 5 期。张惠敏：《我国人大代表代表性缺失分析》，《科学社会主义》2006 年第 2 期。

② 高卫明：《代表制度的归位与革新——论人大代表的专职化》，《中南财经政法大学研究生院学报》第 3 期。孟宪艮：《英国议员的专职化及其启示》，《云南社会科学》2010 年第 3 期。

③ 周小梅：《关于人大代表制度的反思与重构》，《人大研究》2003 年第 2 期。

④ 姜朋：《关于人大代表专职制的思考》，《云南行政学院学报》2010 年第 4 期。

⑤ 周丽：《实行人大代表专职化是一把双刃剑》，《人大研究》2006 年第 1 期。

⑥ 钱威：《就人大代表专职化问题的反思》，《人大研究》2006 年第 1 期。

⑦ 殷焕举、李晓波：《人大代表专职化研究》，《科学社会主义》2011 年第 4 期。

表性，直接关系到人民当家做主的权利的实现，以及人大监督制度作用的充分发挥。人大代表的结构不仅包括身份结构，而且包括年龄结构、知识结构与能力结构等。学者们普遍认为，目前人大代表的组成结构不尽合理，存在的问题主要表现为：官员代表所占比例过大，党员代表偏多，代表的学历层次不高、法律素养低。① 另外，有研究者认为，目前我国通行的通过确定各类代表的比例的办法来保证社会各阶层各利益群体，特别是弱势群体的利益，让他们在人民代表大会中占据一定的比例的做法，实际上不够科学。由于社会各阶层、群体在社会中的构成比例极其复杂，无法对比例做出准确计算；即使能计算，也会因成本太高失去价值。② 针对人大代表结构问题，研究者们提出了一些改善的建议，特别是针对2012年3月全国人大提出的降低全国人大代表中党政领导干部比例的要求在实践中如何落实的问题，研究者们更是各抒己见。有研究者提出，通过引进竞争机制和限定官员代表的比例，来改善代表结构。③

各级人大代表依法有效履职，是我国人民代表大会制度发挥作用的主要途径。代表履职质量直接影响我国社会主义民主政治建设的成效，因此，必须采取有效举措确保代表能有效履职。在如何保证人大代表充分履职问题上，有学者指出，目前我国人大代表履职存在的最大难点，是对于人大代表职务性质的认识不清，如将人大代表视为政治荣誉，将自己视为行业代表，或者将自己视为摆设。这些错误的认识导致代表履职意识薄弱，无法正确地履行职责。④ 因此，研究者认为，提高代表的履职能力的关键，在于澄清各种对人大代表职务性质认识的误解，强化代表的角色意识。⑤ 当然，研究者也不否认我国人大代表在角色认同上取得的进展，有

---

① 崔英楠：《选举法的修改和地方人大换届选举研究》，《中国社会科学院研究生院学报》2010年第3期。

② 黄学贤、朱中一：《完善人大代表的代表性》，《浙江人大》2006年第2期。

③ 彭承尧：《关于全国人大代表数量和构成改革问题的建议和思考》，《魅力中国》2009年第33期。孔繁军：《代表去官化：人民代表大会制度权力制约机制的内在要求》，《理论与改革》2010年第6期。梁涛：《人大代表结构与素质分析及其改进建议》，《中共青岛市委党校学报》2007年第2期。

④ 张国强：《人大代表有效履职的难点及对策分析》，《安阳师范学院学报》2010年第6期。

⑤ 程志坚、林龙：《如何避免人大角色困境》，《人大研究》2007年第10期。汪淑娟：《人大代表的角色归属》，《人大研究》2003年第2期。

研究者专门以核心期刊为样本，分析了不同时期人大代表角色的变化，指出人大代表正在从反映民声的传声筒转变为人民利益的代表者和捍卫者。① 而随着人大代表在职务履行方面有了更多的实际行为，人大代表角色扮演的履职保障，也成为研究者的一个研究热点。②

人大代表是否具备相应的政治素质、文化素质和能力素质，也是人大代表履职的关键。学者们认为，人大代表的素质是其行使国家权力、履行代表职责所必须具备的特定的主观条件，人大代表整体素质的高低，不仅关系到代表职能作用的发挥和国家权力机关的决策水平与工作效率，而且关系到人民群众对公共权力合法性的认同。因此，全面理解和正确把握代表素质内容，剖析和解决存在的问题，推动代表整体素质的全面提高，对于不断完善人民代表大会制度，推进政治文明建设至关重要。③

“谁来监督监督者”是权力运行领域的一个永恒的主题。人大代表来源于人民，由人民选举产生，因此，人大代表接受人民的监督是人民主权原则的要求，更是民主政治技术与程序的要求。“代表选举工作的好坏是决定代表素质优劣的关键性环节，但在代表选出以后加强对他们的监督工作却能起到稳定代表素质，加强代表素质的重要作用”。④ 人大代表受人民委托，掌握国家权力，直接关系到人民的利益和幸福。如果不对人大代表保持有效的监督和控制，很难保证人大代表的代表性。对于监督人大代表的必要性，研究者均予以肯定。如有研究者指出，强化对代表的监督，是增强人民代表代表意识、代表责任、代表行动力以及代表性的必要措

---

① 张宇、任敏：《人大代表角色认同的变化——以核心期刊为样本》，《武汉大学学报》2008 年第 1 期。

② 胡健：《从齐明案看人大代表的职务权利保障》，《法学》2005 年第 7 期。邹平学：《论健全完善人大代表执行代表职务的保障制度》，《求是学刊》2005 年第 4 期。

③ 叶兴艺、徐腾跃：《提高地方各级人大代表整体素质的思考》，《吉林人大》2010 年第 11 期。肖书生：《人大代表素质研究》，《人大研究》2006 年第 12 期。代丽：《提高人大代表素质的对策思考》，《中共辽宁省委党校学报》2007 年 5 月。赵俊杰《提升人大代表履职能力》，载《求是》2011 年 6 月。

④ 邹平学：《中国代表制度改革的实证研究》，重庆出版社 2005 年版，第 171 页。

施，最终对代表明确自己的职责和使命是一个有力的促进。①其中最关键的是找准着眼点，实现对代表的有效监督。②

在代表制度研究上的一个重大成果，是改变了过去单纯研究代表的做法，把选民作为研究对象也纳入了研究视野，研究人大代表与选民之间的互动问题。这方面的研究成果也颇为丰富③。有研究者通过对代表与选民关系模型的梳理，分析了我国现实中代表与选民之间关系的真实脉相，并以此观察我国人民代表大会制度内在的运行逻辑。④ 有研究者分析了实践中代表与选民联系较少的原因，如代表联系选民的意识薄弱，二者之间的联系缺乏有效的制度支撑，等等，并提出了强化人大代表与选民联系的对策。⑤ 还有研究者分析了新修订的选举法中关于代表候选人与选民见面的机制的规定，认为该规定过于原则化，操作起来存在困难，还需进一步细化。⑥

除了实证研究，学者们还进行了代表理论的规范性研究。代表理论是民主理论的组成部分，又是选举制度的理论基础。代表理论的核心问题是选民和代表的关系问题，围绕这一核心问题产生了一系列基本问题：谁是代表、代表什么、如何代表、如何才是好的代表等等。对这些问题的不同回答，反映了不同的代表理念，也形成了在代表制问题上不同的主张，并

---

① 凌伯韬：《代表性问题与人大代表制度改革》，《上海市社会科学界第六界学术年会文集（2008年）》。

② 黄洪旺：《让代表权在阳光下运行——为什么要监督代表》，《人民政坛》2012年第8期。范良春：《找准监督着力点——监督代表什么》，《人民政坛》2012年第8期。刘能：《让人民起来监督代表》，《人民政坛》2012年第8期。

③ 代明：《打开人大代表与选民的通道》，《学习月刊》2004年第1期。吴鹏飞：《密切人大代表与选民关系的几点设想——以我国基层人大为例》，《云南行政学院学报》2009年第2期。温辉：《代表与选民的关系》，《现代法学》2001年第2期，朱玉兰：《代表联系选民工作存在的问题和对策》，载《人大研究》。黄学贤、朱中一：《完善人大代表代表性的探讨》，《人大研究》2005年第7期。汪淑娟：《人大代表的角色归属》，《人大研究》2003年第2期。田必耀：《寻求选民与代表的利益平衡》，《人大研究》2002年第3期。

④ 邱家军：《中国人大代表与选民关系研究》，厦门大学博士论文。

⑤ 何存英：《强化人大代表与选民联系的对策探析》，《新西部》2011年第33期。

⑥ 臧必飞：《代表候选人与选民见面制度亟需进一步完善》，《人大研究》2012年第3期。

形成了各种所谓的代表制模型。这些对代表问题进行的规范性理论研究，极大地加深了我们对代表理论论域的认识，促进了我们对全国人民代表大会制度及其代表问题的研究。①

2. 关于选举制度的研究

选举制度是人民代表大会制度的重要组成部分，是人民代表大会制度的逻辑起点。它既是公民政治参与的主要方式，也是公共权力获得合法性的重要依据。改革开放以来，通过1979年制定的新选举法，1952年、1956年、1995年、2004年和2010年先后进行的5次修改和补充，人大选举法律和制度不断改进和完善。但在实践中，人大选举制度依然存在许多问题亟待解决。为了推进选举制度改革，我国学界长期以来对选举制度改革问题都非常重视，在肯定我国选举制度进步的同时，也对未来改革的方向、目标以及途径，提出了深刻的见解。②

（1）首先是关于扩大直接选举的范围问题。根据我国宪法和选举法的规定，只有县、乡两级人大代表是采用直接选举的方式产生的，县级以上的各级人大代表都是采用间接选举的方式选出的。针对这种情况，有研究者指出，应进一步扩大直接选举的范围，这是中国人大代表选举制度的必然发展趋向，也是社会主义民主的内在要求。③ 有研究者认为，仅就我国目前的间接选举制度存在许多问题亟待解决。主要表现为选民投票热情不高，代表候选人介绍方式存在缺陷，对选举过程的监督体系不完善，等等④。

（2）关于扩大竞选范围的问题。民主的选举制度必须有竞争，无竞争的选举，不是真正的选举，也是不能真正表达民意的选举。根据条件逐步推进适度的竞选，可以有效地激发选民或代表的选举热情，增添选举活力，拓展选举范围，提高选举质量为候选人创造公平竞争的舞台，选出高

---

① 参见王晓珊《代表理论研究综述》，《人大研究》2009年第10期。

② 《我国人大选举制度研究》，《湘潭师范学院学报》2006年第5期。

③ 蔡定剑：《论人民代表大会制度的改革和完善》，《中国政法大学学报》2004年第6期。

④ 王勇：《现行人大选举监督体系的制度缺陷及理论困惑》，转引自《人大研究文萃（第二卷）》，中国法制出版社2004年版。钟娟：《完善选举制度 推进民主进程——直接选举中对代表候选人介绍方式的改革》，《山西高等学校社会科学学报》2002年第10期。

素质的人民代表。研究者普遍认为，在当前选举实践中，选举人和被选举人参选积极性不高的一个重要原因，就是缺乏竞选机制。是否实行以竞争为中心的公开、公正的选举程序，直接决定代表的素质、责任心和人民代表大会作用的发挥。因此，研究者呼吁适度地将竞争机制引入选举中来。① 2010年中国扩大了竞争选举机制的应用范围，这是一个可喜的进步，但是如何完善具有中国特色的竞选机制，以提升我国的政治民主化程度，依然有待于进一步深化研究。

（3）候选人提名和确定方式问题。选举人大代表首先要确定候选人，这是选举的初始环节。针对候选人提名和确定方式，有研究者指出，我国的提名制度要体现社会主义民主的优越性，并不在于人大代表构成上社会各阶层都要有一定数量的代表，最重要、最根本的在于社会各阶层是否真正按照自己的意愿做出选择。因此，在人大代表候选人的提名上，不应当按照阶层来分配名额，因为它使人们对公平公正公开的选举产生了疑问，对选举制度造成了不应有的损害。从选举的本来意义上讲，公民选举代议机关代表和国家机关特定工作人员代理自己管理国家，在本质上是其对自身利益的选择，因而保障公民按照自己意愿做出选择至关重要。②

（4）如何调动和提高选民积极性问题。目前，我国选举制度所面临的最大问题是选民对选举的情绪冷淡。除了选举程序存在问题，如代表的提名和确定民主性不足，候选人的介绍机制不合理，选举范围狭窄等原因外③，有研究者认为，选民之所以对选举表现出漠然的态度，关键的问题在于选举和选民利益脱节。还有研究者认为，从理论上说，选民进行投票选举，其实质是在选择自己的利益代表人，以实现自己的利益诉求。他们参与选举愿望的强弱是根据利益的大小来判断的，而不是取决于政治觉悟的高低和民主意识的强弱。只有利益才是决定他们是否愿意参与选举的动力，有利益才有激情，才会去投票。因此，应将选举制度与利益机制结合

---

① 贾雨桥：《论在我国人大选举中实行竞选制的可行性》，李伯钧：《完善我国选举制度的思考》，转引自《人大研究文萃（第二卷）》，中国法制出版社2004年版。

② 陈伯礼：《我国人大代表提名制度缺陷分析》，《甘肃政法学院学报》2007年第3期。

③ 刘亚丁：《民主选举与政治冷漠——对我国〈选举法〉的重新思考》，《内蒙古电大学刊》2009年第1期。

起来，将利益与选举制度挂钩。①

当然，对选举制度的完善还涉及其他一些问题，如有研究者提出了完善选举制度的配套性措施，即建立人民代表大会弹劾制，认为根据国情建立自己特色的弹劾制，对完善我国的权力监督制度，推动民主制度的发展有着极为重要的作用。② 另外还有学者讨论了农民工选举权保障问题。有研究者指出，对于社会上的弱势群体而言，有意义的是选举权，而不是被选举权。只要拥有选举权的人数足够多，就不怕没有人会替他们说话。所以，关键的问题在于落实公民平等的选举权，特别要落实农民工在打工城市的选举权，切实解决他们的利益无人代表的问题。③

3. 关于人大监督制度的研究

人民代表大会监督制度既是人民代表大会制度不可或缺的内容之一，也是我国家监督体系的重要组成部分。如同西方政治学者奥布莱恩指出的："在行政权处于强势的时代，对之进行监督、检查和控制，无疑是人们对立法机关的合理期待。与提出某些法律案相比，立法机关通过行使监督权，也许更能够使问题得到解决。"人大及其常委会的监督，是人民当家作主的政治权利的集中体现，其监督职能是其他监督机构无法替代的。但是，由于政治、经济和历史文化等原因，以及缺乏人大监督制度的实践，人大监督制度长期以来并没有得到理论界多少重视。直到20世纪80年代中期以后，随着经济体制改革和政治体制改革的进行，人们对人大监督制度的研究才逐步展开，涉及的内容也日益广泛，涵盖了人大监督的目的、意义、主体、对象、内容、形式和程序等诸多方面，也有了一些颇具水准的论文和论著。④ 但是，我国的人大监督权目前落实得怎样？人大的

---

① 蔡定剑主编：《中国选举状况的报告》，中国法制出版社2002年版。

② 刘敏军、方射娟：《建立人民代表大会弹劾制度的若干思考》，《湖南科技大学学报》（社会科学版）2006年第1期。

③ 朱小龙：《社会公平视野下农民工选举权问题研究》，《农业经济》2012年第1期。刘春明：《城市农民工选举权保障问题探析》，《三明学院学报》2011年第3期。黄延廷：《农民工选举权问题探讨——兼谈保护农民工选举权的对策》，《长白学刊》2010年第3期。李小军：《农民工选举权的保障》，《农业经济》2009年第1期。郭晓黎：《关于农民工选举权问题的思考》，《人民之声》2007年第4期。

④ 林伯海：《人民代表大会监督制度的分析与构建》，中国社会科学出版社2004年版。刘政、程湘清：《人大监督探索》，中国民主法制出版社2002年版。

监督职能履行得如何？人大监督的缺陷和问题在哪里？究竟是何种因素影响了人大监督职能的发挥？应该怎样构建和完善人大监督制度？诸如此类的问题，依然是我国在进行社会主义政治体制改革过程中所面临和必须着力解决的重大理论与实践问题，特别是随着我国民主政治建设和国家现代化的需求，人大监督制度的改革也愈益迫切，需要相应的理论作为支撑和指导，因而对于人大监督制度的研究也有待于进一步深入和拓展。

从目前的研究成果来看，主要包括以下几个方面的内容：一是人大监督的性质、特点和基本原则。二是人大监督的外部环境，主要涉及理顺全国人大及其常委会与地方人大及其常委会之间的关系，理顺人大与党的关系，理顺人大与政府的关系以及理顺人大与司法机关的关系。三是人大监督权的行使机制问题。

正确认识人大监督的性质和作用，是深入研究人大监督制度的前提。关于人大监督的性质、特点和基本原则，是研究者不能忽略的问题。人大监督是民主监督的有效形式。根据研究者的总结，人大监督的性质和作用主要体现在以下几个方面：第一，人大监督的实质就是人民监督。第二，人大监督是代表国家进行监督，是具有法律效力的监督，是我国监督体系中最具权威的监督。第三，人大监督有助于扼制腐败的发生和蔓延。第四，人大监督有利于促进和完善人大自身建设。①

对于人大监督的外部环境研究，主要涉及三个关系的理顺。首先是党与人大之间关系的理顺；其次是全国人大及其常委会和地方各级人大及其常委会之间关系的理顺；最后人大与政府、司法之间关系的理顺。

建设社会主义政治文明，一个重要的方面就是要规范党政关系，而要规范党政关系，关键是要处理好共产党与人民代表大会的关系，这是由二者在我们国家政治生活中所处的地位所决定的。共产党是我们国家的执政党，是社会主义建设事业的领导核心。人民代表大会是人民行使国家权力的机关，全国人民代表大会是国家最高权力机关。一个是领导核心，一个是权力机关，因而如何处理二者之间的关系就成为规范党政关系的关键。1954 年宪法对全国人民代表大会与党的关系并没有做过多的表述，只是在前言中提到，人民的胜利是在中国共产党的领导之下

---

① 盛涛：《人大监督的性质及其完善途径》，《党政干部学刊》2007 年第 9 期。

取得的。1975 年宪法把人民代表大会的地位置于一种逻辑矛盾当中，它说："全国人大是在中国共产党领导下的最高国家权力机关。"1982 年宪法在党与人民代表大会关系上的规定有了重大的突破，一方面确立了党对于国家的领导，全国各族人民要进行现代化的建设，必须在坚持共产党的领导之下。同时第一次在宪法中对党的领导加以约束："党必须以宪法为根本的活动准则，必须遵守宪法和法律，一切违反宪法和法律的行为，必须予以追究。"

从宪法对于全国人民代表大会与党的关系规定的变迁中，我们可以看到，我国宪法实践对于党和人大关系的探索。事实上，很长时间以来，无论是在理论上还是在政治实践中，党和人大关系都没有很好地彻底理顺，研究者们对此也是纷纷献计献策，并推出了一系列的研究成果①。总结起来，研究者关注的问题主要集中在三个方面：一是关于规范中国执政党与人民代表大会关系的意义；二是如何理解和把握执政党与人民代表大会的关系；三是如何规范执政党与人民代表大会的关系。

人民代表大会制度中需要理顺的第二个关系，是全国人大及其常委会和地方各级人大及其常委会的关系。对于上下级人大及其常委会的关系，研究者们基本赞同将其定位为监督、联系和指导。② 从理论上讲，这种定位是科学合理的。《立法法》和《监督法》的出台进一步明确了上下级人大及其常委会之间的"监督"关系问题，包括对二者之间的监督方式也有明确规定，但对于二者之间如何进行有效联系和指导，并没有太多的说明，学界也缺乏深入系统的研究。各级人民代表大会及其常委会集体行使职权，是国家权力机关依法履行职能的基本形式。实现代表大会和人大常委会履行职能的有机协调和相互衔接，形成整体合

---

① 郭道晖：《权威、权力还是权利——对党与人大关系的法理思考》，《法学研究》1994 年第 1 期。常士訚：《党的领导、人民代表大会制度与中国特色的社会主义政治建设》，《理论探讨》2008 年第 4 期。童之伟：《论适应市场经济社会的党政秩序调整》，《法商研究》1997 年第 1 期。王建瑞：《党领导人大与人大监督党的机构》，《法商研究》1999 年第 5 期。金太军：《建设政治文明与完善人民代表大会制度》，《理论探讨》2004 年第 4 期。

② 曾萍：《论全国人大与地方各级人大的关系》，《人大研究》2003 年第 4 期。谢蒲定：《上一级人大常委会对下一级人大常委会的监督、联系与指导研究》，《人大研究》2010 年第 1 期。

力，是保证人民当家作主，确保国家机关协调一致开展工作，最大限度地发挥人民代表大会制度优越性的重要基础。对于研究者而言，如何科学构建上下级人大及其常委会之间联系和指导的关系，如何在上下级人大及其常委会之间建立一种有效的协调和联系机制，是应继续深入探讨和研究的问题。有一些研究者们从实际工作出发，讨论了全国人大及其常委会和地方人大及其常委会之间的联系和指导关系问题。① 还有研究者对人民代表大会与人大常委会的关系做了分析，指出二者在职能衔接方面，还存在法律规定不明晰、工作联系不紧密、主次关系把握不准确等情况，这些问题在很大程度上影响了人大职能作用的发挥，因此应加强代表大会与人大常委会履行职能的衔接，以便有效地发挥人大的整体职能作用。②

人大与政府的关系也一直是研究者关注的重点。根据我国宪法规定，人大选举和组织政府，决定政府领导人，监督政府的工作；政府必须对人大负责并定期报告工作，接受人大的监督。从理论上讲，人大是政府的监督机构，但在很长一段时间里，人大对政府的监督往往是“寓监督于支持”，因而造成人大对政府的监督缺乏实效。对此，有研究者提出改变这一观念，真正将人大监督落到实处。研究者还分析了加强人大对政府监督的必要性，分析了影响人大对政府监督职能发挥的因素，同时提出了相应的对策和建议。③ 还有研究者认为，人大监督乏力的重要原因在于缺乏具体、可操作的监督手段，因此提出了构建人大在政府绩效评价中的主体地位的观点。该研究者认为，基于政府综合绩效评价作为一种有效的治理工具及制度安排的性质特征及其可通过具体翔实的指标体系来全面测评政府绩效的具体、可操作的特点，可以为人大监督职能的加强和顺利实施，提供一个行之有效的路径选择。通过政府综合绩效评价途径，人大能够更为准确且便利地对政府执行国家大政方针、

---

① 朱恒顺：《如何科学构建全国人大和省级人大常委会的关系——以内务司法工作为例》，《人大研究》2011 年第 12 期。

② 李福忠：《加强代表大会和常委会职能衔接 发挥人大职能作用》，《北京人大》2012 年第 4 期。

③ 张鹏、陈建智：《博弈的均衡：人大和“一府两院”的监督与被监督的关系探析》，《广州大学学报》（社会科学版）2009 年第 9 期。《人大要强化对“一府两院”的监督》，《中州学刊》2006 年第 4 期。

管理经济社会及其自身的监督。①

人大对司法机关的监督是近几年新兴的研究领域，由于司法腐败现象的滋生，引起了人们对司法监督和制约的关注。根据我国宪法，司法机关由国家权力机关产生，要接受权力机关的监督和制约。于是，人大在原有监督手段的基础上，从20世纪80年代以来，针对司法机关又创建了许多新的监督方式，如个案监督、特定问题调查、执法责任错案追究机制等等，然而这些监督举措与现代法制国家的基本原则——司法机关独立行使职权之间却存在张力，特别是人大在对司法监督上出现了一些地方人大越位监督、违法监督的做法，进一步引发了学界对于人大监督司法正当性的反思和讨论。当然，对于人大监督司法的正当性问题，研究者们基本是持认可的态度，认为人大及其常委会依法行使司法监督权具有理论基础和宪法依据。人大监督司法的最终目的是实现司法公正，保障司法机关公正司，这与司法本身的诉求并不冲突，而是法的客观需要。因此争论的焦点并不在于是否要坚持人大对法院的监督，而是集中在如何一方面保证司法受到人大的有效监督，另一方面又确保人大依法监督不妨碍司法的独立性，即如何把握人大监督的“度”的问题。研究者们讨论的问题主要涉及人大监督的程序和方式，包括人大对司法的个案监督，人大监督的界限和原则，如何在人大监督与司法独立这两者之间寻找平衡点，等等。②

围绕新的监督法，研究者们也展开了深入的讨论。如人大常委会的监督范围的问题，关于“审议”意见的有关问题，关于人大监督公开实效性的问题以及违反监督法是否应该承担法律责任的问题，等等，都有学者进行思考。此外，还有学者针对监督法实施情况做了评估报告，通过对监

① 高洪成、刘广明：《构建人大在政府绩效评价中的主体地位》，《河北学刊》2012年第9期。

② 这方面的文章有：龙开祥、刘宏成：《人大监督司法的正当性分析》，《法制与社会》2009年第11期；左卫民、冯军：《以监督权为视角：最高法院与全国人大关系的若干思考》，《社会科学研究》2005年第4期。魏斌、余茜：《司法独立与人大监督之调试》，《四川大学学报》2004年增刊；陈斯喜：《冲突与平衡：人大监督与司法独立》，《人民司法》2002年第6期；罗玥、强世功：《人大监督权与法院的审判权》，《人大研究》2004年第3期。蔡定剑主编：《监督与司法公正——研究与案例报告》，法律出版社2005年版。姜起民：《实然与应然——人大对法院的监督关系研究》，吉林大学出版社2012年版。

督法实施效果的评估，找出监督法实施中存在的问题和不足，并有针对性地提出对策。①

（三）人大工作实践

对于人民代表大会而言，其工作主要包括两个方面，一是立法，二是监督。

人大立法工作一直是学者研究的重点之一。长期以来，学者们关注的是如何建立、健全我国的社会主义法律体系的问题，而随着我国社会主义法律体系的形成，研究者们的视角逐渐从立法问题转移到修法问题，即如何对现行法律进行评估，并对之进行修改和完善的问题。如有学者从宪法的角度，分析了如何提高我国立法的质量问题。② 有学者提出引入立法风险评估方法，以促进立法的良法化。③ 更多学者则立足于地方立法，针对我国地方立法工作提出自己的见解和主张，包括地方立法的工作机制、利益协调机制、地方立法的选题和地方立法的未来发展取向，并提出相应的建议。④

除了对立法内容的关注，立法程序，特别是保障公民参与立法的问题，也是学者研究的重点。公民参与立法是现代民主政治的重要表现，我国立法法明文规定，立法应当体现人民意志，发扬社会主义民主，保障人民通过多种途径参与立法活动。但是通过怎样的方式和方法让立法过程成为人民群众广泛参与的过程，研究者们见仁见智，提出了很多见解和主

① 李广伟：《关于监督法实施情况的评估报告》，《人大研究》2010 年第 11 期。蒋松柏：《对违反监督法的法律责任探析》，《人大建设》2010 年第 6 期。何涛：《论"审议意见"的法律特殊性——关于监督法第 14 条的思考》，《山西人大》2010 年第 8 期。陈松来：《人大监督公开实效性的制约因素分析》，《学术论坛》2010 年第 3 期。

② 韩大元：《关于提高立法质量的宪法学思考》，《河南社会科学》2010 年第 5 期。

③ 何跃军：《论立法的风险评估》，《人大研究》2010 年第 11 期。黄兴旺：《立法后评估：为法规质量全面体检》，《公民与法治》2010 年第 11 期。

④ 孟凡政、张建伟：《夯实地方立法质量的基础——关于加强地方性法规立项调研论证的思考》，《太原人大》2009 年第 6 期；王爱声：《地方立法论证的范围论略》，《人大理论与实践》2010 年第 1 期。宋薇薇：《地方立法的利益协调问题研究》，《人大研究》2011 年第 3 期。唐莹莹：《地方立法工作体制是立法质量的重要保障》，《人大研究》2010 年第 3 期。褚晓路：《自主创新 突出特色——法律体系形成后地方立法的发展取向及有关建议》，《人大研究》2012 年第 3 期。

张。如有学者倡导设立立法联系点，① 有研究者主张实行普遍立法听证，认为立法听证不但可以保障公民参与立法，实现立法民主化，同时还有利于提高立法的质量。②

对于人大监督工作，研究者们也有自己的看法和主张。研究者们认为，我国人大监督自通过“五四宪法”设立以来，发生了由弱至强，由虚转实的可喜变化，但与此同时，人大监督工作依然存在种种问题。研究者指出，目前我国人大对决策权、执行权和监督权存在监督乏力的问题。在对决策权的监督上，存在议决内容不完整、议决过程不充分、议决结果刚性不够的问题；在执行权的监督上，存在监督内容不够人性化、缺乏对程序的关注、监督手段缺乏制度内的统筹协调机制等问题；在对监督权的监督上，表现为对系统内的监督缺乏制约的相互性，对系统外的制约缺乏独立性或互动性的问题。③

针对人大监督不力的现象，有研究者指出，从制度安排上来看，人大并不缺乏监督的权力，而是缺乏激活这种监督权的机制，缺乏有关监督权如何行使的程序性规定。④ 有鉴于此，研究者普遍认为应该改进人大的监督机制⑤：一是规范人大监督法理依据。研究者认为，人大监督立法不充分和监督法律缺乏系统性，直接削弱了人大监督的权威性，因此呼吁全国人大或者常委会通过立法来确定某些法定情形，明确政府官员或者司法官员的政治责任。二是重构人大监督组织机构。人大及其常委会的监督职权依赖于其内设组织机构的运行来实现，内设组织机构的健全完善程度决定着监督职权的实现程度。但是，我国各级人大常委会内设组织机构数量太少，无法承担宪法及监督法赋予的重大职责。研究者们认为，应该设立宪

---

① 赵遵国：《关于甘肃人大的立法联系点制度》，《人大研究》2011 年第 12 期。

② 黎晓武、李政：《论公众对地方立法的全方位参与》，《南昌大学学报》2010 年第 1 期。徐琳：《中国立法听证制度在实践中的困难解析》，《社会科学家》2010 年第 4 期。雷斌：《完善立法听证制度，扩大民主立法途径》，《人民之声》2010 年第 5 期。

③ 陈国权、周盛：《完善人民代表大会监督权的行使机制》，《人大研究》2012 年第 3 期。

④ 程竹汝：《授权与监督：论完善人民代表大会制度的几个问题》，《学术月刊》2005 年第 6 期。

⑤ 参见倪春纳《强化人大监督权力途径的研究述评》，《天府新论》2012 年第 3 期。

法监督机构、财经监督委员会和推行人大监督专员制度。三是细化人大监督程序途径。①

作为人大监督工作的重大探索和有益实践,② 专题询问成为近期研究者们的一个研究热点。有研究者对其赞许有加，认为启动专题询问权赋予人大监督以新的内涵，是人大监督制度发展史上的标志性事件。通过专题询问，不但会增强“一府两院”的履责压力、促进依法行政和公正司法，也有助于激活人大代表的履职热情。因此，应将质询予以常态化。③ 当然，也有学者对专题询问的实效持担忧的态度，认为尽管专题询问有其必要性和重要意义，但是专题询问作为一种柔性的监督手段，究竟能在多大程度上发挥其应有的监督实效，还需要我们拭目以待。从目前的专题询问实践来看，尽管2010年全国人大常委会开展了三次专项询问，但是却没有提起一项质询案。因此有研究者呼吁，目前亟须制定规范专题询问的议事规则，增加专题询问的频次以及尽快启动质询，以此做实专题询问，保证专题询问出实效。④

对于人大监督的内容，研究者们关注较多的是人大对政府的预算监督。公共财政预算是政府的血液，是人大监督的重点。1998—1999年间，我国确立了社会主义公共财政的发展方向，2000年前后开启了预算管理制度改革，由此也相应地提升了人大预算的审查监督工作。可以说，我国人大对“钱袋子”的实际掌控能力，因法律规范的完善和预算制度的完

---

① 张英民：《完善人大制度的现实途径》，《人大研究》2008年第8期。程竹汝：《授权与监督：论完善人民代表大会制度的几个问题》，《学术月刊》2005年第6期。林泰、林伯海：《坚持和完善人民代表大会制度探析》，《清华大学学报》（哲学社会科学版）2002年第5期。李昌庚：《人大监督制度的反思与重构》，《朝阳法律评论》2012年第3期。

② 2010年3月，吴邦国委员长在十一届全国人大第三次会议上，首次提出将依法开展专题询问和质询，紧接着，该年6月，全国人大先后就中央决算报告、粮食安全和医药卫生体制改革，进行了三次专题询问，由此也引发了大部分省级人大常委会专题询问的热潮。

③ 李继力：《激活质询权：从离位走向到位》，《理论与改革》2010年第6期。田必耀：《告别“质询恐惧症”》，《浙江人大》2005年第8期。闻小波：《做实专题询问夯实人大监督权根基》，《人大研究》2012年第2期。陈扣喜：《询问质询的启动：人大监督的新内涵》，《人大研究》2011年第12期。

④ 谢蒲定、曾庆辉：《专题询问更应问出实效——对甘肃省十一届人大常委会第二十七次会议的观察和思考》，《人大研究》2012年第7期。

善而稳定地增长，人大预算监督正在从程序性监督向实质性监督转变。但是，如果我们现在说人大预算监督已经进入良性的运行状态还为时尚早，由于种种原因，人大对政府的预算监督还存在底气不足的问题。如何增强人大预算监督的实效，依然是人大监督工作中面临的难题。研究者普遍认为，预算监督是人大监督体系中的重要环节，也是最容易出问题的环节，如政府预算的扩张、政府自由裁量权的膨胀、乡镇人大预算存在的盲区、审计部门对政府的依附，等等。因此，必须提高对预算监督的认识，将预算监督看成是制度建设、宪政建设、执政能力建设的重要组成部分。通过严格的程序保证预算监督的落实，防止政府权力的异化与扩张。①

公民的政治参与是现代民主政治的基本内容，是公民在政治系统中地位和作用的体现。我国对公民政治参与的研究和西方相比，起步比较晚。在 20 世纪 80 年代，随着对西方政治学的介绍和引进，我国才开始对政治参与进行研究。80 年代中后期，我国进入民主政治体制改革时期，公民政治参与问题才日趋步入研究者的视野。② 公民旁听制度作为公民参与政治的重要机制，自然也成为研究者关注的一个热点。有研究者认为，公民旁听制度作为人民行使民主权利和对人大及其常委会实施监督的一种形式，为公民直接参与国家治理提供了良好的平台。但是实践中的公民旁听制度并未取得预期效果，当然，这一制度本身存续时间较短，因此尚处于摸索阶段，需要研究者从理论上加以研究，在实践中加以完善。尽管目前

---

① 陈家刚：《人大监督的制度与实践——“人大监督权的有效实现”国际学术研讨会综述》，《人大研究》2005 年第 4 期。陈美珍：《依法加强地方人大预算监督》，《福州党校学报》2005 年第 3 期。朱进：《地方预算监督：现状、问题与对策》，《长江论坛》2008 年第 6 期。徐崇恩：《地方人大预算监督应重视的几个问题》，《吉林人大工作》2000 年第 10 期。安秀梅、徐颖：《完善我国政府预算监督体系的政策建议》，《中央财经大学学报》2005 年第 5 期。孙祥生：《关于完善我国人大财政监督制度的思考》，《江西行政学院学报》2005 年第 6 期。田必耀：《预算监督劲风正起》，《法治》2005 年第 8 期。尤泽勇：《人大监督，预算是个突破口》，《公民导刊》2007 年第 5 期。杨志勇：《让人大监督更加管用——2003 年至 2007 年地方人大监督回眸》，《中国人大》2007 年第 1 期。穆兆勇编著：《第一届全国人民代表大会实录》，广东人民出版社 2006 年版。任喜荣：《预算监督与财政民主：人大预算监督权的成长》，《华东政法大学学报》2009 年第 5 期。

② 赵晖：《我国市场化进程中政治参与析论》，《理论探讨》2005 年第 4 期。戴玉琴：《当代中国公民政治参与的启动与推进路径分析》，《社会主义研究》2004 年第 6 期。

研究者们对旁听制度还缺乏深入的研究，但是我们也可以看到一些喜人的研究成果。①

近年来，由于社会矛盾凸显，人大信访工作成为备受关注的话题。对于人大信访的意义，研究者给予了充分肯定，认为人大信访工作在信息参谋、民主监督与公民权利救济方面发挥了积极的作用。有研究者还专门从法律及政策两个层面，考察了人大信访制度的依据所在，以说明人大信访工作的合法性和合理性。② 研究者普遍认为，我国人大信访工作自启动以来，取得了很多成绩，但人大信访工作实践也存在很多问题，特别是和谐社会的建设目标对人大信访工作提出了很多新要求。有鉴于此，需要从理论和实践层面创新人大信访工作。③ 针对目前一些地方进行的人大代表接待信访的尝试，研究者们也做了讨论。总体来看，研究者们比较认可人大代表参与信访工作，认为这种做法可以在不增加人大常委会机构编制人员的情况下，拓宽人民群众的诉求渠道，丰富代表联系选民的内容和代表履职常态化的形式。④ 但与此同时，有研究者也指出，人大代表参与信访工作要注意方式方法，其中有很多地方还需要再探讨和完善。⑤

目前我国正处于一个变革的时代，创新是各个行业的内在要求，推动人大工作创新，与时俱进地坚持和完善人民代表大会制度既是时代的要求，也是保持人民代表大会制度生命力的必经之路。所谓人大工作创新，

---

① 李尚坤：《公民旁听制度研究》，《人大研究》2011 年第 2 期；谢安民、周培珍：《公民旁听人大会议：价值内涵与问题》，《人大研究》2010 年第 8 期；章剑生：《作为公民参与的旁听权及其公法保障——以浙江省人大常委会的决定为例》，《法治研究》2009 年第 2 期；张涛：《关于公民旁听人大常委会会议几个问题的探讨》，《人大研究》2003 年第 6 期；王爱民：《公民旁听制度需要进一步完善》，《今日论坛》2008 年第 11 期；陈寒枫：《完善人大及其常委会旁听制度的思考》，《人大研究》2008 年第 7 期。

② 宋菁：《人大信访制度的法律、政策依据及评价》，《人大研究》2011 年第 2 期。

③ 吴汉民：《努力形成人大信访工作合力》，《上海人大》2011 年第 1 期。连乐：《有力的探索　成功的实践》，《上海人大月刊》2003 年第 10 期。亓侠：《厘清人大信访的性质、地位与功能》，《人大研究》2010 年第 6 期。

④ 郭忠：《人大代表参与信访工作是否值得提倡》，《人民政坛》2010 年第 10 期。

⑤ 朱春林、钱钧：《关于人大代表介入信访工作的思考》，《人大研究》2009 年第 11 期。曾钦水：《人大代表如何参与人大信访工作?》，《人民政坛》2008 年第 7 期。

就是根据现实情况的新变化、新要求，与时俱进地创新人大的工作制度和工作机制，以充分发挥人民代表大会制度的优越性。改革开放以来，随着人民代表大会制度的不断完善和我国法制建设的不断加强，人大工作在很多方面都有所创新。而针对人民代表大会制度创新，研究者们也提出了很多新颖的见解和主张。如有研究者提出，在人大信访工作方面的创新建议，指出要建立信访工作的新机制、新举措，以增强信访工作的实效。①还有研究者提出，在公民政治参与方面的创新建议，指出在互联网飞速发展，网络政治成为一种新型政治生态的情况下，各级人大应充分发挥网络的政治功能，通过网络联系民众，推进公民对政治的参与，增强人大工作的透明性。②也有学者分析了地方人大工作的创新模式，包括地方人大重大事项决策模式创新、监督工作、代表工作以及常委会自身建设的创新等等，为其他地方人大工作提供了有益的借鉴。③

### 三　人民代表制度研究的特点及对未来的展望

人民代表大会制度是我国的根本政治制度，是社会主义民主政治的根本标志。在经历了近 60 年的风雨洗礼后，人民代表大会制度已经深深扎根于中国大地，成为我国民主政治生活的重要机制及国家和社会稳定的根本保障。与此同时，不可否认的是，人民代表大会制度依然存在诸多问题，迫切需要在现代建设过程中不断健全和完善，需要我们在实践中不断总结、研究和提高。此外，我国人民代表大会制度在 50 多年的实践中，也积累了大量成功的经验和做法，为进一步完善我国人民代表大会制度奠定了丰富的实践基础。这些经验和做法需要我们通过深入系统的思考和研究升华为理论，以指导人大，完善我国人民代表大会制度建设。学者们应该抓住这一契机，丰富自己的研究成果，为我国的人民代表大会制度建设

---

①　孙晖：《如何增强人大信访工作实效》，《人大研究》2012 年第 9 期。

②　虞崇胜、张星：《“网络政治”背景下的人大工作创新》，《人大研究》2012 年第 4 期。俞燕峰：《试论“网络政治”背景下的地方人民代表大会制度创新》，《中共浙江省委党校学报》2010 年第 4 期。

③　杜忠文：《近年来省级人大工作创新扫描》，《人大研究》2011 年第 4 期。廖雄军：《地方人大重大事项决策模式创新——以广州为个案的研究》，《人大研究》2011 年第 4 期。王亚平：《论人大工作创新的时代要求、基本原则和路径》，《人大理论与实践》2009 年第 4 期。

献智献策。对于我辈而言，须着力做好以下几个方面的工作。

1. 进一步加强人民代表大会制度研究，推动人大研究向纵深发展

尽管进入21世纪后，人民代表大会制度研究呈现出一派蓬勃发展、欣欣向荣的气象，但是和其他一些显学相比，人民代表大会制度研究还远谈不上繁荣，而这与人民代表大会制度在我们国家政治生活中的地位和作用显然是不相称的。而且随着市场经济改革向纵深的推进，对政治体制改革提出了许多新的要求，其中很多都直接涉及人民代表大会制度建设问题。如人大及其常委会在自身的组织制度建设和具体的民主制度、民主程序和工作方式等方面存在的不足，人大及其常委会的职权如何有效落实等问题，都需要学者们进行更加细致的研究。从这点来说，未来人大研究的空间依然很大。应党的科学执政、民主执政、依法执政的任务和要求，继续坚持和深化人民代表大会制度的研究，为人大工作实践提供理论指南，依然是学者们未来不可推卸的责任。

2. 整合研究队伍，实现研究人员的专业化

尽管目前并不缺乏人民代表大会制度的研究机构，如北京大学人民代表大会制度研究中心、复旦大学选举制度和人民代表大会制度研究中心和北京联合大学人民代表大会制度研究中心，等等，并且还有一批孜孜以求，不断求索的研究者，但是从目前从事人民代表大会制度研究的人员来看，研究者们学术背景各不相同，其中有政治学专业的、法学专业的还有哲学专业的，这种各异的学术背景固然有利于从不同的视角审视我国的人民代表大会制度，但是如果不对这些研究队伍和研究成果进行整合，就容易造成各说各话的结果，不利于深化对人民代表大会制度的研究。当然，我们不是说一定要将人民代表大会制度研究局限到政治学研究抑或是法学研究的范畴，但是如何兼收并蓄，吸收和融合不同专业领域学者的见解和主张，以综合的思维开展人大研究，无疑是目前我国人大研究需要解决的问题。

3. 加强理论和实践的结合

人民代表大会制度工作的实践性是很强的，在人大研究中要避免理论和实践脱节的现象。对于研究者而言，既要坚持理论上的创新和发展，也要从人大工作实践入手，将对人民代表大会制度的研究建立在实证基础上，并最终实现“研以致用”，以研究成果推动人民代表大会制度的发展和完善。那种单纯强调理想模式或人民代表大会制度的理论价值的探讨，

而忽视人民代表大会制度在现实运行中的困境；或者质疑人民代表大会制度的问题和缺陷，而忽视人民代表大会制度本身的价值，如此等等的观念与做法，都是不可取的。如针对当前的选举制度研究，学者们应该将视线转移到如何保障选举法落到实处的研究上，即从应然研究转到实然研究，从理论和实践相结合的高度为选举法的落实提供建议。唯其如此，选举制度的理论研究才有可能更加科学合理。

4. 拓宽研究视野，创新基础理论

从我国目前既有的人大研究来看，学者们是更多地带着中国问题意识进行研究的，即从问题入手，通过对问题的分析，最后给出对策。这种研究范式固然有现实价值和实践意义，但却具有一定的局限性。仅仅局限于此，不利于把问题引向深入，也影响了人大研究的高度与深度。其实，对于我国人大研究中存在的这种现象，我国学者不乏认知。如有学者就曾指出："国内的人大研究，倾向于从人大的设计原理和相关法律条文出发，或是对人民代表大会制度产生及发展进行全面的描述和解读，或是对人民代表大会制度的某一具体制度的运行和完善系统分析提出建议，或是对实际中的人大工作进行大量的案例积累和文献汇编。这样的研究进路，操作性强，现实性强，但似乎有片面重视规范分析和对策研究，忽视理论的升华之嫌。"① 应该说，这位研究者所言不无道理。其实，对于人大研究，我们一方面怀揣问题意识，推动人民代表大会制度的改进和完善，另一方面也不妨借鉴西方学者的研究范式，从理论入手，将问题嵌入到某一理论框架中，以便更深入地推动我国人大理论的创新，推动我国人大研究向纵深发展。

## 第三节　共产党领导的多党合作和政治协商制度

1993 年宪法修正案第 4 条增加规定："中国共产党领导的多党合作和政治协商制度将长期存在和发展。"由此，中国共产党领导的多党合作和政治协商制度成为宪法所确立的一项基本政治制度，是中国特色社会主义民主政治建设的重要内容。政治协商制度作为民主党派行使参政议政权利

① 孙英：《简评中外人大研究现状》，《人大研究》2009 年第 3 期。

的制度途径，不仅是我国人民代表大会制度的一种必要补充，更是中国特色社会主义民主协商制度的重要体现。因此，发展和完善政治协商制度，对于推进民主的中国化和中国的民主化进程，都具有重要意义。

实践中，我国的多党合作与政治协商制度主要是根据执政党制定的“长期共存、互相监督、肝胆相照、荣辱与共”的十六字方针、《中共中央关于坚持和完善中国共产党领导的多党合作和政治协商制度的意见》和《中共中央关于进一步加强中国共产党领导的多党合作和政治协商制度建设的意见》等政策确立和发展起来的，其运作采用了政治操作模式。这一模式具有灵活、机动的特点，但也存在民主党派参政议政、对执政党监督缺乏法定机制和程序等不足的问题。因此，有必要以立法的形式规范执政党与参政党的关系、参政党对执政党的监督、政治协商机制和程序等内容，将多党合作与政治协商制度的运作，由政策化向法治化推进。

## 一 政治协商与协商民主

### （一）政治协商制度的性质

人民政协制度是我国政治体制的重要组成部分。因此，从理论上明确政治协商制度的性质，充分认识政治协商制度在我国宪政体制中的地位，对于不断发展和完善我国社会主义民主政治具有重要意义。

政治协商制度性质的界定分为两个层次，一是政治协商制度与人民代表大会制度的关系，二是政治协商会议与人民代表大会之间的关系。对于前者，学界认为，政治协商制度是国家政体的组成部分，是对人民代表大会制度的一种必要的补充。因为，从宪法政治的角度而言，政体是指实现国家权力的体制和框架，它具体由政权组织形式、选举制度、政党制度、国家结构形式组成。对于后者，虽然政协不是正式的国家机关，但根据我国宪法惯例，政治协商会议与人民代表大会（即“两会”）一般同时召开，许多重要事项是由人大和政协同时进行讨论的，而“议事精神不在于最后的表决，主要在于事前的协商和反复的讨论”。①

关于政治协商会议与人民代表大会之间能否构建类似于西方的两院

① 殷啸虎：《政治协商制度与中国民主宪政建设的思考》，《华东政法学院学报》2000年第4期。

制代议制度的问题，宪法学教材及大部分学者认为，我国是单一制的国家结构形式，应坚持人民代表大会制度的一院制结构。但也有少量学者认为，在我国的实际政治生活中，一方面，人民政协具有极其尊崇的政治性荣誉地位，已经有了国家机关的全部设置形态、活动形态和财政供给，特别是有接近外国议会上院的外观。另一方面，我们又没有赋予人民政协类似国家机关的权力。并由此建议在现行宪法中设专章专节，确认人民政协为民意代表机构，将人民政协纳入国家机构体系。在宪法和人民政协组织法上，确认人民政协的适当职权，确立人民政协的上院性质。①

（二）政治协商制度与民主化建设

政治协商制度经过半个多世纪的实践和演进，已经形成了一项政治惯例：重大政治事务的决定和公共政策的制定，均以多个政党之间或政府与利益集团之间，通过制度化协商所取得的一致意见为基本依据。凡属涉及公共利益的重大事务，均应通过对话和协商，形成共识或一致。② 这一政治惯例不仅为重大政治决策的合法性提供了有效支持，而且在推动整个中国政治民主化进程中，起到了非常关键的作用。

而今，随着协商民主价值的彰显，政治协商制度所包含的民主协商因素也将成为中国政治民主的新增长点。相对于传统的“选举性民主”而言，协商民主更强调公共理性和道德妥协在公共决策中的作用。唯其如此，协商民主在弥补自由民主的缺陷、推动权力秩序的合理化、维护社会团结与政治协作等方面的建设性价值，才被认为是无可替代的。同时，面对价值多元和政治冲突的普遍化现实，宪法的传统价值对公共协商的依赖也日益强化，协商民主俨然扮演着宪法价值的实践者和拯救者的角色。有学者认为，借助于协商民主及其宪法价值之研究，重新审视政治协商制度的宪法地位，对于支持和推动中国民主事业的发展具有深远的意义。协商民主并不等同于我们所熟知的“政治协商”，但是，中国协商民主的发展却必须依赖于“政治协商”这样一种基本的制度形式及其在长期实践中所积累的经验素材。因此，在新的历史时期，政治协商制度将承载着更为

---

① 范忠信、王亦白：《论人民政协的民意机关化和法制化》，《法商研究》2001 年第 6 期。

② 赵宝生：《政治协商与协商政治》，《民主协商报》2005 年 12 月 23 日。

重要的时代使命，其宪法价值也势必由隐而显。① 但是，毋庸讳言，由于我国政治协商的范围还比较狭窄、形式还比较单一、程序的法治化程度还比较低，因此，尽管我国以政治协商制度为核心的微观性“协商政治”和以“温岭恳谈民主”为代表的宏观性协商民主都取得了丰硕成果，但就其整体而言，从政治协商到协商民主②，我们还有一段很长的路要走。

## 二 政治协商制度的法制化

人民政协制度是我国政治体制的重要组成部分，是国家的一项基本政治制度。随着政治体制改革的深入，政治协商的制度化和规范化程度得到明显改善。1989 年，中共中央颁发了《中共中央关于坚持和完善中国共产党领导的多党合作和政治协商制度的意见》，首次以文件的形式正式确认了我国各民主党派的参政党地位，全面系统地总结了我国多党合作和政治协商制度的成功经验，进一步明确了多党合作的方针和基本准则，规定了民主党派作为参政党行使参政议政权利的形式和范围，以及发挥民主党派作用的具体措施和步骤，等等。1993 年又通过宪法修正案的方式，在宪法序言中增加：“中国共产党领导的多党合作和政治协商制度将长期存在和发展”，使得“政治协商”上升为一项宪法原则。2005 年 2 月 18 日中共中央颁发《中共中央关于进一步加强中国共产党领导的多党合作和政治协商制度建设的意见》，提出了完善政治协商制度的三点意见：一是提出要把政治协商纳入决策程序，就重大问题在决策前和决策执行中进行协商，是政治协商的重要原则；二是总结长期以来的做法，提出了政治协商的两种基本方式，即“中国共产党同各民主党派的政治协商”和“中国共产党在人民政协同各民主党派和各界代表人士的协商”；三是规范了中国共产党同各民主党派协商的内容和程序，使政治协商进一步制

---

① 江国华：《协商民主及其宪政价值——以支持政治协商制度为视角》，《湖南科技大学学报》（社会科学版）2007 年第 5 期。

② 《中共中央关于全面深化改革若干重大问题的决定》对“协商民主”给予了充分的关注，指出“协商民主是我国社会主义民主政治的特有形式和独特优势，是党的群众路线在政治领域的重要体现。在党的领导下，以经济社会发展重大问题和涉及群众切身利益的实际问题为内容，在全社会开展广泛协商，坚持协商于决策之前和决策实施之中”。

度化。①

尽管政治协商的制度化和规范化程度得到了改善，但是到目前为止，这一制度的维系，还是依靠政党的政策、政治惯例、政协的内部章程。为此，宪法学界集中探讨了中国共产党领导的多党合作和政治协商制度的法治化建设问题，以期在依法治国的背景下，推进政治协商制度的法治化建设。

首先，法制化应当是人民政协制度向前发展的基本方向和基本要求。② 人民政协制度虽然已经写入宪法，但它只是为人民政协制度的存在和发展提供了一个基础性平台。多年的实践活动积累，也为人民政协参与国家政治生活初步形成了一个大致完整的制度框架。但是，在人民政协职能活动的具体实施方面，长期以来无法可依，缺乏法律上的制度保障和相应的评价与监督。因此，人民政协的职能活动和相关单位、个人的有关行为，都存在着极大的随意性，没有法律上的规定与约束。如在政治协商的具体范围、内容、程序、方式，民主监督的对象、方式、程序及其保障措施，参政议政的权限、范围、原则、方式等方面，都缺乏具体的、具有普遍约束力的行为规范，尤其缺少法律层面上具有强制性普遍约束力的可操作性规范。人民政协的政治协商、民主监督和参政议政，事关国家重大问题，却长期游离在法律的“体制之外”，长期处于“无法可依”的状态。因此，在中国法治建设进程中，人民政协制度必须在法律体系中找到它的位置，成为国家法律体系的基本构成。

其次，应当制定专门的政党法或《多党合作法》。政党法是关于政党的专门法律，是国家制定的关于政党及其活动的各种法律规范的总称。通常规定政党的组织活动原则、职责权限、合法政党的界定、取缔政党的条件以及政党在国家政治生活中的地位和作用。制定政党法，明确政党的政治地位和法律地位，按政党发展规律和法治化要求以及国际惯例规范政党活动，对完善我国政党制度具有重要意义。③ 而且，在依法治国的背景

---

① 杨小燕：《多党合作和政治协商的制度历史考察》，《团结》2004 年第 6 期。

② 李先龙、徐昌华：《论人民政协履行职能的法律依据与保障措施》，北大法律信息网，2006 年 5 月 10 日访问。

③ 范忠信、王亦白：《论人民政协的民意机关化和法制化》，《法商研究》2001 年第 6 期。

下，制定一部政党法，不仅具有必要性，而且具有可能性。①

最后，政治协商制度立法的主要内容。宪法学界对政治协商制度的法制化内容进行了结构性设计，有的学者认为，人民政协制度法典化过程中应把握的几个问题：首先，必须明确我国人民政协制度的性质和法律地位；其次，要将“先协商后决策”纳入法典化的内容；最后，应该注重采用系统化的方法，来完成人民政协制度的法典化过程。② 有学者建议通过制定《多党合作法》和修改《中国人民政治协商会议章程规范》、《全国人民代表大会和地方各级人民代表大会选举法》的相关条款，将以下制度、机制和程序固定下来：（1）规范共产党与民主党派领导与合作关系的内容和操作程序；（2）将民主党派党员在人大和“一府两院”任职的比例定量化；（3）规定民主党派参政议政的法定机制和程序；（4）规定政治协商的法定机制和程序；（5）将民主党派对中国共产党的民主监督法制化。③

## 第四节　民族区域自治制度

民族区域自治是指在中华人民共和国范围内，在国家的统一领导下，以少数民族聚居区为基础，建立相应的自治地方，设立自治机关，行使宪法和法律授予的自治权的政治制度。学界对民族区域自治制度的研究，多集中于对“自治”的论释。在民族区域自治地方享有的自治权中，比较核心和关键的权力便是自治机关的立法权，这也是法学研究者重点研讨的领域。目前，已经对自治立法权进行了比较全面而体系化的研究，包括民族自治地方立法权的来源、性质、特点，自治立法权的行使范围和程序，民族自治地方立法体制及立法权行使存在的问题与完善路径等。

---

① 早在20世纪80年代末期，中国社会科学院研究生院法学系的孔昌生就已开始研究《政党法》问题，自此，《政党法》议题成为我国宪法学界经常议论的话题。参见薛晓平《试析我国政党立法的必要性和可能性》，《石家庄法商职业学院教学与研究》（综合版）2006年第3期。

② 高轩：《论人民政协制度的法治化完善》，《学术研究》2007年第6期。

③ 黎晓武：《论多党合作与政治协商制度的法治化》，《南昌大学学报》（人文社会科学版）2008年第2期。

## 一　民族区域自治制度是我国的基本政治制度

我国是统一的多民族国家，为在单一制下实现民族平等、团结和互助，国家采用民族区域自治作为解决民族问题和处理民族关系的基本政治制度。现行1982年宪法第4条规定："各少数民族聚居的地方实行区域自治，设立自治机关，行使自治权。各民族自治地方都是中华人民共和国不可分离的部分。"依据宪法的规定，全国人大制定了1984年《民族区域自治法》，其中规定"民族区域自治，是国家的一项重要政治制度"。进而，2001年《民族区域自治法》修改，在序言中规定民族区域自治为"国家的一项基本政治制度"，并规定要"继续坚持和完善民族区域自治制度"。由此正式确立了民族区域自治制度作为国家基本政治制度的法律地位。

民族区域自治制度究其要点就是民族自治，它体现了国家充分尊重和保障各少数民族管理本民族内部事务权利的精神。有的学者认为，民族区域自治即以实行区域自治的民族为主组成民族自治地方的自治机关，自治机关依照宪法和法律以及自治条例的规定行使自治权，保护实行区域自治的民族特殊利益的国家的政治制度。其中，实行区域自治的民族、民族自治地方、自治机关、自治权、自治条例都是民族区域自治必不可少的组成部分，都是民族区域自治的构成要素。① 但是，这里的"自治"是指自治机关行使宪法和法律授予的自治权，是地方国家机关行使自治权，不是由少数民族居民自治。而且自治机关是国家的一级地方政权机关，也要实行民主集中制的原则。因此，有学者认为"宪法和法律对民族区域自治权的规定在性质上是一种'确权'而非'赋权'"，并认为"'确权'性质的认定，有助于对自治权性质与主体的深刻认识和实现自治权的法律化、制度化和法治化"②。还有学者分析了"对民族区域自治

① 敖俊德：《关于民族区域自治法的两个基本问题——写在民族区域自治法颁布20周年之际》，《贵州民族学院学报》（哲学社会科学版）2004年第6期。

② 李军：《民族区域自治权的法理思辨——以自治权的法源为切入点》，《黑龙江民族丛刊》2012年第3期。

权的界定、性质等核心内容”未能形成统一认识的原因，认为是由于我国民族法学理论界更多的是针对民族区域自治权的功利价值和历史演进以及完善措施进行反复的论证，而对民族区域自治权的本质属性并未做过深入的探讨。① 因此，展望未来，民族区域自治制度的研究应对自治权的性质进行深入的研究和系统论证，包括自治权的权力来源、自治权的法律属性是权力还是权利，是个人权利还是集体权利等。

## 二　民族区域自治地方立法变通权

### （一）民族区域自治地方的立法权及其特点

民族自治地方立法的本质是对法律、法规的规定进行变通。困扰民族自治地方立法的因素主要是，由于不明确自治法规的本质而在认识上和立法上混淆自治法规与地方性法规，中央立法未就民族自治地方立法如何变通法律、法规作出规定，使民族地方在立法时难于把握变通界限；为促进民族自治地方立法，中央应以单行法规明确自治法规变通法律、法规的原则、程度和范围，把自治法规定的各项自治权利具体化；民族自治地方应根据是否需要变通分别制定自治法规或地方性法规，根据不同的自治立法权限分别制定自治条例、单行条例或变通、补充规定。② 民族立法作为民族区域自治制度的核心，作为我国地方体系中非常重要的组成部分，具有不同于其他地方立法类型的特征：创新性、主体特定性、地域性、自主性。③

### （二）立法变通权的性质与范围

民族地区的立法变通权实质上属于民族区域自治权，是自治权的一个重要组成部分。④ 自治立法既不能像普通立法的地方立法那样搞实施细则，也不能像特别行政区立法那样另立一套，它只能针对本地区的民族特

---

① 张艳：《民族区域自治权法律属性探析》，《知识经济》2009 年第 10 期。

② 何立荣：《民族自治地方立法的困境与出路新析》，《广西民族学院学报》（哲学社会科学版）1999 年第 4 期。

③ 胡胜：《对民族自治地方立法变通权运用的几点思考》，《中国城市经济》2011 年第 27 期。

④ 张芸：《浅论民族自治地方的立法变通权》，《甘肃行政学院学报》2004 年第 3 期。

点和地区特点，就不能全面执行国家法的部分做变通规定，也可以说，自治立法的本质就是变通。① 而“变通”的关键，就在于把握好“限度”，即在中央的统一领导下，充分行使民族自治地方的自治立法权，协调民族自治地方立法变通权与法制统一之间的辩证关系。②

立法变通权范围的界定，首先要明确立法变通权的价值蕴涵，这既是变通立法的理论基础，又是授权民族区域自治地方行使变通立法权的价值目标，它决定了立法变通权的可能限度。民族区域自治地方法律变通的价值蕴含在于，法律变通是对少数民族人权的特殊保护，是民族平等权的有效保障。法律变通能够巩固民族认同基础上的国家认同，有效推动政治发展，促进政治文明和法治建设，实现差异性的统一，促进社会和谐。③ 其次，从技术和操作的层面来看，立法变通权在主体、目的、范围、立法程序和原则上都受到相应的规制。④

（三）立法变通权存在的问题及完善路径

在立法实践中，民族自治地方的立法变通权制度存在一定问题，如立法变通权行使主体缺乏统一性、立法变通程序尚不完善等，致使立法变通权的行使并不充分。为了推进民族自治地方立法变通权的行使，不少学者对立法变通权在实践中存在的问题进行了总结，并就加强民族自治地方立法提出了具体的设想。

关于民族自治地方立法存在的问题，有的学者归纳为：（1）立法体系不完善，立法质量不高；（2）相关法律中关于授权立法的规定不一致，引起立法权的混乱，导致国家法制不统一；（3）法律在立法主体的规定上有较大缺陷；（4）立法人员素质有待提高；（5）立法研究方面较为薄弱。⑤ 有的学者认为，民族自治地方立法变通中存在的明显

---

① 张文山等：《自治权理论与自治条例研究》，法律出版社2005年版，第131页。

② 马旭东：《论民族区域自治与法制统一》，《青海民族大学学报》（社会科学版）2010年第3期。

③ 张殿军、崔慧姝：《民族区域自治地方法律变通的价值蕴涵》，《青海民族研究》2011年第4期。

④ 张芸：《浅论民族自治地方的立法变通权》，《甘肃行政学院学报》2004年第3期。

⑤ 胡纪平、彭建军：《民族自治地方立法存在的问题及原因分析》，《中南民族大学学报》（人文社会科学版）2008年第6期。

问题包括：(1) 变通立法的主动性不强；(2) 变通立法的效果不明显；(3) 变通立法技术存在较多问题；(4) 立法队伍不健全；(5) 上级国家机关的配合、帮助职责在自治立法中的作用发挥不够。并建议从以下几个方面加强民族自治地方立法工作：(1) 增强立法变通的积极性和责任感，提高民族自治地方立法能力；(2) 努力完善立法技术，突出民族自治地方立法变通的特色性和科学性，增强民族自治地方变通立法的可行性；(3) 健全和完善民族自治地方立法变通机制；(4) 加强统筹协调，进一步突出民族自治地方立法变通权功能的发挥；(5) 国家要尽快出台比较完善的自治法规批准和监督制度；(6) 规范国家相关部门对民族自治地方立法变通权的支持和帮助职责。①

还有学者将当前民族自治地方立法存在的问题和原因归结为：(1) 民族自治地方立法在落实自治权方面的力度不够；(2) 民族自治地方立法的民族和地方特色不突出；(3) 民族自治地方立法法律法规体系不健全；(4) 民族自治地方的自治条例和单行条例等民族法规的一些内容，带有浓厚的计划经济色彩，已经不能适应社会主义市场经济发展的要求。该学者建议，民族自治地方立法必须遵循合法性、民主性、法制统一的宪政原则，并在此基础上提出了民族自治地方立法的路径选择：(1) 以《宪法》、《民族区域自治法》为根本，民族自治地方立法要体现权力资源合理分配和权力结构优化；(2) 以完善民族区域自治制度为目标，民族自治地方立法要合理反映各民族法律主体之间的权利、义务关系，强化对自治权的有效运用；(3) 以经济立法权为核心，民族自治地方立法要体现社会资源占有的综合平等和民族经济利益；(4) 以《立法法》为保障，提高民族自治地方立法的技术水平。②

有的学者针对我国现行民族区域自治立法体制及其存在的问题，诸如民族自治地方自治立法权限的范围不统一、民族自治地方立法主体的设置不科学、特殊民族立法程序不合理等，提出了改进的路径：(1) 完善立法主体的设置，赋予民族自治地方的人民代表大会常务委员会制定单行条

① 雍海滨：《论民族自治地方立法变通权及其运用》，《民族研究》2006 年第 3 期。

② 史云峰：《民族自治地方立法的宪政原则与路径选择》，《云南行政学院学报》2008 年第 2 期。

例的权力，以适应民族自治地方法制和法治建设的需要；（2）改变自治法规的立法程序，将“批准程序”改为“备案程序”，即自治条例由民族自治地方的人民代表大会讨论通过生效，单行条例由民族自治地方的人民代表大会或其常委会讨论通过生效。自治区的自治条例、单行条例报全国人民代表大会常委会备案，自治州、自治县的自治条例单行条例报省、自治区或直辖市的人民代表大会常委会备案。① 该学者认为，立法权是指一切立法主体创制、认可、修改和废止法规范和法规则的权力。这种权力应该是完整的，完整的立法权至少应包括两层意思，一是创制（认可、修改）有效的法规范和法规则，二是废止有效的法规范和法规则。“批准权”和“制定权”实质上是两个独立的权力，“批准权”是立法监督权，并非自治立法权的组成部分。因此，“批准”程序实际上是对自治立法权的限制，破坏了民族自治地方的自治立法权的完整性，与宪法的有关规定是相违背的。

有的学者提出了加强民族自治地方立法变通权运用的对策：（1）拓展立法变通的事项和范围，用足用活用好立法变通权；（2）规范国家机关部门对民族自治地方立法变通权的支持和帮助职责；（3）增强立法变通的主动性和创造性，使变通取得效果；（4）重视立法技术、增强民族自治地方立法变通的科学性；（5）转变观念，提高对民族自治地方行使立法变通权重要性和必要性的认识。②

还有学者将民族自治地方的变通权，依据变通的对象不同，分为法律、行政法规的变通权和决议、决定、命令、指示变通权。并针对法律、行政法规变通权主体规定不尽合理，审批机关规定有违宪法和法理，决议、决定、命令、指示变通权审批权限不明，争议解决机制空缺，审批时限不够科学，不同区域民族自治地方没有分别规定变通权限和民族乡变通权限不明等立法缺陷和变通权行使不充分等实践中的不足，建议统一法律、行政法规变通权主体和审批机关，并设立决议、决定、命令、指示变通权审批细则，廓清不同区域民族自治机关和民族乡的变通权限，把民族

---

① 王允武、田钒平：《关于完善我国民族区域自治地方立法体制的思考》，《中南民族大学学报》（人文社会科学版）2004 年第 5 期。

② 胡胜：《对民族自治地方立法变通权运用的几点思考》，《中国城市经济》2011 年第 27 期。

乡纳入民族自治地方范畴。①

关于民族自治地方立法程序的完善，学者们也从立法规划与计划的编制、起草、草案的提出、审议、表决、自治条例和单行条例的报批制等多方面提出了立法建议，如加强立法预测，科学编制民族自治地方立法规划；建立和健全自治法规案的提案制度和起草制度；实行民族自治地方立法听证制度；完善民族自治地方立法审议和表决制度等。②

此外，加入 WTO 对我国而言既是机遇又是挑战。一些学者还结合我国民族区域自治地方的现状，研究了加入 WTO 对民族区域自治地方立法的原则、观念、内容、变通权等方面的影响。③

## 三 民族区域自治制度的完善路径

在社会管理创新中不断地发展和完善民族区域自治制度，是我国在新的形势之下，面对新的情况，解决新的问题所采取的必然措施，更是坚持和完善民族区域自治制度所应当采纳的科学之举。总体而言，可以从两个方面看民族区域自治制度的不足、完善和发展：一是从民族区域自治制度本身来看待；二是从民族区域自治制度之外，即从民族政策与制度的全方位的视角来考虑对民族区域自治制度的完善与发展的问题。④ 完善民族区域自治制度的途径主要在于进一步加强民族区域自治法制建设、充分落实民族自治地方的自治权和大力促进民族区域自治地方的经济发展。⑤

### （一）充分落实民族自治地方的自治权

民族自治地方自治权既是民族区域自治的核心内容，也是各少数民族

---

① 汪燕：《论民族自治地方的变通权》，《湖北民族学院学报》（哲学社会科学版）2006 年第 1 期。

② 吴斌、陶丽琴：《民族自治地方立法规范化问题探析》，《云南社会科学》2003 年第 5 期。

③ 覃美洲：《加入 WTO 对民族区域自治地方立法的影响》，《青海民族研究》（社会科学版）2003 年第 4 期；尚晓玲：《论 WTO 规则与我国民族自治地方立法的发展》，《内蒙古社会科学》（汉文版）2005 年第 1 期。

④ 陈云生：《论完善和发展民族区域自治制度（上）》，《广西政法管理干部学院学报》2001 年第 4 期。

⑤ 詹明、蒋权：《论我国民族区域自治制度的发展与完善》，《武汉公安干部学院学报》2009 年第 4 期。

管理本民族内部事务和地方性事务的主要标志。但目前我国民族自治地方自治权的实现还面临着法律体系不完善、法律内容不健全、法律实效不强、法律结构不合理、法律体系内部不协调等问题。新时期要真正实现民族地方自治权，首先要形成民族地方自治权的法律意识，同时还要进一步完善民族自治法规体系，加大对相关法律法规的执行力度。①

民族自治地方立法自治权的充分行使，是民族区域自治制度良好运行的基础和前提，然而实践中，自治立法权行使得不尽如人意。导致这种状况的根本原因，是现实宪法政治体制下集权的政治理念和行政化的分权体制，因此，必须树立地方自治理念，将行政化的中央与地方权力划分模式，转变为立法化的中央与地方分权模式，进一步明确中央与民族自治地方权限，完善中央与民族自治地方畅通的利益表达机制，健全中央与地方权限争议的解决机制。②

（二）完善民族区域自治法律体系

完善民族区域自治法律体系，首先要完善《民族区域自治法》。事实上，随着 2001 年《民族区域自治法》的修改及其贯彻实施，学界研究民族区域自治法修改和完善的成果较多。有的学者在肯定《民族区域自治法》的修改取得显著进步的同时，又指出了其中所存在的缺陷，主要是违法追究机制、纷争平衡机制、事前征询机制的设置有所欠缺，以及在立法技术和措辞用语等方面存在的不足，探讨了解决这些问题的必要性和办法。③ 有的学者认为，目前我国民族区域自治法在三个方面与民族法治化存在较大差距：民族区域自治法法律体系不完善；人们的民族区域自治法法律观念不强；民族区域自治法实施机制不健全。为了实现民族区域自治法的现代化，我国应在这三个方面进一步完善民族区域自治法。④ 还有学者提出，要加强民族区域自治法的可操作性，进一步落实并扩大民族自治地方的自治权，完善民族区域自治法的实施机制和

---

① 司马俊莲：《现行民族自治地方自治权实现之困境及对策探讨——基于法理学的视角》，《中南民族大学学报》（人文社会科学版）2006 年第 6 期。

② 潘弘祥：《自治立法的宪政困境及路径选择》，《中南民族大学学报》（人文社会科学版）2008 年第 3 期。

③ 韦以明：《〈民族区域自治法〉修改之瑕疵》，《法学》2001 年第 8 期。

④ 杨道波：《法治视野下的民族区域自治法》，《河南科技大学学报》（社会科学版）2005 年第 4 期。

监督机制。①

民族自治地方制定的自治条例和单行条例也是民族区域法律体系的一个重要组成部分。不少学者以具体的民族自治地方为视角或样本，分析了自治条例或单行条例制度及其实施过程中存在的问题，如立法态度严谨性的欠缺及立法能力的不足导致立法语言及内容存在明显缺陷，对自治条例在我国法律体系中的地位认识不清等。②

（三）促进民族区域自治地方的发展

实施民族区域自治法要解决的根本问题是民族发展。民族发展权是我国执政党在民族问题上的基本主张和政策，是我国宪法和法律在民族问题上的基本内容和原则。长期的人治理念和权力行使方式影响了民族区域自治法的实施和民族发展权的落实，成为民族自治地方发展滞后的重要原因之一。因此，必须通过制度创新不断完善我国的法律运行机制，改变依靠权力实施民族区域自治法的传统做法，形成依靠法治来保障和实现民族发展权的运行机制。③

## 第五节　特别行政区制度

特别行政区制度相继在香港和澳门付诸实施，迄今已成功运行十多年。特别行政区制度的成功实践，充分证明它是中国特色单一制的制度创新，是党和政府管治好港澳的国家制度，是实现和平统一祖国战略思想及解决历史遗留问题的宪制安排，必将为和平解决台湾问题提供有益探索。尽管没人怀疑这一制度的重要地位和作用，但目前国内外学界以特别行政区制度为研究论题的专门论著很少，从制度角度特别是从国家基本政治制度的视角研究这一制度的论著更是凤毛麟角。检索结果表明，目前国内外尚无一本以“特别行政区制度”为题名的著作，有关的论文也极少。这使得这一制度的制度基础、制度价值、制度构成、制度原则及制度运行规

① 韦春尧、张宁：《关于进一步完善民族区域自治法的思考》，《广西师范学院学报》（哲学社会科学版）2006 年第 1 期。

② 江南、向哲：《〈民族自治条例〉制定中的问题分析——以广西壮族自治区为视角》，《法制与经济》2010 年第 3 期。

③ 曾宪义：《论民族区域自治法与民族发展权保障》，《内蒙古大学学报》（人文社会科学版）2007 年第 6 期。

律等重大问题缺乏系统研究。①

## 一　特别行政区制度在宪政体系中的定位

特别行政区制度在香港和澳门的实践取得了巨大成功，但学术界对这种制度在我国宪政体系中的定位，似乎还不够明确，争论的焦点在于特别行政区制度是否应纳入国家基本政治制度的范围，即特别行政区制度是一项一般政治制度还是一项基本政治制度?

### (一) 特别行政区制度是宪法法律规定的国家政治制度

现行宪法第 31 条规定：“国家在必要时得设立特别行政区。在特别行政区内实行的制度按照具体情况由全国人民代表大会以法律规定。”香港基本法和澳门基本法都分别在其序言最后一段规定：根据《中华人民共和国宪法》，全国人民代表大会特制定中华人民共和国香港（澳门）特别行政区基本法，规定香港（澳门）特别行政区实行的制度，以保障国家对香港（澳门）的基本方针政策的实施。由此可见，特别行政区制度是我国宪法、法律所规定的国家政治制度。

具体而言，特别行政区是指在中华人民共和国行政区域范围内设立的，享有特殊法律地位、实行资本主义制度和资本主义生活方式的地方行政区域。特别行政区是我国为以和平方式解决历史遗留下来的香港问题、澳门问题和台湾问题而设立的特殊的地方行政区域。特别行政区的建立构成了我国单一制国家结构形式的一大特色，其相较于其他地方行政区域具有以下三大特点：

1. “一国两制”。即“一个国家，两种制度”，指在统一的社会主义国家内，在中央政府的统一领导下，经过最高国家权力机关决定，可以容许局部地方依法保持资本主义制度，而不实行社会主义的制度和政策。

2. 高度自治。特别行政区是统一的中华人民共和国的一个地方行政区域，但与其他一般行政区域不同，它实行高度自治，依照法律的规定享有立法权、行政管理权、独立的司法权和终审权。特别行政区通用自己的货币，财政独立，收入全部用于自身需要，不上缴中央人民政府，中央人民政府不在特别行政区征税。

① 邹平学：《关于特别行政区制度研究的若干思考》，《政法论丛》2010 年第 6 期。

3. 当地人管理。即特别行政区的政权机关由当地人组成，中央人民政府不派遣干部到特别行政区担任公职，即所谓的“港人治港”、“澳人治澳”。

（二）特别行政区制度是否应纳入我国基本政治制度的范围

迄今为止，在我国政学两界内部，虽然都强调特别行政区制度的首创性和重要性，但却都还没有形成特别行政区制度是我国基本政治制度的共识。争论集中于特别行政区制度是否重要到应纳入我国基本政治制度的范围这个问题。

邹平学对现有研究文献进行了细致梳理，他认为，目前学界的绝大部分教材、论著和论文，都没有将特别行政区制度纳入到国家基本政治制度的范畴。

检视从 2000 年以来国内出版的部分学者研究中国政治或政府制度的 15 本专著或者教材，只有两本著作设专章阐述特别行政区制度，阐述中提及或论及特别行政区制度的有 6 本，但均未展开论述，如杨光斌主编《政治学导论第 2 版》只在国家结构形式一章中，提及特别行政区制度是一种特殊制度；在陈振明主编的《政治学：概念、理论和方法》中，仅谈了特别行政区制度丰富了我国国家结构形式理论。其余论著则没有论及甚至没有提及特别行政区制度，而且也没有一本论著把特别行政区制度作为基本政治制度来看待。有的只是将民族区域自治制度与特别行政区制度并列为我国单一制的突出特点，或者称这两个制度为我国单一制的两大特色，或者称特别行政区制度是一种特殊制度或特殊的地方政府形式。

检视宪法学界对此的研究，通过收集整理 1989 年以来国内出版的 77 种由著名宪法学者主编或编著的各种版本的宪法、宪法学或中国宪法教材以及少量专著，发现将特别行政区制度列为国家基本制度范畴并设专章或专节论及的只有 4 部著作。比如董和平、韩大元、李树忠合著的《宪法学》（法律出版社 2000 年版），专设一章论及特别行政区制度，与人民民主专政制度、人民代表大会制度、民族区域自治度、选举制度、政党制度、经济制度作为宪法基本制度并列各章阐述；焦洪昌主编的《宪法》（中国政法大学出版社 2007 年版）将“特别行政区制度”一节置于“国家的基本制度”一章之下；胡锦光主编的《宪法学原理与案例教程》（中国人民大学出版社 2006 年版）在宪法基本制度一编中专设一章阐述“特别行政区制度”；胡锦光主编的《宪法》（清华大学出版社 2008 年版）将

“特别行政区制度”与“民族区域自治制度”，作为国家基本制度置于“国家结构形式”一章之下进行阐述。宪法学界尚无一本著作明确将特别行政区制度作为国家基本政治制度来加以阐述。

综上所述，可以说，特别行政区制度是国家基本政治制度这一命题，尚未得到国内法学界和政治学界主流观点的认可，主流的观点仍然视其为一种特殊的国家结构形式的制度创新，或国家结构的例外形式，或特殊的地方制度，或者地方自治制度，或特殊情况和特殊地域内的一种例外等，与前述著作对民族区域自治制度给予的地位评价相比，有明显的落差。①

特别行政区制度不被主流学界视为国家的基本政治制度的原因主要有两点：一是这一制度实施的时间较短，只有十多年的历史；二是不排除有人认为特别行政区制度是权宜之计。鉴于此，童之伟认为，基本政治制度是一个发展的概念，非基本政治制度可以成长或转化为基本政治制度，反之亦然。从宪法、法律的角度看，特别行政区制度具有作为基本政治制度的完备结构性要素。因刚形成和待成长等原因，特别行政区制度实际的重要程度在其产生和形成的最初十余年，却并不足以使其具有基本政治制度的现实地位。但随着时间的推移，特别行政区制度渐趋成熟，今日它已不仅在宪法、法律上是基本政治制度，在事实上也已成为我国的基本政治制度之一。②

也有学者认为许崇德特地撰写“‘一国两制’是我国的基本政治制度”一文，③ 虽未直接说特别行政区制度是我国的基本政治制度，但是从“一国两制”是特别行政区制度的“法理核心”这个情况看，主张“一国两制”属我国基本政治制度，实质上已明显倾向于认为特别行政区制度是我国基本政治制度之一。此外，还有一些学者撰文论证了“特别行政区制度是我国的一项基本政治制度”的观点，如邹平学认为，我国的国家结构形式是具有中国特色的单一制，其中国特色主要表现在它与民族区域自治制度和特别行政区制度的结合上，如此特别行政区制度就应当是与

① 邹平学：《关于特别行政区制度研究的若干思考》，《政法论丛》2010 年第 6 期。

② 童之伟：《特别行政区制度已成为我国基本政治制度》，《政治与法律》2011 年第 4 期。

③ 许崇德：《“一国两制”是我国的基本政治制度》，《法学》2008 年第 12 期。

民族区域自治制度平行的基本政治制度。而且，《立法法》第8条中关于何种事项只能制定法律的条文中，明确把特别行政区制度与民族区域自治制度、基层群众自治制度相提并论，这是特别行政区制度应当具有和民族区域自治制度、基层群众自治制度相同法律地位的明证。① 尤俊意认为，无论从党和国家的最高决策，党和国家的重大文件，还是从国家的根本性质与国家结构形式，国家的宪法和特别行政区基本法，以及“一国两制”与特别行政区制度的实际运转状况来看，都无可辩驳地证明了，我国现行的特别行政区制度是国家的一项基本政治制度。②

## 二 特别行政区制度的发展完善

### （一）形成中国特色特别区域自治制度的理论体系

目前宪法学界和政治学界有关以特别行政区制度研究为论题的论著很少。一方面，与港澳基本法的理论与实践研究成果十分丰硕相比存在明显落差，不足以反映特别行政区制度的重要地位和作用。另一方面，特别区域自治制度的稳定和发展需要先进的理论作指导，目前学界对特别行政区制度还缺乏系统的理论研究。有学者提出，特别行政区制度研究需要对现有经验进行总结，吸纳国际上其他国家的实践与理论成果，形成中国特色特别区域自治制度的理论体系。研究重点体现在三个方面，即特别区域自治制度的法理解释、特别区域自治的行政体制和特别区域自治的民主模式。③

### （二）与单一制国家结构形式的兼容

政治制度具有多层次的结构，“是一个广涵的、庞杂的体系，既包含那些根本性的制度，也包含着各类具体的制度”。它的“内层（核心层）是国体”，“中层是政体（国家政权组织形式）、国家结构形式（单一制或联邦制）以及政党、公民等的基本行为准则；外层是可供政治实体直接操作的各类具体的规则、程序、方式等。三个层次的关系是外层体现中

① 邹平学：《关于特别行政区制度研究的若干思考》，《政法论丛》2010年第6期。

② 尤俊意：《特别行政区制度应确认为一项基本政治制度》，《政治与法律》2011年第5期。

③ 罗燕冰、穆晓睦：《关于特别区域自治制度的新思考》，《云南大学学报》（法学版）2008年第3期。

层、中层体现核心层。同时，核心层制约中层，中层制约外层”。[1] 据此，一方面特别行政区制度受制于国家的宪政体制、服务于国家的宪政体制。不承认这一点，我们就不可能正确认识特别行政区制度之内的特区高度自治权的性质和运行原则，不可能正确把握处理特区与中央关系的基本原则。另一方面，特别行政区制度作为外层政治制度要受制于作为中层政治制度的单一制国家结构形式，这是单一制与高度自治的兼容，也是“一国”与“两制”的兼容。

（三）对地区发展中的平等原则的兼顾

为了继续保持和促进香港澳门回归后的繁荣与稳定，在中央政府与特别行政区政府的权责分配上，中央政府在政策上对特别行政区过于倾斜，例如，按照“一国两制”的设计和《香港特别行政区基本法》的规定，中央政府对直辖的香港特区保持繁荣稳定负有重大责任；又如，2003 年内地与香港签署了《内地与香港关于更紧密经贸关系的安排》（CEPA），此后又先后签署三个补充协议。“据统计，CEPA 已为香港创造出超过 2. 9 万个新职位，新增 54 亿港元服务收益和 55 亿港元资本投资额。”由此，有学者认为，香港、澳门尽享内地市场和资源之利，也从中央获取了国防、外交等公共服务，却不对国家财政有所贡献，更无须向内地开放市场特别是劳动力市场，未免有些失之公平。[2] 这样的权责配置格局既不符合权责相统一的要求，也不符合地区发展中的平等原则的要求，难以长期适用，更不可能作为一种普适性的模式加以推广。因此，今后香港、澳门特别行政区与中央的权责关系，与内地的平等发展关系还需要在实践中不断探索和演进。

## 第六节　基本经济制度

经济制度是宪法的重要内容，我国历部宪法对经济制度均有系统的规定。现行宪法在第一章总纲中，从第 6 条到第 18 条对经济制度作了系统规定，其后 1988 年、1993 年、1999 年和 2004 年四次修宪均因应社会的

① 浦兴祖：《中华人民共和国政治制度》，上海人民出版社 2005 年版，第 4 页。

② 罗燕冰、穆晓睦：《关于特别区域自治制度的新思考》，《云南大学学报》（法学版）2008 年第 3 期。

发展，及时肯定了经济体制改革的阶段性成果，对经济制度进行了相应的调整。正是在历次宪法修改推动下，宪法学界重新反思了宪法与经济制度的关系，包括经济制度在宪法中的地位问题，以及宪法应该如何处理经济制度的问题。非公有制经济在宪法中的地位，是社会主义初级阶段宪法不可回避的问题。随着经济体制改革的不断深入，非公有制经济的宪法地位不断提升。非公有制经济的发展与宪法地位的变迁，使得财产权的宪法法律保护成为新的课题。2004 年宪法修正案和 2007 年物权法对财产权的保护问题予以回应，也由此引发了宪法学界和民法学界关于“基本经济制度与国家财产、集体财产和私有财产平等保护原则的关系”的争论和思考。

## 一 基本经济制度的概念及性质

### （一）经济制度的概念

对于经济制度的含义，不同的视角可以有不同的理解。从政治经济学的角度看，经济制度是指社会发展到一定阶段的各种生产关系的总和，包括人与人、人与物之间所产生的各种社会关系，其关系的内容是物质的、经济的。经济制度一旦进入法学领域，成为宪法规范或法律规范，便属于社会上层建筑体系。因此，宪法学中的经济制度是一种法律化了的经济制度，应该属于上层建筑，它和经济基础是两个不同性质的概念。①

在宪法学上，经济制度是一个存在分歧的概念，说法不一，不同的宪法学者有不同的理解，众说纷纭，《北京大学法学百科全书》认为，经济制度有广义、狭义之分。广义的经济制度也称“社会经济结构”，指人类社会在一定历史发展阶段上占统治地位的生产关系的总和。经济制度是相对于社会其他制度的一种范畴，在整个社会结构中，经济制度是基础，政治制度、法律制度以及相应的社会意识形态是建立在经济制度之上的上层建筑。经济制度制约着整个社会生活、政治生活和精神生活，决定着整个社会的面貌。它是区分人类历史中不同社会形态的根本标志。②《实用宪法学词典》认为，宪法学上所说的经济制度是指国家确认并保护的一定

---

① 张兆平：《宪法学中的经济制度辨析》，《法制与社会》2010 年第 3 期。

② 肖蔚云、姜明安主编：《北京大学法学百科全书（宪法学 行政法学）》，北京大学出版社 1999 年版，第 249 页。

社会的基本经济关系，包括生产资料所有制结构和由此决定的分配原则以及人与人之间在经济活动中的关系。① 何华辉认为，“经济制度是一个国家用宪法、法律所确认和规定的各种生产资料所有制和它们所构成的经济成分，国家对各种经济成分的基本政策与管理国民经济的原则等方面的制度的总和。”②周叶中认为，经济制度是指一国通过宪法和法律调整，以生产资料所有制形式为核心的各种基本经济关系的规则、原则和政策的总和。③ 杨思留认为，所谓经济制度是一个国家用宪法、法律所确认和规定的在一定历史发展阶段上适应生产力发展的生产关系以及国家管理国民经济的原则、发展国民经济的基本方针等方面规范的总和。④

李晓新认为，学界对经济制度的定义有的侧重经济关系，有的侧重宪法的规范性，而他主张从经济性和规范性两方面来理解经济制度概念。由此经济制度应定义为：以一定的原则和规则形式表现出来的，由国家确认和保障的有关财产权制度、分配制度和经济体制等在内的基本经济关系。⑤

（二）基本经济制度的内容

从现行宪法的规定来看，基本经济制度包括三个方面的内容：(1) 社会主义经济制度的基础是生产资料的社会主义公有制；(2) 非公有制经济是社会主义市场经济的重要组成部分；(3) 建立社会主义市场经济体制。但是，学者们对经济制度的内容却有着不同的认识。

有的认为，包括生产资料的所有制形式、物权关系、生产资料经营方式、生活资料的分配方式、生活资料的消费方式、国家对国民经济的管理方式等。⑥ 有的认为，包括生产资料所有制形式、国家的经济发展方针、

---

① 刘任武主编：《实用宪法学词典》，吉林人民出版社 2004 年版，第 167—168 页。

② 何华辉：《比较宪法学》，武汉大学出版社 1988 年版，第 172 页。

③ 周叶中主编：《宪法》，高等教育出版社 2005 年版，第 206 页。

④ 杨思留：《论我国基本经济制度的宪法表达》，苏州大学博士学位论文，2007 年 4 月。

⑤ 李晓新：《中国经济制度变迁的宪法基础》，复旦大学博士学位论文，2009 年，第 9 页。

⑥ 张庆福：《宪法学基本理论（下）》，社会科学文献出版社 1999 年版，第 493 页。

国家对国民经济的管理方式、生产资料的经营方式、生活资料的分配原则、物权关系、知识产权和其他社会经济权利等。①

但是可以说，上述观点对经济制度内容的界定过于宽泛。宪法上所规定的经济制度并非对一国所有经济制度内容的反映，宪法上规定的经济制度是指基本的经济制度，即经济制度的内容中的核心要素。据此，有学者认为，宪法学中的经济制度，其内容主要包括两个方面的内容。一是确认生产关系的制度；二是以此为基础建立起来的经济管理体制，以及与该经济管理体制有内在联系的基本经济政策。② 也有学者认为，宪法学上的经济制度应包含有三个不同层次的规定性，或者说是可以从三个不同的角度来研究。第一层次是生产资料所有制；第二层次是产权制度；第三层次是资源配置的调节机制。经济制度的三个基本内涵依次从抽象到具体。生产资料的所有制是经济制度中的最抽象的层次，它反映了一个社会中人们之间的最根本的关系，即社会生活中是否存在着严重的不公平现象。产权制度是所有制与资源配置调节机制的中间层次，是处理生产要素的权、责、利关系的规则。资源配置的调节方式是最具体的、直接与经济运行、信息提供、决策机制等相关的规则。作为国家的根本大法的宪法所调整的经济制度应该是与国家经济发展有重大关系的经济关系、经济原则。生产关系的总和应该是概念的重点内容，没有生产关系的总和，经济制度便失去了它赖以存在的基础，它是经济制度的客观成分。产权制度是法律明确各类财产权利主体的责、权、利的制度，是平衡社会利益与私人利益的关键环节。资源配置调节机制是指导社会总资产合理配置和流转，以发挥资产最大效益的经济运行方式。因此，经济制度应当包括上述三个层面的含义。③

（三）基本经济制度的性质

基本经济制度作为宪法中较晚出现的制度，它究竟属于国家制度还是社会制度？这是基本经济制度入宪首先应当明确的。如果说它是规范政府

---

① 参见王叔文《市场经济与宪政建设》，中国社会科学出版社 2001 年版，第 52—58 页。

② 张兆平：《宪法学中的经济制度辨析》，《法制与社会》2010 年第 1 期。

③ 杨思留：《论我国基本经济制度的宪法表达》，苏州大学博士学位论文，2007 年 4 月。

的国家制度，则政府的立法行为、经济管理和宏观调控等必须符合这一制度，不得与之相矛盾，这也是宪政的基本要求；如果说基本经济制度属于社会制度，则政府应当尊重和保障社会经济权利和经济自由，对权利和自由的限制仅限于公共利益的需要。显然，对基本经济制度宪法属性的界定，不仅是一个理论层面的问题，而且也是操作层面的问题，它涉及基本经济制度的内容和作用，即该制度在宪法中如何予以表达，它的作用如何发挥。

长期以来，我国宪法学界继承了马克思、恩格斯的理论，并深受苏俄宪法传统的影响，结合自身的政治、经济建设需要，对宪法基本经济制度重要性的认识更加深刻，许多文章和著作追随修宪的轨迹，从经济基础与上层建筑、生产力与生产关系、经济体制改革与非公有制经济等角度，对宪法中的基本经济制度进行研究和探讨，认为我国宪法基本经济制度适应了市场经济的要求，维护了社会主义经济基础，促进了我国经济的快速发展。但是，从宪法科学本身、从国家与社会的关系的角度，对基本经济制度的宪法属性进行专门研究尚不多见。总体上说来，我国宪法学者一般根据经济基础和上层建筑原理，将宪法中的基本经济制度纳入国家制度的范畴。以宪法教材为例，要么将经济制度和国家性质、政权组织形式、国家结构形式、地方制度、选举制度、政党制度等，一并归入国家基本制度；要么视经济制度为政权的经济基础，并与阶级性质、精神文明共同构成国家性质。从经济制度入宪并归为国家制度的理由可以看出，我们对经济制度赋予了很强的政治色彩和政治功能。①

少量学者则主张，将经济制度定性为社会制度范畴，与国家制度并列。张庆福在其主编的《宪法学基本理论》中，将国家基本政治制度列为第三编，内容包括国体、政体、国家结构、选举制度、政党制度和国家象征。而将经济制度列入第四编，该编内容冠以“社会经济制度、社会文化制度和社会意识形态的宪法基础”，共分三章：社会经济制度、社会文化制度和社会意识形态宪法基础。② 这种编排体例反映了作者将经济制度从国家（政治）制度中独立出来，纳入社会制度，这与前述两种观点

---

① 杨思留：《论我国基本经济制度的宪法表达》，苏州大学博士学位论文，2007年4月。

② 张庆福：《宪法学基本理论》，社会科学文献出版社1999年版。

有明显不同。

杨思留在其博士论文《论我国基本经济制度的宪法表达》中认为，我国宪法中的基本经济制度，其规范的对象是各类所有制（经济）及其地位，关注的是社会整体利益，它本身既包括对国家干预经济的授权——以维护公共利益，同时也包含对国家干预权力的控制——以保护社会经济主体的经济权利和经济自由，故应当归入宪法中的“社会制度”的范畴。对基本经济制度宪法属性作这样的定位，既符合现代宪法结构的变动缘由，也必将对我国基本经济制度的准确表达和持久稳定起到积极作用。然而，由于意识形态的强大影响和宪法基本经济制度特殊的文字表述，当下的宪法基本经济制度更多地体现为国家对社会主体经济权利和经济自由的严格限制。因此，我国宪法中现行的基本经济制度，实质上是为国家宏观配置资源、安排社会经济运行提供宪法依据，与保护经济权利和经济自由的“社会制度”大异其趣。对基本经济制度宪法属性的错误认识，必将导致该制度难以适应社会生产力发展的需要，而需频繁变动。①

## 二 基本经济制度的宪法表达方式

### （一）基本经济制度与宪法的关系：是否入宪？

宪法与经济制度之间关系的重要性在我国的现实生活中早已凸显出来。事实上，自1982年现行宪法实施以来，每次修宪的焦点，都离不开宪法与经济制度的关系。而且这个问题至今没有得到很好地解决。在对待经济制度在宪法中的地位问题上，有两种根本对立的观点。一种观点认为，宪法中应该对在一国实行的经济制度作出明确而具体的规定。另一种观点认为，经济制度不是宪法应该涉及的议题，宪法不应该对经济制度强行作出规定。

一般认为，经济制度入宪在宪法史上，最早出现于第一部现代宪法的1919年的德国魏玛宪法。该法第五章共计15条，内容涵盖经济自由、契约自由和财产所有权的保障，法律强制和公共征收的限制等。应当说魏玛宪法的结构和内容都突破了传统宪政宪法的二分法，突出表现在对经济生活的关注——既增加了政府干预经济的权力，又对私人经济自由作了限

---

① 杨思留：《论我国基本经济制度的宪法表达》，苏州大学博士学位论文，2007年4月。

制，即在原先泾渭分明的限权、护权之间产生了一个政府和私人共同活动的经济区域。[①] 宪法中的经济制度主要是体现经济公平，是对古典宪法所奉行的经济自由的一种补充。[②]

在中国的早期立宪实践中，从 1908 年的《宪法大纲》，到 1911 年的《中华民国临时约法》，到 1914 年的《中华民国约法》，再到 1923 年的《中华民国宪法》，都对经济制度或经济政策一词未置。但是从 1931 年的《中华民国训政时期约法》开始，经济制度与经济政策开始堂而皇之地进入宪法。在《训政时期约法》第四章国计民生中，便对经济政策作了许多具体规定，为国家直接兴办企业与干预经济铺平了法律的道路。在 1936 年制定的《中华民国宪法草案》中，正式辟有“国民经济”一章（第六章），规定：“中华民国之经济制度，应以民主主义为基础，以谋国民生计之均足。”在 1946 年制定的《中华民国宪法》中辟有“基本国策”一章（第十三章），其中对经济制度与经济政策有专节规定（第三节“国民经济”）。

对上述这些中国历史上的宪法文本进行仔细分析可见：第一，经济问题是从 1931 年开始正式进入宪法的；第二，虽然宪法试图规定经济制度，但是所作的规定并未从根本上颠覆私有财产权和建立在此之上的市场经济，尽管宪法对这两者的限制越来越大；第三，经济制度和经济政策是与统治党的意识形态并肩进入宪法的，这一点特别重要（从“三民主义”进入宪法伊始，以后的每部宪法都与经济制度和经济政策结下了不解之缘）。也正是从 1931 年国民党把其自己的政治意识形态即“三民主义”写入了宪法。一旦把意识形态写入宪法，在政党意识形态中所包含的经济追求及相应的政策纲领，就不可避免地被写入宪法。中国的新民主主义革命时期的宪法性文件，1934 年《中华苏维埃共和国宪法大纲》、1941 年《陕甘宁边区施政纲领》、1946 年《陕甘宁边区宪法原则》，在简短的篇幅中，都涉及了经济制度、经济政策、劳工制度等内容。特别是在 1946 年《陕甘宁边区宪法原则》中，“经济”是与政权组织、人民权利、司

---

① 杨思留：《试论经济制度的宪法属性——兼议我国宪法中经济制度的完善》，《学海》2005 年第 1 期。

② 郑贤君：《论国家政策入宪与总纲的法律属性》，《宪政与行政法治评论》2004 年。

法、文化并列的五项内容之一。新中国成立后的1949年《共同纲领》和1954年、1975年、1978年、1982年历部宪法，同样都规定了社会主义经济制度的内容，其中现行宪法的四次修正案还涉及了大量的经济制度条款。

（二）基本经济制度的宪法表达方式：如何入宪？

与社会主义初级阶段的基本国情相对应，我国的基本经济制度以宪法规范的形式明确规定"坚持公有制为主体"。根据马克思主义原理，生产资料所有制形式决定国家的性质，因此坚持公有制经济的主体地位无疑是坚持社会主义道路的必然要求。这是宪法学界的通说。但是，也有学者认为公有制经济的主体地位应该是社会主义国家的一个客观存在的事实状态，是生产力发展的一个结果，而非一个通过政策或手段去达成的一个预设目标。因此"某种所有制经济能否占'主体'地位应视其是否适应生产力的发展要求，而不应由国家基本法直接规定其在社会经济中的主次地位。"有鉴于此，该学者建议将《宪法》第6条第2款的文字表达修改为："国家在社会主义初级阶段，实行多种生产资料所有制并存，促进和保护各种所有制经济共同发展的基本经济制度。"以期通过基本经济制度的宪法表达模式的转化，避免经济制度因不科学的设定而频繁修改，使其能够稳定地指导经济立法和经济改革。①

## 三 非公有制经济的宪法地位

现行宪法对非公有制经济条款的修改，反映了我们对于社会主义经济制度认识的深化，也体现了非公有制经济的宪法地位的变迁。

（一）非公有制经济的宪法地位的变迁

在社会主义国家的宪法中规定非公有制经济条款，所面临的困难有很多。主要的原因在于社会主义国家的经济基础是公有制经济，即实行生产资料的公有制，首先，这就会产生要不要规定非公有制经济的问题，规定非公有制经济条款会不会威胁到社会主义的经济基础和改变社会主义社会的性质；其次，如果要规定，如何协调两种相互矛盾的经济形态，公有制经济和非公有制经济的各自地位孰轻孰重；再次，如果要规定，如何来保

① 杨思留：《基本经济制度的宪法属性与宪法表达》，《学海》2008年第4期。

护非公有制经济的发展。与此对应，可以把非公有制经济在中国宪法上发展的历史分为如下三个阶段：①

第一个阶段是“要不要规定非公有制经济条款？”从 1949 年的《共同纲领》到 1982 年宪法，一直在讨论和想要解决的就是第一个问题，最终 1988 年宪法第 1 条修正案明确将非公有制条款写入了宪法而告一段落。在对待非公有制经济成分上，1982 年宪法摒弃了前两部宪法“一大二公”的思想，采取了更加开明的做法。主要表现为承认个体经济的合法地位，将其作为公有制经济的补充（第 11 条）。既然承认了个体经济的合法地位，那么公民就可以拥有少量的生产资料，所以，第 13 条中没有采用以往的“生活资料的所有权”，而是采用“合法财产的所有权”。“财产”既包括生产资料，也包括生活资料。1982 年宪法对非公有制经济的保护方面的成就，无愧于“建国以来最好的一部宪法”的美誉，它首次采用“生产力标准”而非“生产关系标准”来看待非公有制问题。

1982 年宪法虽然对个体经济的地位进行了“正本清源”，但是并没有规定私营经济的问题。然而，私营经济与个体经济之间的界限并不好把握。为了消除人们不必要的猜疑和争论，1987 年 10 月，党的十三大召开，在大会的报告中，对社会主义初级阶段私营经济的性质、地位和作用，给予了积极的肯定。1988 年 4 月 12 日，1988 年宪法第 1 条修正案获得通过，该修正案规定，国家保护私营经济的合法的权利和利益。从此，个体经济、私营经济这两种最主要的非公有制经济都在宪法中作了规定，从而为要不要规定非公有制经济的问题画上了句号。

第二个阶段是“如何看待非公有制经济的地位？”从 1988 年到 1999 年主要围绕第二个问题展开讨论，直到 1999 年宪法第 16 条修正案规定，非公有制经济是社会主义市场经济的重要组成部分。1999 年 3 月 15 日全国人大通过了宪法第 16 条修正案，其中的主要内容就是修改非公有制经济在整个社会主义初级阶段的经济体制中的地位，从以前的作为“社会主义公有制经济的补充”提高到“社会主义市场经济的重要组成部分”，修改单一所有制的经济结构，实行混合所有制经济，并将其作为社会主义初级阶段的基本经济制度，从而极大地稳固了非公有制经济的地位，公民

---

① 胡锦光：《“非公有制经济”的宪法文本规范研究》，《河南省政法管理干部学院学报》2005 年第 5 期。

对生产资料享有的财产权也更有保障。

第三个阶段是“如何保护非公有制经济的发展?”从1999年开始进入了讨论第三个问题的阶段。2004年3月15日，全国人大通过了现行宪法第21条修正案，将《宪法》第11条第2款“国家保护个体经济、私营经济的合法的权利和利益。国家对个体经济、私营经济实行引导、监督和管理”修改为“国家保护个体经济、私营经济等非公有制经济的合法的权利和利益。国家鼓励、支持和引导非公有制经济的发展，并对非公有制经济依法实行监督和管理。”可以说，2004年的宪法第21条修正案是这次讨论所取得的第一个成果，当然，关于保护非公有制经济的发展的宪法问题，还远没有达到已经解决的地步。①

（二）非公有制经济条款在现行宪法上的含义

什么是非公有制经济？现行《宪法》第11条采用了“个体经济、私营经济等非公有制经济”的表述，也就是说，宪法认为个体经济、私营经济这两种经济形态属于典型的非公有制经济，那么，非公有制经济是否仅限于这两种，这就需要在这里的“等”上做文章。根据经济学者的研究，非公有制经济就是私有制经济，包括各种形式的私有制和私有制的不同存在形式。个体经济、私营经济、外资独资企业都是私有制经济，混合经济中的私有制成分也是私有制经济。② 可见，除了个体经济、私营经济等典型的非公有制经济外，还有宪法没有规定的，但现实中可能存在的非公有制经济形式。

宪法上的非公有制经济条款，首先是作为宪法规定的基本经济制度中的所有制的实现形式而出现的。③ 非公有制经济的法律地位变迁的历史演进昭示我们：国家的基本经济制度以及确认、维护基本经济制度的相关法律制度，必须与国家和社会的生产力发展水平相适应，遵循社会发展客观规律；现代社会条件下的非公有制经济，具有形式上的私人性质与实质作用上的社会公共属性之双重属性；在法律制度上，对非公有制经济的私人

---

① 胡锦光：《“非公有制经济”的宪法文本规范研究》，《河南省政法管理干部学院学报》2005年第5期。

② 陈文通：《社会主义初级阶段基本经济制度研究》，中共中央党校出版社2003年版，第272页。

③ 胡锦光：《“非公有制经济”的宪法文本规范研究》，《河南省政法管理干部学院学报》2005年第5期。

性质，需要科学、严格、合理地规制；对其社会公共属性，应予科学、严格、平等地保护；应当与时俱进，慎重、积极地推进有关非公有制经济的科学立法，为非公有制经济发展创造更加良好的观念、制度环境。① 该学者还考察了基本所有制下的不同所有制的共存与互补关系，认为无论是在资本主义国家还是在社会主义国家，发展“非私有制经济”与维护和保障“公共福利”、“国家的整体经济秩序”之间，都可以是一种共存与互补关系。应当科学认识现代非公有制经济的社会属性、公共属性。

## 四 非公有制经济的宪法法律保障

1982 年宪法规定的保护个体经济的方针是“行政管理、指导、帮助、监督”，1988 年宪法第 1 条修正案规定的保护私营经济的方针是“引导、监督和管理”，1999 年宪法第 16 条修正案将其统一为对个体经济、私营经济进行“引导、监督和管理”，2004 年宪法第 21 条修正案不仅继续扩大了非公有制经济的范围，使之不限于个体经济、私营经济，同时除了“引导、监督和管理”外，还增加了“鼓励和支持”。如果说“引导、监督和管理”还反映了一种潜在的防范的意义的话，那么，“鼓励、支持”就是一种积极、主动的保护，是希望其壮大，放开手脚、让其发展。因此，可以说，2004 年的宪法第 21 条修正案对非公有制经济的保护力度加大了。那么，接下来的问题就是，国家如何来实施其对非公有制经济的鼓励和支持。② 现在，非公有制经济面临的最大困难就是与公有制经济不平等的待遇。由于宪法没有及时地回应这一问题，2002 年开始进入人们视野的物权法以构建一个相对完整的财产权法律保护体系为目的，不适当地试图弥补宪法的功能缺失，引发了关于物权法是否“违宪”、是否“越位”的广泛争论。③

### （一）宪法与物权法的关系

围绕物权法的制定所展开的争论，交集于物权法如何既体现我国的基

---

① 张军：《非公有制经济法律地位的变迁及其启示》，《中国法学》2007 年第 4 期。

② 胡锦光：《“非公有制经济”的宪法文本规范研究》，《河南省政法管理干部学院学报》2005 年第 5 期。

③ 参见刘小妹《物权法不能承受之重——浅析物权法在宪政法律体系中的“越位”》，载《案例宪法研究》（第一辑），莫纪宏主编，群众出版社 2008 年版。

本经济制度，又体现对国家财产、集体财产和私有财产平等保护的原则。① 也就是在“公有制经济的主体地位”和“公共财产神圣不可侵犯”的宪法规定下，物权法的财产权平等保护原则如何通过宪法之门的问题。② 具体而言，学界有关宪法与《物权法》关系的讨论，主要包括《物权法》是否必须强调根据宪法制定，《物权法》对公有财产和私有财产的平等保护方式与宪法的平等保护原则的关系，以及如何根据宪法判断法律是否违宪等问题。③

物权法是否能够通过宪法之门，首先是一个“公”与“私”的争论。“物权作为一种私权，核心是个人权利和利益，完善物权制度，就是要完善所有权的取得、行使和处分以及保护方法，而完善的物权制度并不区分所有权的主体。”④ 因此，制定物权法，明确物的归属，保护权利人的物权充分发挥物的效用，重在对物的不同所有权主体以平等保护为基本原则。这使对正在制定的物权法的质疑充满了火药味。有人批评，物权法“实质上妄图用‘私有财产神圣不可侵犯’的精神和原则取而代之”。其所取代的自然是宪法中规定的“社会主义的公共财产神圣不可侵犯”原则。并认为“这是一部背离社会主义原则，开历史倒车的物权法”，“实质上搞死国有企业，低价出售国有企业，致使国有企业大量资产流失，许多工人强行下岗，造成今天严重的经济和社会问题”。⑤ 围绕这一问题的争论，表面上看是个法律问题，实质涉及对宪法原则的理解与认识，是社会问题的看待与解决的方式，更是深层次的思想观念和意识形态领域里“公”与“私”的交锋。然而，从宪法学的角度看，立法是宪法实施的重要途径。即“公民的合法的私有财产不受侵犯”的宪法规定，必须有物权法这样的基本法加以具体化，才能不使宪法的此项规定成为供人观赏的

---

① 《体现基本经济制度 加大国有资产保护》，《人民日报》2006 年 8 月 23 日。

② 参见童之伟《〈物权法（草案）〉该如何通过宪法之门——评一封公开信引起的违宪与合宪之争》，《法学》2006 年第 3 期。

③ 韩大元：《回应与挑战：中国宪法学研究新进展》，《法学家》2007 年第 1 期。

④ 姚海波：《完善修定后的私有财产法律保护制度》，《重庆社会主义学报》2004 年第 2 期。

⑤ 参见《民法学者对〈物权法（草案）〉质疑北大教授公开信》，《中国青年报》2006 年 2 月 28 日。

空中楼阁。

"合宪"、"违宪"问题引起学术界广泛关注。有学者从宪法与民法对财产权保护的内涵区别入手，认为《物权法（草案）》对公有财产（包括国家和集体的财产）和私有财产的平等保护的原则，与我国宪法的公共财产和私有财产的差别对待，其间具有本质区别，《物权法（草案）》贯彻平等保护原则不违宪。① 而有学者认为，在宪法眼中，不同主体的物权应区别保护而不应平等保护。对不同主体的财产实行平等保护，是以国家集体在财产占有方面已经占据了优越宪法地位为前提的，是以国家、集体事实上占有和垄断社会全部财产中的基础性部分为前提的，这种平等只是宪法上和事实上公有主体居优前提下的法律上的平等。真正实现物权平等保护只会加强不会削弱公有经济的主体、主导地位。②

在如何根据宪法判定法律是否违宪的问题上，学者们提出了不同的主张。有学者系统论证了"合宪"与"违宪"的判断标准；③ 而有学者从宪法条款的不同性质着手，提出许多条款在法律上具有确定的意义，因而是可以实施的；有些条款则只是表达了一种政治理想或政策取向，在法律实践中不具备可操作性。在宪法的适用和讨论过程中，必须认真对待宪法，将宪法作为一部实实在在的法律，仅限于适用那些在法律上可以实施的条款。尤其要避免将宪法作为政治攻击的工具，否则就将误用宪法并阻碍社会与经济发展。④

在物权法是否必须强调是根据宪法制定的问题上，多数学者认为，解决问题的根源在于对民法与宪法关系的正确理解上。有学者认为，从法理的角度来看，私法是宪法的基础，宪法是私法理念的升华，它应和私法原理相统一。⑤ 而有学者认为，宪法是包括民法在内的整个法律体系的根本法，不单纯是公法，民法是具体宪法架构下的具体的民法，不宜脱离一国

① 焦洪昌：《〈物权法（草案）〉的合宪性分析》，《法学》2006 年第 3 期。

② 童之伟：《〈物权法（草案）〉该如何通过宪法之门——评一封公开信引起的违宪与合宪之争》，《法学》2006 年第 3 期。

③ 韩大元：《由〈物权法（草案）〉的争论想到的若干宪法问题》，《法学》2006 年第 3 期。

④ 张千帆：《宪法的用途与误用：如何看待物权法中的宪法问题》，《法学》2006 年第 3 期。

⑤ 郝铁川：《〈物权法（草案）〉违宪问题之我见》，《法学》2006 年第 8 期。

的现行宪法抽象谈论民法应该是什么样的。因此，在物权法中明确写入依据宪法制定本法，不仅从立法技术角度是必要的，从维持法律形式统一和端正人们的宪法与民法关系观念的角度看也有意义。① 有学者在考察了宪法和民法关系的几种主张后，强调了根据宪法制定《物权法》的意义，表现在：一是表明宪法具有最高的法律效力，是法律发挥效力的基础；二是表明本法与宪法之间的效力等级，上位的规范效力高于下位的规范，下位阶的规范不得违反上位法的规范；三是表明物权法是宪法规定的具体化，其价值和效力来源于宪法。因此，根据宪法制定只是规范价值的表述，并不是实然意义上的事实关系。② 针对一些学者提出的“民法根本说”、“民法与宪法平起平坐”等观点，有学者在系统地考察宪法与民法关系的基础上，提出“作为一种法律学说，民法根本说所反映的是宪法与民法真实关系的幻影。在世界范围内，宪法与民法的关系是一个早已由法治发达国家的法律生活解决了的问题。在中国，法学研究人员还需要把时间和精力投入到法治发达国家已给出了答案的问题上来，实在是中国法治后发的特殊国情使然”。③

学术上的这些争论对物权法的制定造成了实质的影响。为了平息“违宪”的质疑，物权法不得不大量重述宪法中的基本经济制度条款和公有财产权属制度条款，以此体现对国家基本经济制度的遵从。④ 如把坚持国家基本经济制度作为物权法的基本原则，明确规定“国家在社会主义初级阶段，坚持公有制为主体、多种所有制经济共同发展的基本经济制度”，“国家巩固和发展公有制经济，鼓励、支持和引导非公有制经济的发展”。这一基本原则作为物权法的核心，贯穿并体现在整部物权法的始终。从表面上看，重述宪法条款协调了物权法与宪法的关系，维护了法制的统一，但物权法“越位”表述宪法条款内容，这实际上又落入了“公”—“私”之争的窠臼。

---

① 童之伟:《再论〈物权法（草案)〉中的宪法问题及其解决路径》,《法学》2006 年第 7 期。

② 韩大元:《由〈物权法（草案)〉的争论想到的若干宪法问题》,《法学》2006 年第 3 期。

③ 童之伟:《宪法与民法关系之实像与幻影》,《中国法学》2006 年第 6 期。

④ 刘小妹:《物权法不能承受之重——浅析物权法在宪政法律体系中的“越位”》，载《案例宪法研究》（第一辑），莫纪宏主编，群众出版社 2008 年版。

（二）财产权的平等保护与限制

有关机构调查显示，非公有制经济当前面临的主要难题是：（1）在产权领域，私有产权遭受侵占后适用的法律与公有制财产遭受侵占后的不一致；（2）在投资领域，有些产业领域由于部门或地区垄断经营的存在，民间资本难以进入或者难以充分进入；（3）在金融领域，金融体系自身对非公有制经济的开放程度很低，国有独资以及国有控股的商业银行以及证券、保险机构占有绝对主体地位；（4）在经营领域，与非公有制经济市场交易密切相关的《公司法》、《合同法》、《担保法》、《票据法》、《刑法》等法律法规在立法理念和可诉性上，不能为非公有制企业提供有效的法律保障；（5）在执法司法领域，政府尤其是基层政府不能依法行政，以罚代管，一管就罚的现象还比较普遍，非公有制企业有时得不到公平和公正的判决，诉讼难，执行难。故此，建议未来保护非公有制经济的措施，应体现以下几个原则：（1）非歧视性待遇原则。（2）非禁即入的原则。（3）有效监管原则。① 可见，随着我国经济和法治的发展，公民的权利意识逐步增强，财产权的平等保护已经是一种迫切的要求。

宪法如何来保护公民的私有财产权？一般来说，主要有两种途径：一种是权利保障，一种是制度保障。在学说上，制度保障的历史要晚于权利保障。现在一般认为，财产权的制度保障说起源于德国学者卡尔·施密特，该说的要旨为：（1）财产权是宪法透过立法者形成的一种“法律制度”。因此，非因其他自由权，国家原则上不予干涉，该基本权即可实现。盖“制度保障之财产权”，如果没有法律制度根本无从形成权利的具体内涵，故与其他自由权相较，立法者对制度性保障之权利，有较大的形成空间。亦即，法律可以规定哪些标的或法律地位始得成为财产权的标的。（2）宪法对财产制度的保障，并非保障这些制度的现状，而是保障该制度的本质内容。换言之，国家可根据立法对这些制度的周边部分进行界定和变更，但不可改变其核心部分。

财产权的制度保障与我国宪法中保护私有财产的目标是契合的，可以解释社会主义宪法中私有财产保护的特色：（1）社会主义国家保护私有财产从来不是绝对的、无限制的，而是有制约的，并且这种制约性是一种

---

① “促进非公有制经济发展研究”课题组：《2004—2005 年中国非公有制经济发展前沿问题研究》，机械工业出版社 2004 年版，第 8—9 页。

内在的、先天的制约。这种制约来源于社会主义公有制。我国现阶段虽然出于发展社会主义生产力的考虑，承认非公有制经济中私人对生产资料的所有，但绝不是无限制地任其发展。因此，公有制占主体地位本身就构成了对生产资料私有制的制约，同时公共财产构成了私人可拥有的财产的界限。（2）在我国，可以对私有财产进行制约的只能是全国人大及其常委会制定的法律。根据《立法法》第 8 条规定，对非国有财产的征收、民事基本制度、基本经济制度以及财政、税收、海关、金融和外贸的基本制度等事项只能制定法律。可见，对财产的制约权首先掌握在立法者手中，行政权和司法权则只是在法律规定的范围内运行。因此，对私有财产保护构成最大威胁的就是立法者，这与制度保障说主要针对立法者的特点不谋而合。（3）我国宪法保护私有财产的核心，在于保护公民对生活资料的充分享有。因此，在核心不变的前提下，非核心部分，即对非公有制经济是开放一点，还是限制一点，立法者完全可以根据社会发展的实际情况作出判断。（4）最为重要的是，现行宪法第 13 条中公民的私有财产已经突破了生活资料的限制，那么作为对公民享有生产资料的合法形式，宪法对非公有制经济条款进行规定，显然是通过建立非公有制经济制度来保障公民对生产资料的财产权的结果。①

综上，我国宪法对财产权的平等保护是一种制度性的保护，这种制度性的保护本身就包含了限制财产权的主体、依据和边界等内容。而物权法上的平等保护原则，是指物权的主体在法律地位上是平等的，其享有的所有权和其他物权在受到侵害以后，应当受到物权法的平等保护。② 但是，哪些主体、哪些类型的财产可以进入物权法的保护范围，财产权的保护应当依照什么原则予以什么样的限制，这些都取决于宪法所确立的经济制度和财产制度。

---

① 胡锦光：《“非公有制经济”的宪法文本规范研究》，《河南省政法管理干部学院学报》2005 年第 5 期。

② 《平等保护体现物权法中国特色——物权法起草者王利明谈物权法》，《中国改革报》2007 年 1 月 24 日。

# 第二章

# 宪法权利理论

## 第一节　中国宪法权利理论发展脉络

宪法权利，简而言之，就是被宪法确认并受宪法保障的权利。① 从比较法角度看，宪法权利在各国宪法条款和宪法理论中的表现形态也各有不同。在德国宪法上称为"基本权利"；日本宪法上表述为"国民之权利"；意大利宪法为"公民的权利"；我国现行宪法上的表述是"公民的基本权利"。这一概念可以追溯至前苏联的宪法文本，因为我国第一部宪法——"五四宪法"的许多条款是直接移植前苏联 1936 年宪法中的某些条款，而 1982 年宪法修改仍然是以 1954 年宪法的文本为基础的完善。② 如果撇开形形色色的概念之争，宪法权利的实质在于以宪法规范的形式来确认并保障特定社会的根本规范（Fundamental Norm），这些根本规范的效力位阶高于一般法律，因而不应当被任何宪法之下的国家机关所侵犯。这种根本规范甚至可以被作为一致超越实证宪法的根本规范，而约束制宪权的行使和宪法的修改，德国宪法学上所谓"违宪的宪法规范"正是基于此项原理。因此，宪法权利构成了宪法规范体系的核心，而对宪法权利保障问题的研究自然也就构成了宪法学的重要内容。在我国宪法学界，有关宪法权利理论的研究与中国政治局势的发展紧密相关。"文革"时期，宪法学研究基本处于停滞状态，宪法权利理论和现实中的权利保障一样被轻慢和忽视。十一届三中全会后，以《实践是检验真理的唯一标准》发表为标

---

① 与此类似并密切相关的概念有"人权""基本人权""基本权（利）"，由于保障内涵的一致性，日本宪法学家芦部信喜教授曾在同一意义上使用上述三个概念。参见芦部信喜《宪法》，北京大学出版社 2006 年版，第 5 章。当然严格来说上述概念有着若干细微的差别。宪法权利并不等同于基本权利或人权，比如美国宪法上有"持有和携带武器的权利"的权利条款，但是这项权利却并非是基本权利或人权。

② 张友渔：《关于修改宪法的几个问题》，《法学研究》1982 年第 3 期。

志，中国进入了一个自上而下的思想解放历程，加之国家政治秩序趋于稳定，学术研究环境日益宽松，宪法学的研究逐渐走上正轨，学界不断涌现出宪法权利保障的论著和成果。此后，宪法学界关于宪法权利理论的研究不断深化，日趋成熟，至今已颇具规模。本文拟对这些改革开放以来有关宪法权利保障的研究成果进行一个学说史的梳理和总结，并在此基础上，展望当前我国宪法权利理论面临的课题。

## 一 宪法权利理论发展脉络与中国的“宪法事件”

1978 年 12 月中国共产党十一届三中全会公报指出：“宪法规定的公民权利，必须坚决保障，任何人不得侵犯。”公报的这番论断对于经历了“文革”洗礼的中国宪法学界而言，颇有“临行喝妈一碗酒”的意味，不仅解除了研究宪法权利的后顾之忧，也保证学界对于宪法权利的研究具有了“正确的政治方向”。此后，法学界开始尝试进行权利问题的研究，①宪法学界也开始逐渐以 1982 年宪法修改为契机，研究宪法权利理论。八二宪法的修改被认为是一次全面的宪法修改，不同于那些零敲碎打的个别条文的增减，它在修改之前有一段充分的酝酿时期，并且经过了社会各界的广泛讨论。如果借用美国宪法学家阿克曼的宪法政治理论来进行分析，1982 年宪法制定前后可以说是中国宪政发展史上的“宪法时刻”（constitutional moment），三十年来宪法权利理论研究的起步，正是围绕着这次宪法修改而展开的。

八二宪法通过后，更多的宪法学者开始将目光聚焦在宪法上的基本权利条款，这种转变甚至受到西方学者的关注。② 八二宪法的颁布实施与中国政治改革的历程密切相关，甚至可以说是中国政治体制改革的一个重要标志。在这种大背景下，中国理论界进入了一个自上而下的思想解放历程，加之国家政治秩序趋于稳定，学术研究环境的日益宽松，宪法学的研究逐渐走上正轨，学界不断涌现出宪法权利保障的论著和成果，宪法学界关于宪法权利理论的研究不断深化，并日趋成熟。

---

① 刘海年等：《保障民主权利是革命的光荣传统》，《法学研究》1979 年第 1 期。

② See Ann Kent, Between Freedom and Subsistence, China and Human rights, Oxford University press（1993）, p. 97.

20 世纪 80 年代初期，中国宪法学在理论研究上，并未重视对于宪法权利理论的研究。比如，1983 年吴家麟主编的《宪法学》将公民的基本权利和义务设为一编，但其内容只占全书篇幅很少的部分。因为当时学术界普遍的看法是，宪法是国家的“总纲领、总章程”，强调其在经济发展、社会进步中的工具性价值，在宪法理论上重视宪法总论、国家制度等方面的内容，但忽略了其在人权保障方面的终极性价值。① 这些研究大多是围绕新宪法的制定展开，通过对宪法上规定的权利条款进行“解说”，呼唤社会对宪法权利的关注和重视，提高社会各界的权利意识。

在宪法修改完成后，主流学者开始论证宪法权利的正当性，这一时期的研究着重强调对权利的宪法保障的重要性，主要研究“什么是宪法上的基本权利”、“为什么宪法要保障这些基本权利”。② 此外，也有学者开始尝试对于具体的宪法权利进行解说，呼唤宪法权利保护的重要性。③当然这种完全以解说宪法权利条款为研究的最大问题，在于将价值命题和事实命题混为一谈，混淆了宪法权利存在的应然形态、法定形态和实然形态，④ 其中一个典型的观点，就是将宪法规定的权利就等于受到了宪法保障的权利。⑤ 从八二宪法制定到 20 世纪 90 年代，这种对宪法权利条款进行解说性的研究，占据了宪法权利理论的主流。可以说，早期宪法学对于宪法权利条款的简单解说，并非严格意义上的学术研究，而是充斥了政治化和口号化的概念解析。然而不可否认的是，这种研究在促进整个社会宪法权利意识的提高，形成尊重和保护权利的宪法观念，形塑国家和社会的意识形态等方面，都有着不可低估的重大意义。这些研究也使得国家的政治和法律实践对权利保障的重视，进而促使国家逐步采取各种措施对公民

---

① 参见韩大元《基本权利概念在中国的起源与演变》，《中国法学》2009 年第 6 期。

② 如许崇德教授指出：“宪法关于公民基本权利和义务的规定，充分体现了我们国家的社会主义民主的本质，体现了广大人民在国家生活中的当家作主的主人翁地位。”许崇德：《我国宪法关于公民基本权利和义务规定的发展变化》，《思想政治课教学》1983 年第 1 期。

③ 陈云生：《公民的人格尊严不受侵犯》，《法学研究》1983 年第 2 期。

④ 权利存在的三种存在状态理论是李步云教授首先提出，后被法学界所广为接受的。参见李步云《论人权的三种存在形态》，《法学研究》1991 年第 4 期。

⑤ 参见田军《我国公民享有广泛而真实的基本权利》，《江海学刊》1983 年第 1 期。

基本权利进行保障。对于这种进步，正如有西方学者指出的那样，自中国八二宪法以后，由于观念的改变，中国公民所实际享有的言论、出版、结社和迁徙自由（虽然这项权利并没有被宪法所明确规定）在逐渐增加。①

宪法权利是人权的法定化，因此宪法权利的研究与人权研究息息相关。在我国法学界，曾将人权作为资产阶级的价值加以批判和排斥②。1991 年年初，为完成中央交办的人权理论研究任务，中国社会科学院在 80 年代末，在人权理论研究课题组的基础上成立了人权研究中心；同年 6 月《中国法学》第 3 期发表了《深入开展人权与法制的理论研究》的评论员文章；11 月，国务院新闻办公室发表《中国的人权状况》白皮书，其正文中一共有 12 处用了“宪法规定……的权利”。至此，人权研究的禁区被完全突破，关于人权的研究成了法学界的热点问题，而这种动向也促使了宪法学界对于宪法权利理论的高度关注。

在此之前，伴随着对旧法统的彻底抛弃，我国法学界受苏联国家法的影响深刻。与此相对应，宪法学的理论开始了一边倒地倾向于通过苏联国家法学说和简单化解释马列经典著作来进行“学术研究”。对于这种不加分辨的全面否定，许崇德曾指出：“对于建国前的宪法学，一律不加分析地予以彻底否定，这种做法是不可取的。”③ 然而，政治的决断终究无法完全切断宪法学说史的脉络，在 90 年代后的宪法权利理论研究中，借助人权研究的东风，这些有关宪法权利学说的著作被广为引用，直接影响着中国宪法权利理论的研究。④ 这种转向使得学界在重新返回中国宪法权利研究的学术脉络中，并逐渐摆脱前苏联国家法理论的影响，同时开始大胆借鉴世界各国宪法权利保障的理论和实践。

伴随着经济体制改革进程的加快，全国人大分别于 1988 年 4 月、

---

① See Ann Kent, Between Freedom and Subsistence, China and Human rights, Oxford University press (1993), pp. 96 –97.

② 参见肖蔚云、罗豪才、吴撷英《马克思主义怎样看“人权”问题》，《红旗》1979 年第 5 期；兰英《“人权”从来就是资产阶级的口号吗——同肖蔚云等同志商榷》，《社会科学》1979 年第 3 期。

③ 韩大元、牛文展：《见证新中国宪法学发展的历史——许崇德教授的治学历程与学术思想》，《高校理论战线》2004 年第 1 期。

④ 典型的代表作如王世杰、钱端升《比较宪法》，中国政法大学出版社 1997 年版。

1993 年 3 月、1999 年 3 月，通过宪法修改对国家经济制度不断地进行重新定位。在此过程中，法理学界以建设“社会主义市场经济”作为契机，提出了“社会主义市场经济是权利经济”的基本命题，论证了保障权利与经济建设的密切关联。① 与法理学界关于“市场经济就是权利经济”的论断类似，宪法学界同样对此予以高度关注。② 由于经济体制改革的核心之一是产权问题，对于宪法财产权问题的研究成为当时宪法学界的热点问题。③ 加上历次宪法修改的内容都是关于经济体制改革，也引发宪法学界对于财产权的高度关注。宪法上财产权保障理论研究不断深化，学者们开始摆脱口号式的呼喊，转而开始研究“宪法如何保障财产权”。④ 从 20 世纪 90 年代末到 21 世纪初，在城市房屋拆迁中所表现出的权利诉求和社会矛盾，更加刺激了宪法学对财产权的研究。这种对宪法权利进行研究的成果，最终为 2004 年的宪法修改提供了法律技术上的支持，2004 年宪法修正案第 22 条所采纳的权利保障的规范结构，正是学术界所主张的保障框架：保障 + 法律（公共利益）限制模式。⑤ 宪法修正案第 22 条对财产权保障的修订，再一次刺激了宪法学对于财产权保障问题的关注，这些研究在总结了过去研究的基础上，更加注重对宪法财产权的保障方式的研究。⑥ 此后，学界对宪法财产权保障的研究进入了一个新的高潮，根据对 1993 年至 2008 年已经发表的 143 篇有关宪法财产权的学术文章进行的检索统计，仅 2004 年至 2008 年四年就有 93 篇研究宪法财产权保障问题，而 1993 年至 2004 年 11 年有 50 篇。整体来看，有关宪法财产权保障研究的规范性正在逐步增强，摆脱了以往单纯的政治话语表达，开始注重其作

---

① 张文显：《市场经济与现代法的精神论略》，《中国法学》1994 年第 6 期。

② 有关研究可参见孙潮、戚渊《论确立市场经济的宪法地位》，《法学》1992 年第 12 期；韩大元《市场经济与宪法学的繁荣》，《法学家》1993 年第 3 期。

③ 胡锦光：《市场经济与个人财产权的宪法保障》，《法学家》1993 年第 3 期。

④ 林来梵：《论私人财产权的宪法保障》，《法学》1999 年第 3 期；林来梵：《财产权宪法保障的比较研究》，载张庆福主编《宪政论丛》第 2 卷，法律出版社 1999 年版，第 59 页。赵世义：《财产征用及其宪法约束》，《法商研究》1999 年第 4 期。

⑤ 林来梵：《论私人财产权的宪法保障》，《法学》1999 年第 3 期。

⑥ 韩大元：《私有财产权入宪的宪法学的思考》，《法学》2004 年第 4 期；张庆福、任毅：《论公民财产权宪法保障制度》，《法学家》2004 年第 4 期；胡锦光、王锴：《 财产权与生命权关系之嬗变》，《法学家》2004 年第 4 期。

为法律条文的逻辑结构和可适用性。①

从20世纪90年代后期开始，学界对于宪法权利的研究出现了系统化的倾向，到了2000年后，宪法权利研究呈现了专题化、理论化与体系化的趋势。随着对国外宪法学理论的大量借鉴与吸收，美国、德国、日本等国家的宪法权利理论与相关的判例通过翻译等形式，影响了我国宪法权利理论的研究。这些不断趋于精致化的宪法权利理论研究，大胆借鉴了国际宪法学界最前沿的研究成果，如果抛开中国语境，这种研究甚至已经实现了与当今西方宪法权利理论的接轨。2001年最高人民法院关于“齐玉苓案件”的批复，② 为中国法学界提供了一个运用宪法权利理论解释现实案件的契机，该案引发了宪法学关于宪法权利的第三者效力问题的学理讨论。而发生在2003年的“孙志刚事件”和“延安黄碟案件”，同样为宪法权利理论的研究提供了现实的分析样本。学界对于这些事件和案例的讨论，对宪法实践产生了一定的影响，比如，收容审查制度的废止在很大程度上，也取决于学术界公共知识分子对于宪法权利保障的热烈讨论。③ 2004年的宪法修正案第24条增加“国家尊重和保障人权”九字条款，使得宪法权利理论的研究至今已经成为宪法学研究的重心所在。

## 二　方法论的演进：法哲学的方法到法解释学的方法

纵观三十年来我国宪法学界对于基本权利的研究，大致经历了从单一的法哲学角度进行价值性研究到晚近将宪法权利作为一种法规范进行法解释学角度研究的方法论转变。早期的研究主要是从法哲学的角度论证宪法上规定的权利本身的正当性，宪法权利背后的价值立场和社会背景等。比如，80年代初期我国有关宪法权利的研究，主要是对基本权利的内涵和价值进行研究，比如为什么宪法保障基本权利，特定的基本权利具有何种

---

① 王锴：《新中国宪法保障财产权的历史变迁（1949—2004）》，《法治论坛》2006年第1期。

② 最高人民法院《关于以侵犯姓名权的手段侵犯宪法保护的公民受教育的基本权利是否应承担民事责任的批复》（法释［2001］25号），该案甚至引起了国外宪法学界的高度关注，见 Thomas E. Kellogg, Courageous Explorers? Education Litigation and Judicial Innovation in China, Harvard Human Rights Journal, Vol. 20（2007）。

③ 2001年12月3日北京市宪法学会召开“齐玉苓案学术研讨会”，2003年6月30日上海交通大学举行“孙志刚案与违宪审查”学术研讨会。

意义和价值。此外，对于宪法权利进行法哲学和道德哲学角度的研究也较为多见，比如某项宪法权利有何特征，其正当性何在，宪法确认的基本权利本身的道德基础、历史文化基础等。随着“宪法的法律性”逐渐被广泛的承认和接纳，学界开始从法学的角度研究宪法权利，运用法解释学方法对宪法权利作规范分析，侧重于对具体基本权利的保障内涵进行研究。这些研究大胆地借鉴了当今现代法治国家关于宪法权利的前沿研究成果，分析了宪法基本权利的规范结构，并提出了“宪法权利的保障—限制—对限制的限制”的保障框架。①

（一）宪法权利研究的法哲学方法

法哲学方法的特点是对实证法采取“超越体制的立场”，② 分析法律现象背后抽象、普遍、超实证的原理和价值。这种方法体现在宪法权利理论研究上，就是绕过宪法权利本身的法规范属性，直接去探讨规范背后所蕴含的价值（包括规范所包含的意识形态）。我国宪法权利的研究曾经一度以马克思主义的阶级分析为根本方法，直接洞悉宪法权利背后的阶级力量对比关系，因此这种阶级分析方法自然也可以归入法哲学方法的范畴。直接观察宪法权利规范背后的意识形态的方法，不免要贴近现实政治的决断，因此往往出现紧跟“党的文件精神”的现象。受此影响的学术研究要“把握政治界限”，坚持正确的政治路线。这固然是学术研究现实性的一种表现和需要，但却难免出现政策转弯，学术也跟着转弯的现象。

由于宪法学研究领域高度的意识形态化，早期宪法权利的研究往往倾向于直接诉诸主流意识形态，对宪法上规定的基本权利进行“解说”。比如，对于为什么宪法规定或没有规定某些权利，就直接援引政治话语进行解说；③ 或者宪法规定的某项权利的含义，④ 亦用政治话语

① 参见林来梵、季彦敏《人权保障：作为原则的意义》，《法商研究》2005 年第 4 期；张翔《基本权利限制问题的思考框架》，《法学家》2008 年第 1 期。

② 阿图尔·考夫曼著：《法律哲学》，刘幸义译，法律出版社 2004 年版，第 10 页。

③ 可参见张友渔《关于修改宪法的几个问题》；钟岱《宪法应否保留罢工自由?》，《法学杂志》1981 年第 3 期；杨海坤《为什么删去“罢工自由”这一条文》，《民主与法制》1982 年第 6 期。

④ 马玉珊：《谈谈新宪法关于宗教问题的规定》，《青海社会科学》1983 年第 3 期。

阐释。这些研究没有区分宪法权利规范设计者的视角和解释适用者的视角，没有区分解释学意义上作者和读者之间的区别，所以造就了以法哲学方法为基础的宪法权利理论。不可否认，这种研究一方面是基于新宪法颁布后，宣传普及的需要；另一方面是因为，在宪法修改时期，各种价值观以不同的形式参与宪法修改，有力地影响着宪法规范的生成。一旦这种价值被宪法规范确认，这种占社会主流的意识形态，自然会通过各种途径巩固其价值核心的地位，而运用法哲学的方法再现规范背后的主流意识形态，正是巩固意识形态的有效途径之一。

在我国学术界思想解放的背景下，法哲学方法在宪法权利研究中，进而体现为基于某种价值立场对实证宪法权利体系的批判和反思。① 20 世纪 90 年代以后，宪法学者开始从国外宪法学的理论和方法中寻找借鉴，对我国宪法上的权利条款进行反思性的研究。这些研究对于完善中国宪法权利体系具有不可低估的价值，2004 年的宪法修改，可以看作是这种反思性研究影响宪法实践的一个典范。如宪法修改之前，夏勇曾指出：将人权概念引入宪法，把尊重和保障人权确定为一项宪法原则，不仅可以保证价值法则向政治法则和程序法则转化过程中不出有碍法治和宪政的偏差，而且便于立法和司法机关在面对不同利益的权衡时能够做出有利于保护人权和公民权利的解释和推理。②

而郑永流、程春明、龙卫球三位学者也曾撰文，直接呼吁宪法修改增加人权条款③。这种基于一定价值立场对既有的宪法权利体系进行的反思性研究，为 2004 年的宪法修改，提供了直接的法律技术支持。

（二）宪法权利的法解释学（constitutional rights doctrine）

自改革开放以来，学界从来不缺乏对于我国宪法权利体系基于外部视

---

① 有关的研究可参见王太元《宪法应重新确认迁徙自由》，《中国人民公安大学学报》1989 年第 1 期；葛少英《我国罢工立法问题初探》，《法商研究》1996 年第 3 期；刘武俊《迁徒自由权立法势在必行》，《检察日报》1998 年 10 月 26 日；殷啸虎、房保国《我国宪法应明确规定沉黑权》，《法学论坛》2001 年第 2 期。

② 夏勇：《中国宪法改革的几个基本理论问题》，《中国社会科学》2003 年第 2 期。

③ 郑永流、程春明、龙卫球：《中国宪法应如何设置人权》，《政法论坛》2003 年第 6 期。

角的反思与批判，① 这种反思性的研究对于完善宪法权利保障体系而言，自然具有不可低估的意义。这种反思性的宪法权利理论寄希望于修改宪法权利条款达到保障权利的目的，动辄主张“修改现行宪法，增加规定某项权利”，甚至直接“重构”宪法权利体系。如果从体制内的视角看，这种“批判现存宪法的缺陷并希望制定完美无缺的宪法”②的学说，不但不利于树立宪法的权威，而且忽视了运用宪法解释来消解宪法权利条款本身的瑕疵的方法。其实早在20世纪80年代末，关注中国的宪法学家Fiss教授就曾主张，应从宪法解释的角度来完善中国宪法权利理论，比如对宪法第51条限制基本权利的解释，应当结合宪法规定的基本权利的条款，进行“限缩解释”，在限制和保障之间寻求平衡。③ 运用法解释学的方法也可为分析现实事件或案例提供有效的分析框架，从而使得宪法权利理论免遭脱离中国实际的质疑。进入21世纪以来，更多宪法学者借助社会上发生的热点问题或典型案例，来展开各种宪法权利的解释学说。④

随着中国宪法学研究的进一步精致化，宪法学者更多的关注在既有宪法条款基础上，研究宪法基本权利的具体保障问题，换言之，把宪法上的基本权利规范作为有效的法规范加以研究，而非仅仅从法哲学角度研究其道德基础和正当性。这种研究的出发点是基于宪法实施中如何保护基本权利，在研究方法上兼采取比较宪法学的方法，借鉴宪法权利保障制度较为成熟的国家的理论来展开研究。这种研究在我国青年学者中较为普遍，比如，张翔对基本权利的研究，就是在分析借鉴了德国基本权利理论的同

---

① 比如，2002年徐显明提出生存权、财产权、环境权、发展权、知情权、隐私权、经济自由权、迁徙自由权、平等权、受审判权十种权利应以宪法固定化，参见徐显明《应以宪法固定化的十种权利》，《领导决策信息》2002年第11期；另可参见马岭《对宪法“公民的基本权利和义务”一章的修改建议》，《国家行政学院学报》2003年第5期。

② 参见强世功《基本权利的宪法解释》，载赵晓力编《宪法与公民》，上海人民出版社2004年版，第4页；另可参见强世功《谁来解释宪法》，《中外法学》2003年第5期。

③ Owen M. Fiss, Two Constitutions, in H. Folsom and J. H. Minan (eds) Law in the People's Republic of China: Commentary, Readings and Materials, Kluwer Academic Publishers. 1989, pp. 62 - 71.

④ 参见林来梵《卧室里的宪法权利》，《法学家》2003年第3期；强世功《基本权利的宪法解释》。

时，结合我国宪法上的基本权利条款，试图建构出一套符合我国实际的宪法权利的法解释学；① 熊静波对宪法权利冲突理论的研究，则是运用德国宪法权利的最新理论成果，对宪法权利之间冲突的解决提供了可行的方案；② 余军对宪法权利的逻辑构造的研究，则是以霍菲尔德的权利分析理论为框架，对宪法权利的逻辑构造，在“纵向”和“横向”两个维度上，分析我国宪法上的基本权利体系；③ 何永红对于基本权利限制的合宪性审查标准的研究，则细致地比较了美国和德国对于基本权利限制的审查标准，并试图构建一套适用于我国基本权利体系的审查基准体系。④ 这些研究成果大量借鉴了当今德国、美国、日本等国家宪法学的研究成果，从成果引用的文献看，这些研究引述了大量的第一手材料，其中英文、德文、日文等文献占较大比例。这从侧面说明，我国宪法学关于基本权利宪法保障的研究，已经摆脱了过去那种忽视前人研究成果的“闭门造车”式的研究。由此，产生于西方现代法治国家的宪法基本权利的双重性格理论，权利限制的比例原则，基本权利的制度保障论，以及审查基准论等理论被引进中国宪法权利理论，这种研究为解释宪法权利条款提供了一种新的框架，为宪法基本权利的解释，提供了学理上的体系性思考。

与从法哲学角度对实证宪法权利体系进行批判并主张通过修改宪法来完善权利体系的研究进路不同，法解释学方法采取的是另外一种富有技术含量的方法和策略，即，通过对宪法文本中概括性条款的解释，推导出新的权利内涵。⑤ 特别是2004 年的宪法修正案增加了“国家尊重和保障人

---

① 张翔：《基本权利的双重性质》，《法学研究》2005 年第 3 期；张翔：《基本权利冲突的规范结构与解决模式》，《法商研究》2006 年第 4 期。

② 熊静波：《表达自由和人格权的冲突与调和——从基本权利限制理论角度观察》，《法律科学》2007 年第 1 期；熊静波：《权利之间的界限》，《现代法学》2007 年第 4 期。

③ 余军：《宪法权利的逻辑构造——分析法学的诠释》，《法学》2005 年第 3 期。

④ 何永红：《基本权利限制的合宪审查标准》，浙江大学 2007 年（春）博士论文。

⑤ 代表性的研究成果有张卓明《宪法审判中的权利推定研究》，浙江大学 2005 年硕士论文；屠振宇《未列举基本权利的宪法保护》，《中外法学》2007 年第 1 期；王广辉《论宪法未列举权利》，《法商研究》2007 年第 5 期；屠振宇《未列举基本权利的认定方法》，《法学》2007 年第 9 期。

权”条款，为权利推定提供了实证法上的依据，越来越多的学者主张通过未列举权利的理论推导出宪法应当保障的其他基本权利。更多学者开始关注宪法上的“人权条款”的解释和适用问题，主张要积极运用宪法解释技术，在规范所允许的范围内，以目的论解释方法寻求对人权侵害事件的权利救济途径。①

当然，迄今为止我国宪法权利理论的研究方法并非是单一的解释性研究，对宪法权利规范从法解释学角度的研究，并非可以完全取代其他视角的研究，特别是在宪法权利规范体系本身的妥当性仍有待完善的我国，基于一定价值立场从外部视角对宪法权利体系进行批判性的研究，仍然具有不可替代的重要意义。而且，宪法解释方法本身必须谨守一定的文本界限，超出文本含义牵强附会的解释，只会导致理论的苍白无力。但是，如果学术要避免步入那种被意识形态“牵着”或“赶着”走的危险境地，当下中国宪法权利的研究仍然需适当地返回宪法权利规范本身，即使是外部视角的研究也是“要出乎其外，先须入乎其内”。②

## 三 “依据法律的保障”到“宪法保障”

纵观各国宪法权利保障的历史，宪法权利的保障模式大致可归入三种不同类型：绝对保障型、相对保障型和折中型。③ 绝对保障是指由宪法本身加以直接保障，即使立法也不得加以限制或设定例外，也可以说是一种宪法保障模式；而相对保障则是指宪法权利的保障需要以具体的法律为依据，同时主张法律可以对宪法权利进行限制，该说又称宪法权利的法律保障主义；介于绝对保障和相对保障之间的被称为折中型保障。

### （一）依法保障说

我国早期宪法权利的主流学说是相对保障说，认为宪法权利仅仅是一种原则性规定，其具体内容及如何保障实现，还需有赖于立法机关制定专门的法律来解决。张友渔先生的观点代表了早期宪法学界的主流学

---

① 韩大元：《宪法文本中“人权条款”的规范分析》，《法学家》2004 年第 4 期。

② ［德］卡尔·恩吉施：《法律思维导论》，郑永流译，法律出版社 2004 年版，导论部分。

③ 参见林来梵《从宪法规范到规范宪法》，法律出版社 2001 年版，第 94—98 页。

说，他指出："我们都知道，宪法是国家的根本法，不是法律大全，不能把什么都规定进去。它的贯彻实施，需要通过相应的法律。正如斯大林所说：'宪法是根本法，而且仅仅是根本法。宪法并不排除将来立法机关的日常立法工作，而且要求有这种工作。宪法给这种机关将来的立法工作以法律基础。'在新宪法的一些条文中，就曾明确提出要'依照法律规定'来实施，明确说要'依法'保护'合法'权益，不许'非法'如何如何。"①

这种学说深刻影响了此后我国的宪法权利理论，多数学者主张，宪法权利的保障应根据宪法规定的基本权利体系，制定详细完备的法律，将宪法关于基本权利的原则规定具体化是立法机关的一项重要职责。② 然而，立法机关具体如何来进行立法保障，在进行立法时采取何种价值取向，这些都需要在理论上给予充分深入的研究。于是，在德国近代宪法学曾经出现的"宪法委托理论"③、"法律保留原则"④ 等学说，被引入我国宪法权利理论的研究。进而间接地影响到了我国的立法实践，例如，《行政处罚法》第9条和《立法法》第8条第5款的规定，显然是采纳了这种相对保障说所包含的"法律保留"原理。

从上述张友渔关于宪法权利的论断可以看出，这种相对保障理论可以追溯至斯大林有关宪法的那个经典论断："宪法是根本法，而且仅仅是根本法。"因此，宪法保障的基本权利只能通过法律的具体化来进行保障。这种"宪法仅仅是根本法"的观念也直接影响了宪法权利在司法审判中的效力，进而也排除了我国由司法机关进行宪法审查的可能

---

① 张友渔：《进一步研究新法宪，实施新宪法》，该文系作者1983年12月在中国法学会、中国政法学会、北京市法学会、北京宪法学研究会联合举行的纪念新宪法公布一周年报告会上的讲话摘要。

② 比如，陈延庆认为："仅仅有了宪法在法律上的原则规定，只是对公民权利和自由的确认，并不等于公民权利和自由就有了保障。还必须健全有关公民权利的立法，具体规定各项权利的行使方式。"陈延庆：《新宪法实施以来公民权利立法的成就》，《中国法学》1992年第6期。

③ 胡锦光、王锴：《论我国宪法中"公共利益"的界定》，《中国法学》2005年第1期。

④ 秦前红、叶海波：《论立法在人权保障中的地位——基于法律保留的视角》，《法学评论》2006年第2期；叶海波、秦前红：《法律保留功能的时代变迁——兼论中国法律保留制度的功能》，《法学评论》2008年第4期。

性。宪法权利的保障必须通过法律和规范的具体化的相对保障模式，也受到了国外宪法学界的质疑和批判。[①] 而 Fiss 教授更是直接质疑道："如果没有相应的法律加以具体化，宪法规定的自由和权利岂不是沦为一纸空文？"[②]

（二）宪法保障

依法保障理论是近代宪法学说的主流学说，然而这一相对保障说面临的主要挑战是，法律本身是否会侵犯宪法所确认的基本权利？现代宪法学说普遍认为，宪法权利的真正宗旨是防止多数人侵犯少数人的权利，恰如杰克逊法官所言："（宪法）权利法案的真正宗旨，就是要把某些事项从变幻莫测的政治纷争中撤出，将其置于多数派和官员们所能及的范围之外并将其确立为由法院来适用的原则。人的生命权、财产权、言论自由权、出版自由、信仰和集会自由以及其他基本权利，不可以受制于投票；它们不依赖于任何选举之结果。"[③]

绝对保障说主张，宪法权利是受宪法直接保障的基本权利，不应被包括立法权在内的任何国家权力所侵犯，法律如果侵犯了宪法权利，则可能被宪法审查机关判断为违宪而无效。2000 年以来，更多中国学者开始主张宪法权利的绝对保障理论，进而区分宪法所保障的权利和法律保障的权利，[④] 将权利保障放在宪法适用的框架下进行研究。[⑤] 该学说的一个理论前设是，将宪法上的权利规范作为可直接适用的法规范，为此，大多数学者更倾向于采纳宪法解释学的方法，将宪法上的权利规范结合宪法审查过程中的具体适用做精致的解释与构造。从各国宪法实践中抽象出来的宪法

---

① See Ann Kent, Between Freedom and Subsistence: China and Human rights, Oxford University press (1993), p. 89.

② Owen M. Fiss, Two Constitutions, in H. Folsom and J. H. Minan (eds) Law in the People Republic of China: Commentary, Readings And Materials, Kluwer Academic Publishers. 1989, pp. 62 – 71.

③ ［美］史蒂芬·霍姆斯：《先定约束与民主的悖论》，载［美］埃尔斯特、［挪］斯莱格斯塔德编《宪政与民主》，三联书店 1997 年版，第 224 页。

④ 马岭：《宪法权利冲突与法律权利冲突之区别》，《法商研究》2006 年第 6 期；马岭：《宪法权利与法律权利：区别何在？》，《环球法律评论》2008 年第 1 期。

⑤ 有关宪法审查制度对于宪法权利保障的意义，可参见 Wojciech Sadurski, Judicial Review and the Protection of Constitutional Rights, Oxford Journal of Legal Studies, 2002, 22 (2): pp. 275 – 299.

权利适用的逻辑结构理论，被学者们广为接受。[①]

根据绝对保障说，对宪法权利“通过法律的保障”和“依据法律的限制”其实是一体两面，法律对权利的行使方式等做出具体规定时，这种规定多数情况下也是限制。比如，《集会游行示威法》对游行示威的权利行使方式规定，显然也是一种法律上的限制。和任何权利一样，宪法上的权利也并非是完全没有界限的，而是存在受法律限制的可能性。然而，作为一种宪法规范的宪法权利约束所有国家机构，对立法机关同样有约束力，立法虽然可以对宪法权利的具体行使方式做出规定和限制，但这种限制本身也应当受到限制（对限制的限制），如果立法对基本权利的限制超出了宪法所允许的限度，则构成违宪。

综上，宪法权利保障的逻辑结构是：宪法权利的保障—限制—对限制的限制。在这种学说的基础上，一些中青年学者综合比较了各国宪法权利的具体适用，抽象出其中共同的方法并结合我国宪法上的权利条款以及法律体系，进行比较法意义上的解释。[②] 当然，宪法保障说也并不排除对宪法权利依据法律进行保护，比如宪法权利同样对应着国家的保护义务，需要国家制定法律，构建特定的保障制度来实现。如果国家消极地不制定法律，没有实现对权利的充分保障，则可能构成对宪法义务的违反。但如前所述，这种法律的保障最终需要受到宪法本身的再保障。

（三）宪法权利与法律体系的自我完善

由于宪法权利的价值关联性，宪法权利被认为是一种原则性的权利，存在着从道德权利提升到法制度化权利的开放部分。[③] 一方面，宪法权利为国家权力划定界限，是国家行为合法的条件，即作为条件规范的宪法权利；另一方面，宪法权利也是国家行为的目的，国家为了实现这种价值目

---

① 林来梵、季彦敏：《人权保障：作为原则的意义》，《法商研究》2005 年第 4 期。

② 代表作品如，张翔：《基本权利的规范建构》，高等教育出版社 2008 年版。

③ See Robert Alexy, Constitutional Rights, Balancing, and Rationality, Ratio Juris. Vol. 16, No. 2 June (2003); Michal S. Moore, Nature Rights, Judicial Review, and Constitutional Interpretation, Legal Interpretation in Democratic States, Jeffry Gold Sworthy and Tom Campbell, ed. Dartmouth (2002), pp. 207 - 223.

标需要积极作为，即作为目的规范的宪法权利。[①] 而恰恰是宪法权利的这种价值关联性，使得完整的法律体系可以通过金字塔顶端的宪法规范对下位规范的合宪性控制，进行法律体系内的自我反思和完善，从而打通了自然法与实证法之间的隔阂。据此，作为法律体系顶端的宪法规范具有了连接自然法的曲径通幽之处，缓解“恶法非法”和“恶法亦法”之间的紧张。

既然宪法权利是自然权利的法定化，一种价值关联的权利，那么宪法权利本身的正当性从何而来？对于这种追问的回答促发了商谈法治国理论的出现，其中典型的代表是哈贝马斯的程序性宪法理论。[②] 根据这种程序性宪法理论，宪法基本权利体系的逻辑起点，乃在于商谈原则和法律形式相互交叠的结果，二者可归结为法律形式化的民主原则，作为根本规范的人权可通过法律体系本身被塑造。[③] 当然，为达成可普遍接受的价值共识，上述理论必须预设一种“理想的商谈情境”。换言之，必须保障商谈程序本身的公开、平等、无强迫性。如此通过商谈形成宪法权利体系的过程和对特定权利的保障就构成了一个循环的回路：在宪法案件之中对于具体权利的保障，最终也会影响整个宪法权利体系的内涵，而通过法律体系对宪法权利不同层次的保障，最终又会形成法律体系本身的规范基础。

由此看来，宪法权利也并非具有固定不变的内涵，而只是一种相对确定的、同样可以通过社会沟通和商谈改变的价值共识。而所谓宪法规范和法律体系随社会事实而变化，并不是规范对事实的妥协，而是通过现实之中无处不在的商谈生成新的规范的过程。这种商谈可以产生新的价值共识，进而影响宪法规范和法律体系的变动。经由商谈程序来确定根本规范，一方面可以回避对于法律规范的价值追问无限递归的困境，同时又可兼顾到法律规范的“事实关联性”，将规范的变动置于现实世界动态的沟

---

① Niklas Luhmann, Law as Social System, Oxford University Press (2004), pp. 196 – 203.

② 此外也有许多学者不谋而合的以类似的方法论基础重构宪法理论，如伊利、桑斯坦、米歇尔曼，学界往往将其与哈贝马斯理论相提并论，共称为“程序性宪法理论”。对此理论的一个综述，见 David M. Beatty, The Ultimate Rule of Law, Oxford University Press (2004), pp. 15 – 25。

③ ［德］哈贝马斯：《在事实与规范之间》，童世骏译，三联书店 2003 年版，第 148—149、180—181 页。

通和交往过程之中，从而解决规范变动的正当性难题。通过这种反思完善机制，以宪法权利为价值核心的法律体系可以适应社会的变迁和发展，有效缓解法律所规范的社会事实与法律规范变动之间的悖论。

如上所述，宪法权利的保障以及通过宪法权利实现法律体系的“自创生功能”，都有赖于具有实效性的宪法审查制度作为关键性的整合机制。① 而反观当下我国，具有实效性的宪法审查制度则尚付阙如。宪法将审查法律法规合宪性的权力授予了全国人大及其常委会，而根据《立法法》第90条第二款的规定，公民或其他组织也可以提请宪法审查。然而迄今为止，有权机关并未作出任何具有法律效力的宪法性判断或决定。这种现状自然影响着法律体系的自我反思和完善机能。为此，一个具有实效性的宪法审查制度，对于宪法权利保障和社会主义法律体系完善的重要意义，自不待言。然而另一个问题是，在正处于从“人治”向形式法治所要求的“规则之治”过渡阶段的我国，通过宪法审查推翻民主程序制定的法律，可能对形式法治要求的“依规则治理”的价值目标，构成一定程度的冲击。特别是承担法律制定功能的代议机关同时也是最高权力机关的社会主义国家，则尤其需要在制度设计上考虑如何缓和宪法权利的价值关联性与形式法治之间的紧张关系。

### （四）学说的前瞻性与制度瓶颈

当下我国宪法学界，上述宪法保障说正在被越来越多的学者所倡导，然而宪法直接保障的前提是通过宪法审查机关对法律本身的合宪性做出判断，方能对宪法权利加以最终的保障，而欠缺有时效性保障的宪法审查制度，成为这一学说所面临最大的制度瓶颈。恰恰是受制于这种缺陷，绝对保障理论在当下中国因为欠缺实效性的宪法审查制度而没有用武之地，沦为一种仅仅停留在学说层面上的“屠龙绝技”。从宪法权利保障的现实需要来看，这也是宪法学研究中出现“违宪审查热”的原因之一。为此，学界对宪法权利的研究往往也同时伴随着对宪法审查制度的呼唤，比如，2003年6月在上海交通大学召开的“孙志刚案与违宪审查”学术研讨会，就是例证之一。

正是由于欠缺宪法审查制度的支撑，学界对宪法权利的研究仍然不乏

---

① Barry Friedman, Dialogue and Judicial Review, 91 Mich. L. Rev. 577 (1993).

寻求宪法权利在一般法律层面的实现，以宪法与部门法的关系以及宪法权利在部门法领域的效力来进行研究，比如，宪法权利在民事领域的适用问题，① 宪法权利在其他法律部门中的效力问题。② 不可否认，在欠缺制度的直接保障前提下，透过基本权利的间接效力说和在司法实践中运用合宪解释的方法，同样也可收到保障宪法权利的良好效果。由于现实制度的滞后性，宪法权利的相对保障理论在我国仍有一定的积极意义。因此，持论平稳的学者倾向于主张宪法权利的折中型保障。即，一方面承认依据法律的保护是宪法权利保障的重要途径，同时主张宪法的直接保障才是宪法权利保障的应然状态，进而致力于研究宪法权利适用的原理与技术，为宪法审查制度的激活提供支持。③

## 第二节　中国宪法权利理论的基本构成

一般而言，宪法是国家的根本法，处于法律体系的顶端。那么宪法本身的正当性何在？宪法之上有没有法？对这种追问的回答，最终可能不得不承认某种超实证规范的“根本规范”或“高级法”。④ 其实，承认实证法律体系的道德关联性，是现代法学摆脱严格实证主义影响后的一个重要特征，也有学者称之为“自然法的复兴”。通观各种自然法的学说和理念，其中自然权利构成了自然法的核心。⑤ 如拉德布鲁赫所言，自然法是建立在特定人类权利之上，先于国家立法而存在，几乎与历史同在，由人

---

① 徐振东：《宪法基本权利的民法效力》，《法商研究》2002 年第 6 期；张翔：《基本权利在私法上效力的展开：以当代中国为背景》，《中外法学》2003 年第 5 期。

② 韩大元：《论社会变革时期的基本权利效力问题》，《中国法学》2002 年第 6 期；陈永生：《刑事程序中公民权利的宪法保护》，《刑事法评论》2007 年第 1 期；秦前红：《论宪法原则在刑事法制领域的效力——以人权保障为视角》，《法商研究》2007 年第 1 期。

③ 参见林来梵《从宪法规范到规范宪法》，法律出版社 2001 年版，第 94—98 页。

④ 参见夏勇《中国宪法改革的几个基本理论问题》，《中国社会科学》2003 年第 2 期。

⑤ 有关自然权利和自然法的理论梳理可参见［意］登特列夫《自然法——法律哲学导论》，联经事业出版公司 1984 年版。

所拥有的基本权利及人权。① 而宪法权利正是将这种先验的自然权利以法的形式加以实证化的结果。②。

## 一 宪法权利的规范结构理论研究

近年来，中国宪法学界对宪法权利的研究，更加关注作为宪法规范的基本权利在法律领域如何具体地适用。在研究方法上，更加趋向于法学的方法，相关的理论研究大量地借鉴了大陆法系国家特别是德国的宪法权利理论。从法学的角度看，宪法权利首先是一种主观公权利，即宪法上的基本权利本身仅仅是一种消极的权利。其背后的价值原理在于：个人自由的最大威胁来自于政府权；宪政的核心是“限政”（限制政府）而非“限民”（限制公民），“国家权利的行使，须予节制，而人民的（自由）基本权利，原则上是无所限制的”。③ 正是在此基础上，形成了近代以降宪法基本权利的主观防御权构造。而在现代宪法的功能取向上，基本权不仅是作为一种主观权利而存在，而且是作为一种客观价值秩序从而具有客观规范的意义。④ 宪法对基本权利的保障，在规范的延伸意义上也同时内在地蕴含了排除私人之间侵犯行为的规范内涵，由此派生出普通法律在私人之间关系上保障该权利秩序的有关规范之宪法规范上的依据。⑤ 由此，基本权利对整个法律体系产生了“辐射”效力（radiating effect）。

以此为切入点，不少学者开始关注宪法权利的不同功能地位。由于在进入现代宪法时期以后，宪法基本权的纯粹的主观防御权功能不足以应付基本权利的保障问题，许多国家的宪法实践开始引入基本权的客观价值秩序功能，承认宪法权利对私法领域的辐射效力。⑥ 在有着深厚成文法传统的德国，联邦法院在著名的“吕特案件”判决之中指出：“基本权主要是人民对抗国家的防御权，但在基本法的各个基本权规定中也体现了一种客

---

① ［德］考夫曼：《法律哲学》，刘幸义等译，法律出版社2004年版，第57页。

② Gottfried Dietze, Unconstitutional Constitutional Norms? Constitutional Development in Postwar Germany, Virginia Law Review, Vol. 42, No. 1 (Jan., 1956), pp. 1 - 22.

③ 陈新民：《德国公法学基础理论》，山东人民出版社2001年版，第288页。

④ 参见张翔《宪法权利的双重性质》，《法学研究》2005年第3期。

⑤ 林来梵：《从宪法规范到规范宪法》，法律出版社2001年版，第101页。

⑥ 张翔：《基本权利在私法上效力的展开——以当代中国为背景》，《中外法学》2003年第5期。

观的价值秩序，被视为宪法上的基本决定，有效地适用于各个法律领域。"[①] 与此相类似，在日本的宪法学理论和最高法院的宪法实践中，也接受了基本权利对私法领域的辐射效力理论。在 1973 年的“三菱树脂案件”的判决之中，日本最高法院亦认可了宪法基本权利对私法领域的间接效力说。[②] 但在美国宪法的理论与实践上，至今仍然坚持基本权利关系仅仅存在于国家和公民之间，只能适用于国家和公民之间的纵向关系而不能对私人之间有法效力。因此，只有“国家行为”（State action）方可作为基本权利的对抗对象。[③] 如果仅从表面上看，美国宪法的基本权对私法领域是没有效力的。但实际上，“国家行为”在美国宪法上是一个含义可以“收放自如”的概念，最高法院通过对“国家行为”含义的不同界定，而将许多私人行为“视同”为国家行为，从而使得宪法权利具有一种辐射效力而影响私人之间的关系。[④]

近年来的主流宪法权利理论认为，如果将宪法权利作为一种主观公权利，那么要在具体的案件之中适用宪法权利规范进行宪法推理以获得具体的宪法判断，则思考步骤如下：（1）首先，必须初步断定该具体案件的事实究竟适用何种宪法权利规范？要言之，权利主体的行为究竟处于何种宪法权利的保护范围？如作出以上宪法判断则要鉴别、判断，将案件事实涵摄至符合的宪法权利的保障领域之内，断定涉及何种具体宪法权利侵害的问题。具体而言，一方面分析可能涉及的宪法权利所保障的对象、行为与状态等要素，同时分析具体案件的事实是否符合该宪法权利保障范围的构成要件；如此“目光往返流转于”宪法规范和案件事实之间，最终确定系争行为究竟属于何种宪法权利。（2）其次，在确定系争的宪法权利后，再进一步界定该宪法权利保障领域内的法益是否受到国家行为的侵害、剥夺或限制。（3）最后，再根据宪法所允许的限制范围或审查标准，进行分析与说理，以确定是否有阻却违宪的事由（法律保留、比例原则

---

① BverfGE7，198，参见《西德联邦宪法法院裁判选集（一）》，第 100 页下。

② 参见我国台湾地区“司法周刊杂志社”编《日本国宪法判例译本》，第 262—267 页。

③ 即美国宪法理论上所谓的“国家行为理论”。See Jerome A. Barron，C. Thomas dienes，Constitutional Law，West Publishing Company（2003），pp. 562 – 574.

④ See Laurence H. Tribe，Constitutional Choices，Harvard University Press（1985），pp. 246 – 266.

等)，而后获得合宪与否的结论。简而言之，就是宪法权利案件宪法判断的三个审查步骤：保障领域—限制（侵害）—合宪事由（违宪阻却事由）。①

## 二　宪法权利的保障领域理论研究

如前所述，宪法权利案件的思考步骤首先是要确认何种行为或法益属于宪法上基本权利的保护范围或保障领域。根据宪法权利解释框架理论，宪法所确定的基本权利是一个体系，每一种基本权利都有一定的（初步）保障领域（scope）；各个不同的基本权利规范所保障的生活领域各不相同。对于基本权利的（初步）保障领域的理解，学说上虽然也曾有狭义解释与广义解释之争，但相对而言，广义说居于通说地位。狭义说主张，每一项基本权利的实际保障范围自始已经确定于保障领域之中，宪法实践中只需检验系争行为是否属于该领域范围以内，即可确定是否受到确定保障。根据有关法律规范的原则与规则的区分理论，此说属于典型的纯规则论证模式。狭义说的主张者担心，基本权利保障领域的扩大会将过多的行为作为基本权利加以保障，而导致“基本权的通货膨胀”（rights inflation)。因此将基本权利的保障领域与基本权利的实际受保护范围合二为一，主张一种实质的保护范围。这种理论运用在基本权利案件的思考步骤上，就会将通说的基本权利案件论证的三个步骤合而为——系争行为是否属于该项基本权利的“保障领域”——部分进行检讨。这种论证模式在逻辑上只有两种论证形式和结果：如果系争行为处于基本权利的保障领域之内，则受宪法保护；如果系争行为不在基本权利的保障领域之内，则不受宪法保护。但基本权利的“保护范围”的概念是否可以完全覆盖基本权利思考过程的全部？这一点很值得怀疑。同样值得反思的是，“保护范围”概念不分场合的超负荷运作是否会导致论证的模糊？从解释学的角度看，此种理论无法避免解释过程中恣意的进行概念限缩。另一方面，也可能在基本权利规范体系的形成过程之中“自限后路”，封闭基本权利法释义学的体系，限制宪法未列举权利的推定。

根据学界通行的广义保障领域说，对于基本权利的保障领域的界定，

---

① See Sabine Michalowski and Lorna Woods, German Constitutional Law: the Protection of civil liberties, Dartmouth Publishing Company Limited (1999), pp. 79 – 80.

只是提供一种初步保护的法益领域，即符合基本权利保障领域内的事项、行为应当受到初步的保障，并非意指任何处于保障领域内的行为不受任何限制的绝对保护。一行为是否受到实际的保护，尚需对该基本权利规范与限制的规范之间进行利益衡量后确定；对基本权利的实际保障范围的确定，不仅仅取决于初步的法益领域，而且取决于限制的规则。① 采纳保障领域的广义解释可以将较多的行为、社会生活领域纳入宪法层次的考量，减少随意窄化基本权利的保障领域而造成对基本权利的恣意限制。广义说将基本权利的保障领域与基本权利实际行使界限的区分，可以避免将基本权利受公权力（例如以公共利益、国家安全的理由）限制的情形过早的在基本权利的保障领域（构成要件）之中加以讨论。广义的理解基本权利保障领域，还可使公权力在限制基本权利时，负有论证说理的义务（即，国家公权力对此项基本权利给予的限制具备违宪阻却事由），从而更大程度的保障基本权利。而对于基本权利的实际受保护的范围，仍需进一步判断是否受到其他合法正当的限制。根据基本权利的一般理论，基本权利的保障领域（即所谓的基本权利的构成要件）与基本权利的实际确定性保护不可混淆。保障领域仅仅是界定静态的法益领域，而实际受保护尚需考虑针对基本权利的各种动态的公权力限制行为。

有学者在借鉴德国理论的基础上，提出了基本权利保障领域与有效保护的大致框架。其认为，由保障领域的广义解释理论而得出的保障领域和实际保障的区分理论，在逻辑上可能出现以下四种论证形式、两种结果（或者受保障或者不受保障），其列表如下：②

| 是否属于保障范围之内 | 是否受到合法正当的限制 | 是否受到确定的保护 |
|---|---|---|
| 是 | 是 | 不保护 |
| 是 | 否 | 保护 |
| 否 | 是 | 不保护 |
| 否 | 否 | 不保护 |

① 所谓“基本权利是原则与规则的结合”，见 Robert Alexy, A Theory of Constitutional Right, Oxford University Press (2002), pp. 44 – 66。

② 林来梵、翟国强：《论基本权利的竞合》，《法学家》2006 年第 5 期。

## 三　宪法权利的保障原理：限制的限制

如上所述，宪法权利的保护范围或保障领域和在具体案件中特定的宪法权利是否实际受到法律保障，是不同层面的问题。前者是确定是否可以依据宪法权利规范作出判断的问题，后者则是这种判断的法律结果。从法律规范逻辑上看，宪法权利的初步保障是一种原则，但是法律或其他国家行为可以对其进行限制，这构成了原则的例外。然而，这种限制本身又必须遵守宪法所确认的界限或程度，即所谓“对限制的限制”。对此有宪法学者提出了基本权利保障理论的思考框架，即对限制的限制，认为：

“对限制的限制，其实就是一种保障，一种法规范理论意义上的保障。它既是通过尽力解决保障与限制之间的紧张关系而对保障理想的一种复归，也是广义上的人权保障的最后一道关隘；它虽然只能提供事后性的人权救济，但却能给侵权行为的事发提出有效的警示和合理的限制准则，促使侵权者自觉提前进行自我约束……法学所应关注的人权保障的主题，与其说是那种单纯的、泛泛而谈意义上的人权保障，倒不如说就是这个‘对限制的限制’这种转化形态上的人权保障。”①

这种对限制的限制标准，就是通常所说的宪法权利限制的“审查基准”。其中，宪法权利限制的比例原则所包含的各种强度不同的基准，构成了一个特殊的宪法规范体系。比例原则作为一项公法上的原则，已经被广泛的引入各国宪法权利保护的法律实践中，在不同的保护模式下，其表现各不相同。除了比例原则之外还有法律保留原则、法律明确性原则等基准也是对限制宪法权利的限制标准。此外，就不同种类的宪法权利而言，对限制的限制基准还有很多不同形态，比如，在保护言论自由领域适用的“明显且即刻的危险”基准、禁止事前抑制原则、禁止过度广泛原则等。

在通过宪法审查制度来保障宪法权利的制度下，针对不同的宪法权利领域，可分为若干宽严程度不同基准，而且每一基准内涵的不同构成要件之间，有着适用的先后顺序，在具体审查过程之中，法院“对号入座”适用不同基准得出宪法判断。在早期宪法权利案件中，发展出来的双重基准理论是其雏形。所谓宪法权利限制的双重基准理论，是指对于那些具有

---

① 林来梵、季彦敏：《人权保障：作为原则的意义》，《法商研究》2005 年第 4 期。

较高价值位阶的宪法权利，必须予以更高程度的保护，因此对于限制这些宪法权利的法律和国家行为，必须进行非常严格的审查。而对于那些涉及经济、社会权利保障的经济领域的立法，采取较为宽松的审查标准。在双重基准的基础上，各国宪法审查机关根据宪法权利类型和具体内容不同，发展出来了三重基准体系。其实三重基准也只是一个极其简化的分类，就不同类型的权利而言，又可分为不同强度和密度的审查基准。比如，以平等权保护为例说明美国宪法权利保障，这种基准根据强度不同大致可分为严格审查基准、中度审查基准、合理性基准等类型，而且在不同领域这种基准的类型也大不相同，以平等权领域的审查基准为例，又可细分为四类，每一类对立法目的的正当性以及目的和手段关联性的要求也各不相同。

## 四　宪法权利的类型理论

宪法权利体系是由不同类型的基本权利规范构成，为减少权利适用中的难题，如何构建一个逻辑严谨、类型明确的权利体系，是各国公法学的重要课题之一。有关宪法权利的类型理论影响较为深远者，可首推德国公法学家耶利内克的地位理论，耶氏从个人与国家之间的关系的角度出发，将个人与国家的关系在逻辑上分为四种：消极关系、积极关系、主动关系、被动关系。[①] 基于第一种关系，个人相对应的享有避免国家干涉的自由权，而基于积极关系，个人可以主张请求国家救济的权利。主动地位对应的是参政权，即个人主动接近国家的自由；被动地位对应的是个人的基本义务。

耶利内克的“地位理论”是一种被德国公法学界所广为关注的学说，其对于日本公法学和我国台湾地区的公法学的影响也极为深远。在继承了耶氏理论的基础上，日本的美浓布达吉教授进一步认为，宪法权利可以分为如下类型：基于国家成员而享有的参政权；受益权；自由权；人格的平等权。[②]

宪法权利类型化的意义，在于使得基本权利的规范体系可以明确为社

---

① 有关该理论介绍可参见李建良《基本权利的理念变迁与功能体系——从耶利内克“身份理论”谈起》，《宪政时代》第29卷第1期。

② 参见阿部照哉等著《人权》，第33页。

会所知悉，增加法的明确性，同时使得宪法权利的法律适用较为容易操作。然而，也不可过度地迷信严格的分类，而忽视了宪法权利体系实际上是具有互相补充、互相促进的特点。各种宪法权利之间，并不存在严格的界限，并非具有相互排斥的性格，而是相互补充相互关联。

宪法上的基本权利一般是指宪法规范所确认的基本权利。① 鉴于宪法权利的普遍性与多样性，② 各国宪法都将基本权利加以类型化，继而通过法教义学来阐释而形成一个更加周密的宪法权利的规范体系。通过这样的体系化，可以使宪法权利在个案运用上能条理分明，并在论述时有一理想的思考层次。③ 即公法学上所谓的“基本权利理论体系”之建立，这方面在德国已有相当成熟之发展，德国著名公法学家耶利内克的《主观性公权的体系》可谓典型代表。从规范宪法学的角度看，这种体系化自然应当以本国宪法上的基本权利规范体系为基础，而致力于确立一个“具有内在逻辑性、整合性以及自我完结性的基本权利体系”④。这种宪法权利的体系化，对于解释基本权利形成宪法学的实证品格，固然有着重要价值。

宪法权利体系化的方法一般可分为两种：由上至下演绎的方法和由下而上、总结归纳的方法。⑤ 前者多是由法哲学的角度推演出权利的类型，直至具体的权利；后者是由法教义学角度以实际存在的宪法权利规范为依据来体系化⑥。虽然演绎的体系更加关注人类应然的世界，但在终极意义上，只是一个道德性的理论体系，对于一国之内现实的宪法实践，并不能提供直接的智识支持。而后者以一国现实存在的宪法权利规范体系为起点，可形成实证的宪法权利体系。虽然此种体系化路径由于将规范体系外的价值

---

① 参见林来梵《从宪法规范到规范宪法：规范宪法学的一种前言》，法律出版社2001年版，第75页。

② 参见［英］A. J. M. 米尔恩《人的权利与人的多样性——人权哲学》，夏勇、张志铭译，中国大百科全书出版社1995年版，第56—71页。

③ 参见李建良《基本权理论体系构成及其思考层次》，《人文及社会科学集刊》第9卷第1期。

④ 林来梵：《从宪法规范到规范宪法：规范宪法学的一种前言》，法律出版社2001年版，第92页。

⑤ 参见黄茂荣《法学方法与现代民法》，中国政法大学出版社2001年版，第434页。

⑥ 我国宪法学多采用这种归纳法。参见许崇德，前引书，第147页。

因素隔离，可能忽视规范外部的价值。但如果能够基于价值与事实适度区分的立场，以宪法权利规范为起点，同时借助于宪法权利规范的开放构造，将规范体系外的价值通过宪法解释学加以填补，亦可使宪法权利规范的体系实现其“储藏价值”① 的功能。② 宪法基本权利规范体系的这种开放性构造，正是以宪法基本权利规范为轴心构建宪法权利体系的前提。如此，可避免将宪法典之中的宪法权利条款理解为封闭的规则体系；既可以实证的宪法基本权利的体系为轴心，构建形成宪法权利的法释义学；③ 又可同时兼顾宪法权利的价值形态，而避免走进传统概念法学的阴影。

## 五　宪法权利的冲突与竞合理论

宪法权利的冲突是指在具体案件中，某个基本权利的保障需要以另外一个基本权利的牺牲或让步才能实现。比如，在名誉权侵权案件中，言论自由与人格尊严的冲突等。④ 宪法上的基本权利是一个体系，各种基本权利及各种原则在意义上彼此相关，因此可相互补充、相互限制；甚至也会相互冲突。这正是德国宪法法院一再强调的基本权利作为“客观价值秩序”原因之所在。⑤ 也正是基于整合基本权利价值秩序的目的，我国《宪法》第 51 条规定：“中华人民共和国公民在行使自由和权利的时候，不

---

① 黄茂荣：《法学方法与现代民法》，中国政法大学出版社 2001 年版，第 454 页。

② 比如，通常意义上的“言论”、“住宅”概念，是一个只包含事实判断、不带任何价值评价的“裸的”行为概念。但作为宪法权利构成要件的行为“言论”、“住宅”等，就不是价值无涉的自然的行为概念，而是一个带有规范上的价值评价的概念；二者不可混为一谈。当该行为符合宪法的价值体系，宪法予其以积极之评价，可能将通常意义上不属于“言论”的行为拟制为“言论”。

③ “基本权利的法释义学”为德国宪法学上的概念；即阐明宪法基本权利规定的内涵，建立其体系架构从而建立基本权利解释与适用理论的学问。参见李建良《基本权理论体系构成及其思考层次》，《人文及社会科学集刊》第 9 卷第 1 期。而在美国宪法学上亦有“fundamental rights jurisprudence”的类似概念，See Stephen M. Griffin, American Constitutionalism: from theory to politics, Princeton University Press (1996), p. 172。

④ 国内有关宪法权利冲突的讨论文献，可参见张翔《基本权利冲突的规范结构与解决模式》，《法商研究》2006 年第 4 期；马岭《宪法权利冲突与法律权利冲突之区别》，《法商研究》2006 年第 6 期；徐振东《基本权利冲突认识的几个误区——兼与张翔博士、马岭教授商榷》，《法商研究》2007 年第 6 期。

⑤ See Tomas C. Grey, Judicial Review and Legal Pragmatism, 38 WAKE FOREST L. REV. 473, pp. 497 – 507 (2003).

得损害国家的、社会的、集体的利益和其他公民的合法的自由和权利。”

宪法权利是一种潜含的法律原则，对国家的法律体系具有效力，这个法律体系甚至包含了一度被认为是自治原则优先的私法领域。① 宪法权利的冲突是原则的冲突，而原则的冲突欲得到解决，必须于具体案件之中考量各原则背后的价值取向。而对于原则的冲突，应于事实及法律可能的范围内尽可能实现之。根据德国公法学家阿列克西的宪法权利理论，在诸原则相互矛盾的情形，每一原则应当向其他原则让步，直到两者都可以得到最大化的实现（“最佳状态命令”或“最佳化戒命”）。②

宪法权利的竞合关系，一般是指，一个宪法权利主体的一个行为同时被数个宪法权利所保障；③ 由此在宪法权利案件之中，单一的宪法权利主体向国家主张同时适用几种宪法权利的情况。④ 从宪法权利受侵害的角度看，宪法权利竞合指某种公权力措施，是否侵害宪法权利，有不同的基本权条款可供衡量。⑤ 一般情况下，一个法律行为只指向一个客体，因而只产生一种法律效果，宪法对该行为只给予一种评价。但在特定条件下，某种行为可能同时指向多个法益，宪法自然据此多种效果而给予多重评价。这反映了法律对一行为导致多效果的多重评价。这种评价在其他法律领域亦为常见，如合同之债与侵权之债的竞合，这实际上是对一行为同时作合同法与侵权法上之双重评价。因此，对于一个国家行为造成（或可能造成）多种危害结果、侵犯数个宪法权利之情况，在宪法上就给予多重之评价，由此即产生宪法权利的竞合。

宪法权利竞合与宪法权利冲突有许多相似之处。比如，从规范适用的角度观察，二者都体现为一种规范的选择适用关系，都可谓是一种一般法学方法上广义的规范冲突。而且，从宪法权利体系的视角看，二者都涉及

---

① See Tomas C. Grey, Judicial Review and Legal Pragmatism, 38 WAKE FOREST L. REV. 473, pp. 497 – 507 (2003).

② See Robert Alexy, A Theory of Constitutional Right, Translated by Julian Rivers. Oxford University Press (2002), p. 48.

③ 法治斌、董保城：《宪法新论》，元照出版公司 2004 年版，第 195 页；李惠宗：《宪法要义》，元照出版公司 2001 年版，第 121 页。

④ ［韩］权宁星：《基本权利的冲突与竞合》，韩大元译，《外国法译评》1996 年第 4 期。

⑤ 吴庚：《宪法的解释与适用》，三民书局 2004 年版，第 174 页。

相同体系内不同宪法权利之间的比较关系。但是二者毕竟属于宪法权利体系矛盾的不同层面，因而其差异也较为明显。有学者总结，至少有以下几点差异：①

(1) 所涉及的权利主体不同：宪法权利竞合是如何确定特定单个宪法权利主体适用何种宪法权利规范的问题；而宪法权利冲突则可能是数个不同宪法权利主体所主张的宪法权利之间的冲突。

(2) 案件思考步骤的先后顺序：冲突是宪法权利规范与事实确定对应关系以后，两种不同宪法权利之间权重（weighty）的衡量。

(3) 如果根据德沃金和阿列克西有关规则/原则的区分理论，竞合问题的厘定整体上倾向于规则的推理（reasoning with rules），而冲突问题的解决则可能更倾向于原则的衡量（balance with principles）。

(4) 宪法权利冲突关系是一种规范形式上的非此即彼，即一种对立关系。而宪法权利竞合可能是一种规范形式上亦此亦彼，即共生关系。

(5) 根据拉伦茨关于法规范内部体系和外部体系的区分：宪法权利冲突是一种权利规范内部体系的价值冲突，即不同宪法权利规范所保护的各种法益之间的冲突；而宪法权利竞合是权利规范外部体系的逻辑矛盾，即规范成文化或规范化解释体系的形式问题。

(6) 如果从二者不同的解决方法看，只有利益衡量的方法是可用通用的方法；宪法权利价值位阶方法仅仅可以适用于宪法权利的冲突的场合，而不适用于宪法权利竞合。而特别法排除普通法的规则仅仅可以适用于解决宪法权利竞合，而不可以用于解决宪法权利冲突。

从规范适用的角度，我们可以将宪法权利竞合的类型作如下初步分类：宪法权利的聚合与规范排除的竞合。宪法权利的聚合，即指宪法权利主体所主张的各项宪法权利，其要件都可以分别成立并独立存在；因此在案件中当事人可以同时主张竞合的所有宪法权利都受到侵害。比如，国家以侵入住宅的方法扣押财产同时造成两种宪法权利受到侵害：住宅自由和财产权。宪法权利规范排除的竞合，是指一个宪法权利主体的一个行为同时被数个宪法权利条款所保障，数个宪法权利之间有相互交错或重叠之处，因此在适用宪法权利规范时，只适用其中一个宪法权利规范而排除其

---

① 林来梵、翟国强：《论基本权利的竞合》，《法学家》2006 年第 5 期。

他宪法权利规范的适用。比如，宗教结社行为可以同时被宗教信仰自由和结社自由涵摄，却只能适用其中一个宪法权利规范。

上述两种宪法权利竞合的类型，第一种类型比较简单，宪法判断的思考步骤与单一性宪法权利案件判断的思考步骤相同，只是不同宪法权利分别进行判断。该类型一般上是指，自然观念上的“同一个行为”同时受到几个宪法权利规范所涵摄保障，而且必须受到数个宪法权利保障。从可被限制的方面看，在于可否被不同的国家行为单独限制。如果是宪法权利的聚合，国家行为所侵犯的数个法益可以独立存在；在逻辑上，案件之中的每一个宪法权利都可以单独被限制而保留其他宪法权利。在一般法学方法而言，如果没有一个规范是穷尽性的规定，当两个规范的构成要件重合，而且法效果并不排斥时，则二者可以并行适用。① 而需要进一步分析的是第二种类型。前文已述，宪法权利竞合在宪法推理的过程中处于案件思考的第一个步骤——将案件的事实涵摄到符合的宪法权利。此时判断者需要“目光往返流转于”宪法规范和案件事实之间，最终确定系争行为究竟属于何种宪法权利。综上所述可以得出宪法权利竞合的分类列表如下：②

<table>
<tr><td rowspan="3">宪法权利竞合</td><td colspan="3">宪法权利的聚合</td></tr>
<tr><td rowspan="2">规范排除的竞合</td><td>规范之间的包含与交叉关系而产生的规范排除竞合</td><td>包容竞合<br>交叉竞合</td></tr>
<tr><td colspan="2">由于案件事实复杂而形成的规范排除竞合</td></tr>
</table>

就解决方法而言，宪法权利聚合解决方法适用平行审查，而规范排除竞合适用合并审查。所谓合并审查，即一次将两相竞合之基本权合并适用、审查，使其并合发生作用。与合并审查不同的是，平行审查基本上只是把两相竞合基本权拆开来分别审查，也就是先审查有无抵触甲基本权，未抵触者再审查有无抵触乙基本权，其特点将两相竞合基本权视为永不相

① 卡尔·拉伦茨：《法学方法论》，陈爱娥译，商务印书馆2003年版，第147页。

② 林来梵、翟国强：《论基本权利的竞合》，《法学家》2006年第5期。

交的两条并行线，不认为彼此间会发生任何影响和作用。[①] 而合并审查因使竞合基本权并合发生作用，从而观察到所谓“价值聚积”的现象，既属“价值聚积”，则特别是在适用比例原则审查国家干预人民基本权之必要性的场合，其分量重于个别单独发挥作用的基本权。[②]

## 第三节　宪法权利理论回顾与展望

中国宪法权利理论的研究成果已经颇具规模，这些不断趋于精致化的研究大胆借鉴了国际宪法学界最前沿的研究成果。如果抛开中国语境，这种研究甚至已经实现了与当今西方宪法权利理论的接轨。但诸种与国际接轨的理论在解释宪法权利保障的现实时，反而显得有些力不从心。诚然，借鉴各国宪法学说，对于中国这样一个“宪政发展中国家”的现实意义自然不可低估。但是，对于这种产生于西方特定历史阶段的种种宪法权利学说的借鉴，仍需结合我国立宪主义的历史课题和法治发展的阶段来看宪法权利理论。

### 一　宪法权利总论的发展回顾

中国宪法权利理论研究在方法论上的一个重要的发展趋势，就是从传统的超越体制的法哲学方法逐渐过渡到内部视角的解释学方法。随着中国宪法学研究的进一步精致化，宪法学者更多地关注在既有宪法条款基础上研究宪法权利的具体保障问题，换言之，即把宪法上的宪法权利规范作为有效的法规范加以研究，而非仅仅从法哲学角度研究其道德基础和正当性。与此相关联，在宪法权利保障理论上，主张从依据法律的保障逐渐过渡到依据宪法的保障。在研究方法上，兼采取比较宪法学的方法，借鉴宪法权利保障制度较为成熟的国家的理论来展开研究。[③] 在宪法权利理论的研究方面，不少中青年学者开始关注国外宪法权利保障的制度和理论，特别是结合宪法审查制度来研究宪法权利的宪法保障制度。由于国外的宪法

---

① 刘建宏：《德国法上的职业自由》，《宪政时代》第18卷第2期。

② 陈泽荣：《国家对商业性言论管制界限》，成功大学硕士论文。

③ 翟国强：《新中国宪法权利理论发展评述》，《宪法研究》（第十一卷），黑龙江大学出版社2010年版。

制度和宪法上的宪法权利体系与我国宪法上规定的宪法权利体系不尽相同，这些研究大多是从方法论的角度切入，研究宪法权利保障以及宪法权利的解释原理。当然，也有从具体宪法权利条款和宪法权利案件切入，对我国特定的宪法权利条款从比较法的角度，在有所取舍、谨慎扬弃的基础上，进行解释学研究。

（一）宪法权利方法论的研究

宪法权利的法解释学不是简单地对宪法权利条款进行解说，而是以权利规范如何在法律上进行适用这一问题导向为出发点进行理论建构。对宪法权利方法论进行研究，应解决的首要问题是分析宪法权利案件的框架。2000年以后，中国宪法学界对宪法权利的研究，更加关注作为宪法规范的宪法权利在法律领域如何具体的适用。① 在研究方法上更加趋向于法学的方法，相关的理论研究大量地借鉴了大陆法系国家特别是德国的宪法权利理论。

近年来，以一些中青年宪法学者为代表，宪法学界开始建构宪法权利思考的理论框架。较早被引入宪法学研究的宪法权利方法论，是德国的宪法权利双重性质理论。所谓双重性质，指的是基本权利具有防御权和客观规范两种性质。根据立宪主义的一般原理，个人自由的最大威胁来自于政府权；宪政的核心是“限政”（限制政府）而非“限民”（限制公民），“国家权利的行使，须予节制，而人民的（自由）基本权利，原则上是无所限制的”。② 宪法中关于国家目标、国家权限等方面的规定通常不可优先于宪法权利适用，而只能在宪法权利体系的框架内发挥效力。③ 正是在此基础上形成了近代以降宪法权利的主观防御权构造。而在现代宪法的功能取向上，基本权不仅是作为一种主观权利而存在，而且是作为一种客观价值秩序从而具有客观规范的意义。④ 这种双重性质理论主要借鉴了德国宪法学和德国宪法法院判决中所采纳的宪法权利分析框架，结合我国宪法上的宪法权利体系，提出了思考中国宪法权利问题的一个宏观上的框架体

---

① 林来梵：《从宪法规范到规范宪法》，法律出版社2001年版。

② 陈新民：《德国公法学基础理论》，山东人民出版社2001年版，第288页。

③ 陈征：《国家从事经济活动的宪法界限：以私营企业家的基本权利为视角》，《中国法学》2011年第1期。

④ 参见张翔《宪法权利的双重性质》，《法学研究》2005年第3期。

系。在这种分析框架的指导下，围绕宪法权利的功能、宪法权利的国家义务、宪法权利的构成、限制、竞合、冲突等问题，进行了从宪法文本开始的规范建构，尝试建立一套逻辑完整的宪法权利的宪法解释框架，厘清宪法中宪法权利条款的规范内涵、规范结构，使宪法权利成为可以适用的规范。①

与上述这种研究比较相近，一些有着德国学术背景的青年学者，对德国宪法学上宪法权利方法论的研究也值得瞩目。这些研究对德国宪法权利理论的防御权功能、客观价值功能以及宪法权利的国家保护义务等功能，进行了更加详尽的研究。② 除了借鉴德国宪法权利的一般理论进行研究外，也有学者从一般法律逻辑出发，来研究宪法权利理论，分析权利类型和逻辑形式，为宪法权利规范的适用提供方法论支持。③

（二）司法导向的研究

宪法权利保障和救济的理想途径是司法程序，因此，不少宪法学者主张通过诉讼程序对宪法权利进行救济。十年来，学界对宪法权利的研究逐渐过渡为一种司法导向的研究，宪法权利理论逐渐从抽象的价值层面研究过渡到宪法适用的视角，即对宪法权利如何适用于具体案件的研究。

宪法权利的宪法保障制度有赖于一个实效性保障的宪法审查制度，司法导向的研究是以宪法法院为理想的制度依托，通过司法性的宪法审查保障宪法权利。因此如何在案件中判断国家权力是否构成了对宪法权利的侵害，是宪法权利理论的一个关键问题所在。对此，德国宪法学理论上的比例原则提供了一个思考的框架。④ 在比例原则的大框架下，一些学者开始

---

① 张翔：《基本权利的规范建构》，高等教育出版社 2008 年版。

② 参见陈征《基本权利的国家保护义务功能》，《法学研究》2008 年第 1 期；赵宏《作为客观价值的基本权利及其问题》，《政法论坛》2011 年第 2 期；赵宏《限制的限制：德国基本权利限制模式的内在机理》，《法学家》2011 年第 2 期；赵宏《主观权利与客观价值：基本权利在德国法中的两种面向》，《浙江社会科学》2011 年第 3 期。

③ 余军：《宪法权利的逻辑构造——分析法学的诠释》，《法学》2005 年第 3 期。

④ 张翔：《基本权利限制问题的思考框架》，《法学家》2008 年第 1 期；赵宏：《限制的限制：德国基本权利限制模式的内在机理》，《法学家》2011 年第 2 期。

思考宪法审查机构对国家限制宪法权利的行为的审查标准。研究该问题的学者有的以德国审查模式为素材进行研究，对德国宪法法院保障宪法权利的比例原则进行精细化研究；也有学者侧重对美国或者日本法院的审查基准进行归类研究。其中何永红对宪法权利限制的审查基准研究，比较系统地研究了德国、美国和日本两种模式下，宪法审查机关适用的审查基准及其衍生出的次级审查基准的内容构成和类型化过程；并结合学说与审判实务观点，对二者的法理基础进行透析和反思，通过两种模式的审查基准的结构—功能比较，结合我们宪法文本特征、制度和政策环境以及具体宪法权利的时代性课题，提出了建立我国审查基准的类型化体系的具体设想。①

现行宪法虽然规定了宪法审查制度，但是实际上该制度并未真实有效地运作起来，通过宪法审查制度来保障宪法权利的思路，在当下中国遭遇了制度上的障碍。正因如此，宪法学界对宪法权利理论进行司法导向的研究，还有另外一种思路，那就是在宪法审查制度没有实际运作，且司法机关又没有违宪审查权的制度下，如何保障宪法权利。有学者指出，在没有设立宪法法院的国家，普通法院是为宪法权利提供司法保护的唯一途径，我国法院应当通过三种方式为宪法权利提供司法保护：如果法律有保护宪法权利的具体规定，法院应当直接适用法律；如果法律对宪法权利的保护只作了抽象规定，法院应当对有关抽象立法进行合宪解释之后予以适用；如果法律没有作出保护宪法权利的任何规定，法院可以直接适用宪法的宪法权利条款。② 特别是在一般法院没有违宪审查权的情况下，通过运用合宪性解释的方法，将作为客观规范的宪法权利间接地适用于普通法律案件，也可以实现对宪法权利的有效保障。③

（三）以规范为起点的研究

中国宪法权利法解释学的起步研究，是以宪法文本和规范为起点，尝

---

① 何永红：《基本权利限制的宪法审查：以审查基准及其类型化为焦点》，法律出版社2009年版。

② 谢立斌：《论法院对基本权利的保护》，《法学家》2012年第2期。

③ 张翔：《两种宪法案件：从合宪性解释看宪法对司法的可能影响》，《中国法学》2008年第3期。

试对宪法权利规范进行学理性解释。[①] 这些研究大多结合宪法权利的价值和功能，通过比较不同国家宪法上的宪法权利体系，对我国宪法上规定的宪法权利进行学理解释。这种以规范为起点的研究，至少包括以下两种研究方法。一是以中国宪法文本和宪法规范为起点进行研究，通过回顾中国宪法制定的历史、文化、社会背景，结合中国社会的发展现状，来对中国宪法上的宪法权利条款进行学理解释。二是基于比较法的角度，从其他国家的宪法文本出发，通过对宪法规范背后的经济、政治、文化背景的比较分析，结合我国宪法上的宪法权利条款，得出解释方案或者学说体系。

在具体的研究中，宪法学者对于上述两种方法往往是结合运用。但是最近十年以来，侧重从比较的角度来对我国的宪法权利体系和规范进行分析和解释，成为学界一种趋势。而且，根据比较法上源流的不同，大致可以分为德国、日本流派和英美法系流派。前者更加注重宪法权利解释理论的体系性，因此所提出的解释学说更加逻辑严谨。后者更加注重结合具体的宪法权利案件，对特定宪法权利保障进行具体化研究。

此外，宪法学界对宪法权利进行的体系化研究是一个重要发展趋势。郑贤君对宪法权利体系的研究，是宪法学界探讨这一论题的代表性成果。她从纯粹法学方法的角度，系统地分析了宪法权利的各项原理和规范体系，以各国宪法文本为依据，结合各国学说和判例实践，对宪法权利各种理论展开了深入细致的研究。[②] 此外，在体系化研究的成果中，还有从比较法和国际法的角度，对我国宪法权利的类型和体系进行的系统研究。[③]

## 二　宪法权利分论的发展

宪法权利理论的研究包括总论和分论。总论主要是有关宪法权利的一般理论，适用于所有具体的单个的宪法权利。最近十年来，对于具体类型

---

① 比如董和平《言论自由的宪法权利属性及其功能》，《法律科学（西北政法学院学报）》1993 年第 2 期；马岭《论我国公民宗教信仰自由的法律限制》，《法律科学》1999 年第 2 期；甄树青《论表达自由》，社会科学文献出版社 2000 年版；杜承铭《论表达自由》，《中国法学》2001 年第 3 期。

② 郑贤君：《基本权利原理》，法律出版社 2010 年版。

③ 刘连泰：《〈国际人权宪章〉与我国宪法的比较研究》，法律出版社 2006 年版；秦奥蕾：《基本权利体系研究》，山东人民出版社 2009 年版。

的宪法权利进行系统精致的研究成为宪法权利理论发展的一个重要方向，可以称之为宪法权利分论或者各论。[①] 十年来，宪法权利分论的研究更加趋向于一种中国现实问题导向的研究。对于各个具体宪法权利的研究，逐步摆脱过去那种以国外制度或者宪法实践经验介绍为主的研究，而是综合运用比较研究、实证研究和规范分析，来研究具体的宪法权利，并针对中国现实问题提出具有可行性的观点和主张。[②] 十年来，宪法权利各论的研究与中国社会的权利诉求形成呼应之势，对于那些现实中诉求比较旺盛的权利，理论界的研究往往更集中。比较典型的例子是财产权、言论自由等具体权利的研究。而且相关的研究也往往更加注重现实问题导向，结合具体案件或者具体情形，对宪法权利规范如何适用进行解释学的研究。比如，晚近学界对于财产权的研究不再局限于简单的对财产权的规范内涵进行界定和解释，而是结合现实中出现的拆迁、征收等问题进行分析。[③]

（一）精细化程度不断提高

十年来，宪法学对于具体宪法权利的研究不断精细化。在内容上，这些研究范围涵盖了宪法权利的价值、历史、规范、解释、适用等方面；在研究方法上，由抽象价值分析和比较分析方法逐渐发展到结合中国语境的解释学研究；从成果形式来看，每一种类型的宪法权利都有多篇论文甚至专著[④]。

较早进行对单个宪法权利进行解释学研究的一个范例，是杜钢建《论表现自由的保障原则》。[⑤] 该文借鉴日本宪法学的宪法权利理论，对表现自由保障的法律标准进行了较为精致的解释学研究。而同样就表现自由

---

① 有关基本权利总论和分论（各论）的划分，参见郑贤君《基本权利原理》，法律出版社2010年版，第2页；林来梵《宪法学讲义》，法律出版社2011年版，第192页。

② 林来梵：《人的尊严与人格尊严：兼论中国宪法第38条的解释方案》，《浙江社会科学》2008年第3期；马岭：《宪法权利解读》，中国人民公安大学2010年版；尹晓红：《获得辩护权是被追诉人的基本权利：对〈宪法〉第125条“获得辩护”规定的法解释》，《法学》2012年第3期。

③ 张千帆：《“公正补偿”与征收权的宪法限制》，《法学研究》2005年第2期。

④ 张震：《作为基本权利的环境权研究》，法律出版社2010年版。

⑤ 杜钢建：《论表现自由的保障原则》，《中外法学》1995年第2期。

保障问题，甄树青和王四新则先后以专论的篇幅进行了研究。[①] 随着网络技术的普及和网络参与平台的不断开发更新，网络言论成为公民参与网络的重要形式并显现出极度繁荣的状态，学界对于网络与宪法权利相关的问题进行了研究。[②]

精细化趋势的另一个体现，是学界对于特定主体宪法权利保护问题的研究，比如，对纳税人、农民、公务员、未成年人等特定主体的宪法权利保护问题，结合我国的政治、经济和文化背景进行了专门的研究。[③]

除了对宪法明确列举的宪法权利进行研究外，对于宪法未列举的宪法权利的研究，也是体现理论研究精致化的一个重要标志。基于成文宪法本身的局限性和宪法权利内容的开放性，任何国家都不可能在宪法文本中将应当受到保障的宪法权利尽数列举。在宪法权利研究领域，以 2004 年宪法修正案将国家尊重和保障人权写进宪法为契机，对于宪法未列举的宪法权利问题的研究，成为学界关注的重点。[④] 有学者从我国宪法"人权条款"（即"国家尊重和保障人权"条款）在宪法规范体系中所处的位置、在中国法文化背景与当前时代背景的角度指出，宪法未列举权利条款可以在不损害宪法稳定性与宪法权威的前提下，为新兴宪法权利的保护提供规范支持。[⑤]

### （二）具体事案导向的研究

宪法权利的法解释学的一个重要特征是关注实践问题，为具体的案件提供理论上的分析方法。通过对具体的宪法权利案件进行宪法学分析来展

---

① 甄树青：《论表达自由》，社会科学文献出版社 2000 年版；王四新：《表达自由：原理与应用》，中国传媒大学出版社 2008 年版。

② 肖榕：《网络言论在公民基本权利平衡实现中的地位》，《法学》2012 年第 5 期；王四新：《网络空间的表达自由》，社会科学文献出版社 2007 年版。

③ 黄泽勇：《纳税人宪法权利研究》，《理论与改革》2005 年第 1 期；苗连营、杨会永：《权利空间的拓展——农民迁徙自由的宪法学分析》，《法制与社会发展》2006 年第 1 期；张千帆：《公务员权利的宪法保护》，《浙江学刊》2007 年第 3 期；朱林：《未成年人基本权利保护中存在的问题及对策》，《前沿》2012 年第 8 期。

④ 屠振宇：《未列举基本权利的宪法保护》，《中外法学》2007 年第 1 期；屠振宇：《未列举基本权利的认定方法》，《法学》2007 年第 9 期；王广辉：《论宪法未列举权利》，《法商研究》2007 年第 5 期。

⑤ 张薇薇：《人权条款：宪法未列举权利的"安身之所"》，《法学评论》2011 年第 1 期。

示宪法权利理论应用价值，是许多学者努力的方向。2001 年最高人民法院关于“齐玉苓案件”的批复，[①] 为中国法学界提供了一个运用宪法权利理论解释现实案件的契机。而发生在 2003 年的“孙志刚事件”、“延安黄碟案”，则引发了宪法学界对于宪法权利保障与宪法审查的强烈关注，为宪法权利理论的研究提供了现实的分析样本。[②] 围绕这些现实生活中发生的宪法事件，许多学者从宪法权利的角度进行了学理评析。比如，周伟通过对一些有重大影响的宪法平等、自由与反歧视的公益诉讼案件进行宪法学分析，结合已有的宪法权利理论，从宪法权利的学说原理、立法例和案例（事例）具体应用的三维结合，对公民权利、政治权利、经济权利、社会权利和文化权利，进行了宪法学角度的分析。[③]

这种以个案和事例为导向的思考与法学教育中的案例教学法的推广有一定关系，为提高宪法学理论对于现实问题的解释力，一些学术机构开始有针对性的选择现实生活中影响较大，具有宪法意义的事例或者案例进行宪法学角度的评析。[④] 这些案例或者事例在宪法学体系中大多属于宪法权利领域，因此宪法学界开始积极的运用宪法权利理论对这些事例进行宪法评析，将宪法权利规范理论与中国实践相结合，不断丰富和发展宪法权利理论。

（三）结合部门法的研究

宪法规定的宪法权利需要一个实际运作的违宪审查制度作为依托，才能为宪法权利提供一个完整的保障机制。现行宪法虽然在文本上也规定了违宪审查制度，但是宪法实施三十年来，有权机关尚未作出具有法律效力的宪法判断，使得通过宪法审查保障宪法权利的制度仅仅停留在文本层面。正因如此，宪法权利理论的研究由于缺乏可供分析的案例，曾一度陷入无米可炊的境地。为了走出这种困境，宪法学开始关注宪法权利在部门法中

---

① 最高人民法院《关于以侵犯姓名权的手段侵犯宪法保护的公民受教育的基本权利是否应承担民事责任的批复》（法释［2001］25 号），该案甚至引起了国外宪法学界的高度关注，见 Thomas E. Kellogg, Courageous Explorers? Education Litigation and Judicial Innovation in China, Harvard Human Rights Journal, Vol. 20（2007）。

② 参见林来梵《卧室里的宪法权利——简评“延安黄碟案”》，《法学家》2003 年第 3 期。

③ 周伟：《宪法基本权利：原理·规范·应用》，法律出版社 2006 年版。

④ 参见胡锦光编《十大宪法事案评析》，法律出版社 2011 年版。

的效力问题。[①] 2001 年，最高法院就齐玉苓案件做出的《关于以侵犯姓名权的手段侵害宪法保护的公民受教育的宪法权利是否应当承担民事责任的批复》指出，陈晓琪等以侵犯姓名权的手段，侵犯了齐玉苓依据宪法规定所享有的受教育的宪法权利，并造成了具体的损害后果，应承担相应的民事责任。受到齐玉苓案件司法解释的影响，宪法学界开始集中关注宪法权利在民事案件中的适用问题。[②] 围绕这一问题展开的理论和范畴，主要是宪法权利的直接效力与间接效力、宪法权利的第三者效力、宪法权利的水平效力、宪法权利的辐射效力、国家行为理论等。就核心观点而言，大多倾向认为，宪法权利对民事领域具有间接效力或者辐射效力。[③]

宪法权利具有主观权利与客观规范的双重属性，作为客观规范的宪法权利对于所有法律领域都具有一定辐射效力。特别是在宪法权利保障无法通过违宪审查程序进行落实的情况下，对宪法权利与其他部门法的关系方面的研究，逐渐成为宪法学界关注的重点。近年来，由于法治观念与制度等原因导致法律实践中出现的冤假错案引起社会的广泛关注，[④] 许多宪法学者对这些刑事领域的法律问题，从宪法权利保障的角度进行了研究，提出了宪法权利规范影响刑事案件的方式和途径，即作为刑事立法机关刑事法目的确立之依据、刑事司法过程中对刑事法目的作合宪性解释之依据，以及刑事法目的的合宪性审查之准据。[⑤] 在刑事案件的法律分析中引入宪法权利的论证，可以从宪法学的角度提出新的解答，从而弥补刑法解释学体系的不足。[⑥]

---

① 韩大元：《论社会变革时期的基本权利效力问题》，《中国法学》2002 年第 6 期；陈永生：《刑事程序中公民权利的宪法保护》，《刑事法评论》2007 年第 1 期；秦前红：《论宪法原则在刑事法制领域的效力——以人权保障为视角》，《法商研究》2007 年第 1 期。

② 徐振东：《宪法基本权利的民法效力》，《法商研究》2002 年第 6 期；张翔：《基本权利在私法上效力的展开——以当代中国为背景》，《中外法学》2003 年第 5 期。

③ 有关基本权利在民事领域影响的系统研究，参见张红《基本权利与私法》，法律出版社 2010 年版。

④ 周伟：《论刑事司法权利的宪法保护》，《政法论坛》2003 年第 6 期。

⑤ 参见宦吉娥《宪法基本权利规范在刑事法中的效力研究》，厦门大学出版社 2011 年版。

⑥ 白斌：《刑法的困境与宪法的解答：规范宪法学视野中的许霆案》，《法学研究》2009 年第 4 期。

## 三 宪法权利的法解释学的前景

最近几年，我国宪法权利理论研究的一个明显的趋势，就是体系化程度在不断增强。[①] 特别是随着宪法权利法解释学的兴起，通过法教义学的阐释形成一个有关宪法权利的缜密理论体系，使宪法权利在个案运用上能条理分明，并在具体案件的适用过程中能够有一个分析框架，成为宪法权利问题研究的一个努力方向。随着这种研究的逐渐深化，一个以中国实定宪法上的宪法权利规范体系为基础，具有内在逻辑性以及自我完结性的宪法权利理论体系将逐步走向成熟。

与上述发展趋势相对应，宪法权利理论研究将更多地从中国具体问题为切入点进行研究，结合案例或者事例的研究成果将不断增加。通过运用宪法权利的一般理论对案例或者事例的分析，将有助于从宪法学的角度对现实问题提供解答方案，同时也可以对理论进行检验和完善，逐渐实现宪法权利理论的本土化。在这种现实问题导向的研究与宪法权利理论的体系化趋势的相互影响下，宪法权利理论体系将进一步成熟，那种简单的以权利规范为起点的解释学研究将逐渐减少，同时简单地介绍国外宪法权利保障制度或理论的研究也将逐渐减少。

一般宪法学说认为，宪法上的权利经常存在着从道德权利提升到法制度化的权利之开放的部分，[②] 这种见地也有力地影响了世界各国的宪法实践。[③] 有鉴于宪法基本权利规范所具有的这种开放结构（open texture），各国宪法学都力图通过法教义学的阐释形成一个有关宪法权利的理论体系，使基本权利在个案运用上能条理分明，并在具体案件的适用过程中能够有一“理想的思考层次”。[④] 当然，这种体系化应当以实定宪法上的基本权利规范体系为基础，确立一个具有内在逻辑性、整合性以及自我完结

---

① 张翔：《基本权利体系化思维》，《清华法学》2012 年第 4 期。

② See Michal S. Moore, Nature Rights, Judicial Review and Constitutional Interpretation, Legal Interpretation in Democratic States, Jeffry Gold Sworthy and Tom Campbell, ed. Dartmouth (2002), pp. 207 – 223.

③ Thomas C. Grey, Judicial Review and Legal Pragmatism, 38 WAKE FOREST L. REV. 473, pp. 497 – 507 (2003).

④ 参见李建良《基本权理论体系构成及其思考层次》，《人文及社会科学集刊》第 9 卷第 1 期。

性的宪法权利体系。[①] 在中国的宪法学研究中，这种法解释学意义上的宪法权利理论，乃是近十年以来宪法学研究的新动向，如前所述，这种研究已经成为权利理论研究的重要流派。

对宪法权利规范的内涵进行具体界定，通过法学的阐释以形成一个更加缜密的宪法权利的规范体系，是宪法学理论的重要任务。然而，对宪法权利案件做出真正意义上的宪法判断，需要具有实效性的宪法审查作为制度前提，因此在现实意义上，宪法权利的法解释学对于目前我国的实践价值，则只能等待实效性的宪法审查制度的确立。然而，这种研究趋势对于将宪法权利作为一种法定的权利加以保障，仍然具有重要意义。退一步而言，即使是在没有实效性保障的宪法审查制度作为支撑的当下中国，这种研究也能对于完善权利的法律保障制度提供宪法上的价值标准。这种研究在宪法学说史上并非没有先例，如近代德国国法学集大成者耶利内克的《主观性公权的体系》，可谓是一个至今仍有影响力的学理典范[②]。

由于宪法权利规范本身的高度抽象性，法解释学方法在此领域可谓是“大有作为”。但是这种解释也固然不可以是一种“天马行空”的解释，而是一种遵循特定的技术与原理，探求规范命题的解释。如果从哲学解释学的角度看，法解释的方法与文学解释、美学解释之间根本不同之处，在于法解释学是一种规范性的解释。与此相关，宪法权利的法解释学所面临的另一个问题是，单纯的解释可能会导致理论的封闭性。在现代，法解释学理论已经摆脱了那种严格法律实证主义影响的今天，宪法权利的法解释学自然应当超越那种封闭的纯粹规范逻辑式的研究。因此解释理论必须是一种结合具体语境（context）的解释，一种中国问题导向的解释。这种解释不可避免地需要洞悉当下中国社会的价值理念和诸种力量，甚至需要兼顾中国政治运作的“真实规则”。因此，这种解释学角度的研究也自然不应完全排斥法社会学，甚至政治学的研究。

## 四　立宪主义发展和保障模式理论：依据法律保障理论的潜在问题

回顾立宪主义的发展历程，大致经历了从近代立宪主义到现代立宪主

① 参见林来梵，前引书，第 92 页。

② 参见［日］阿部照哉、池田政章、初宿正典、户松秀典《宪法（下）》，周宗宪译，元照出版公司 2001 年版，第 32 页。

义的变化①。在近代，人民期待通过代议机关制定公正的法律，通过司法机关和行政机关依据这些法律来裁判和行政，这种对议会制度的期望乃是近代立宪主义的主要价值取向之一。以这种理念为基础，由人民通过议会来保障权利的学说和观念居于主流地位。而宪法则“仅仅是根本法”，因此宪法权利必须通过法律加以具体保障，故此近代宪法学说上多主张宪法权利的相对保障说，法律保留、宪法委托理论可以说是近代立宪主义价值的具体体现。

二战以后，作为民意机关的议会日益受到各种利益团体所左右，即使有公正透明的选举制度，但是基于赢得多数选票的需要，代表往往只是着眼于短期利益（视代表的选举周期而不同）而愈发漠视长远价值的实现。代议机关的立法无法真正的代表民意，加之民众政治参与热情的下降，代议机关亦有摆脱人民约束的危险。相应的，出现了宪法权利的绝对保障模式，即通过宪法审查制度来保障宪法权利。对此，日本的芦部信喜教授指出：“过去（近代）的那种‘依据法律’来保障人权的观念也被超越，人权即使依据法律也不能加以侵害的所谓‘针对法律之侵害’的保障，得到了强调。这意味着，与那种对立法权的信赖观念相结合而发展起来的欧洲传统立宪主义的思考方式，在战后已发生了巨大的转变。”②

从比较宪法史的角度看，当下中国立宪主义的近代课题仍未完成。详言之，近代宪法所追求的依据法律保障的权利仍需强化，法律对权利的具体化仍未完成，如保障言论自由的具体法律有待制定；劳教制度对人身自由的限制，与近代宪法保障基本权利的“法律保留原则”要求以及根据这一原理制定的《立法法》，都有所抵触。另一方面，虽然宪法确认了代议机关的“最高权力机关”地位，但是实际上各级人民代表大会当前仍不是国家权力的核心。从目前中国立宪主义的发展来看，强化代议机关权威仍不失现实意义。而且，现代西方社会那种对代议机关的不信任理念并未盛行于中国，民众对于作为立法机关的人民代表大会仍存在较为普遍的期待。因此，如果单纯主张以宪法权利抵抗代议机关的绝对保障理论，可能与立宪主义的近代课题有所抵牾。

---

① 有关我国当下立宪主义的近代课题与现代课题的区分以及整合的可能性，参见林来梵，前引书，第22—27页。

② 芦部信喜，前引书，第5章。

现代民主国家那种“多数决”民主对少数人宪法权利的威胁，在中国并不存在，民主与人权之间张力尚未显现。然而，中国立法的实际运作过程或现状，决定了对权利的保障同样需要超越宪法权利的仅仅依靠立法的保障的理念。部门立法的做法使得以特定部门代表的利益集团占据绝对优势地位，难以对宪法权利进行普遍客观的保障。从形式上看，我国没有规制利益集团在立法过程中进行院外活动和游说的制度，但是在市场经济体制下，各种权力寻租的现象无法被完全排除，且各种利益集团都在试图影响立法过程。比如，最近出现的“立法腐败”案件①，表明这种危险在中国同样存在。因此，在当下中国同样有必要强调宪法对立法本身的制约，采取超越依据法律保障的宪法保障模式，以此来保护那些处于各种利益集团之外的“孤立而分散的少数人”② 的宪法权利。

这种宪法历史课题的悖论，使得中国宪法权利理论不得不同时面临立宪主义的近代课题和现代课题。如果持一种单线进化论的观点，当下中国的宪法权利理论应当首选相对保障说，待到立宪主义的近代课题完成后，再逐步实现宪法的保障。反之，如果主张尽快与国际接轨则可能倾向于绝对保障说。鉴于两种理论间的张力，学界多主张结合绝对保障和相对保障的折中模式，然而问题在于究竟如何“折中”。一方面，通过在具体保障制度上的设计和构造，来兼顾立宪主义的近代课题和现代课题，是解决问题的途径之一。同时，结合这种制度通过宪法适用的原理与技术对具体个案做出法律判断的过程，也可有效地化解这种紧张关系。

## 五　走向以宪法权利为轴心的宪法学

宪法权利是一种原则性的权利，其保障内涵存在着从道德权利提升到法制化权利的开放的部分，具有一定的自然权利属性。③ 宪法通过将自然权利以法规范的形式加以确认而获得了道德关联性，恰恰是这种道德关联性，使得完整的法律体系可以通过金字塔顶端的宪法规范对下位规范的控

---

① 参见《立法腐败，“郭京毅案”恐怖之所在》，《现代快报》2008 年 9 月 5 日。

② United States v. Carolene Products Company, 304 U. S. 144 (1938).

③ See Michal S. Moore, Nature Rights, Judicial Review and Constitutional Interpretation, Legal Interpretation in Democratic States, Jeffry Gold Sworthy and Tom Campbell, ed. Dartmouth (2002), pp. 207 – 223.

制，进行体系内的反思和自我完善，缓解“恶法非法”和“恶法亦法”之间的紧张。对于宪法规范体系，乃至于对以宪法为根本法的法律体系整体而言，宪法权利应当处于价值核心的地位。迄今，我国宪法学界对于宪法权利在宪法规范体系中的核心地位达成了学说上的基本共识，改革开放以来的宪法学研究已经逐步转向以宪法权利为核心的研究。① 而且，近年来的宪法权利理论研究，已经开始将宪法权利的保障理念渗透至国家机构和各种公法制度中进行研究，进而试图构建以宪法权利为轴心的宪法学。

基于这种视角，对于许多宪法制度的研究，可以从宪法权利保障的视角加以重新审视。例如，对宪法审查制度的研究，如果以宪法权利保障为出发点，可以使得相关的研究不必纠缠于政治权力格局的重构和具体制度模式选择，而重点关注宪法权利保障的方法和原理；再如，宪法权利的立法限制和保障原理与立法制度（如立法委托、法律保留等）、宪法权利的救济原理与司法制度、宪法权利的制度保障原理与地方自治、选举制度、大学自治、新闻出版制度等。

就中国立宪主义的现实状况而言，这种迈向宪法权利为轴心的宪法学研究，仍面临着一个价值趋向选择问题。如前所述，立宪主义的展开经历了由近代宪法至现代宪法的嬗变过程。近代立宪主义的课题首先是着眼于人作为“赤裸裸的个人”面对国家，彻底地实现个人的解放，为此尤其重视保障那种私人领域的核心不受侵犯。而进入现代立宪主义阶段之后，出现了社会国家理念以及基本权利的国家保护义务等课题。而当今主要立宪主义国家，甚至大都已经完成了这些现代宪法的课题，并有走向“后现代宪法”的趋势。但就我国当下而言，计划经济体制下形成的相对集中的权力格局在许多领域仍然存在，保障那种不受国家侵犯的私人核心领域，完成立宪主义的近代课题对于我国当下而言仍有举足轻重的意义。然而，社会主义国家宪法是对近代宪法中自由权利至上价值理念的超越，从规范内涵看，带有现代宪法的特征。② 而且，三十年来经济体制改革的不断推进，弱势群体的社会权保障问题也尤为迫切，立宪主义的现代课题也

① 对此张千帆指出，宪法学过去将眼光放在“人民”、“国家”、“主权”等宏观概念，现在的焦点则转移到个人的宪法权利。张千帆：《从“人民主权”到“人权”——中国宪法学研究模式的变迁》，《政法论坛》2005 年第 2 期。

② 芦部信喜，前引书，第 5 章。

同样有待完成。为此，当下中国立宪主义的历史发展阶段决定了中国的宪法权利研究的价值趋向需要兼顾宪法权利作为“条件规范”和“目的规范”的双重属性。详言之，依近代宪法的价值理念，宪法乃是对国家权力进行限制的规范体系，宪法权利规范乃是一种针对国家的防御权规范，故而要求国家权力对市民生活领域的介入必须遵守一定界限。基于这种理念，宪法权利规范发挥着条件规范（konditionalprogramme，conditional programme）的功能。即，宪法规范为国家行为设定相应的条件，如果满足这些条件则合宪，否则违宪。与此相对应，在国家对基本权利的保护义务的理念之下，宪法权利规范乃是一种目的规范（Zweckprogramme，purpose－specific programme）①，即强调宪法权利是需要国家通过各种途径（包括立法、公共政策等）加以实施的目标。② 以宪法权利的角度切入宪法学的研究，需要将宪法权利同时作为一种目的规范和条件规范，以此二者为前提则涉及两种不同维度的宪法权利理论研究，即从“制约国家权力的宪法权利”和“有赖于国家权力来实现的宪法权利”两个不同维度展开研究。

近年来，对宪法权利的理论研究逐渐成为宪法学研究的核心重点领域，宪法权利研究的方法论也日趋成熟，并呈现多元化趋势。宪法学对于具体宪法权利理论的研究不断精细化，并逐步摆脱抽象的理论研究，结合部门法中的现实问题展开。发展至今，中国宪法权利理论的研究成果已经颇具规模，这些不断趋于精致化的研究大胆借鉴了国际宪法学界最前沿的研究成果。如果抛开中国语境，这种研究甚至已经实现了与当今西方宪法权利理论的接轨。但诸种与国际接轨的理论在解释宪法权利保障的现实时反而显得有些力不从心。③ 未经认真辨析的将国外宪法权利理论草率的引入中国，可能会导致南橘北枳，水土不服的困局。比如，习惯于用国外宪法权利的话语体系解释中国现实，将防御权功能绝对化，可能与中国的社

---

① “条件规范”或“条件程式”与“目的规范”或“目的程式”这对概念是卢曼的区分，见 Niklas Luhmann，Law as Social System，translated by Klaus A. Ziegert，Oxford University Press（2004），pp. 196－203。

② 这一源于德国宪法理论对于宪法规范区分已经被学者所广为接受，参见西原博史《政治部门与法院的宪法解释》，载《公法研究》第66号。

③ 翟国强：《新中国宪法权利理论发展评述》，《宪法研究》（第十一卷），黑龙江大学出版社2010年版。

会现实和文化传统有所背离。① 因此，借用国外宪法权利理论来分析中国问题，需要注意这种社会背景的差异。未来的宪法权利理论的一个重要的课题，就是如何将宪法权利的一般原理与中国的宪政实践相结合，逐渐形成一套对中国现实具有解释力的宪法权利理论和范畴体系。

目前已有的宪法权利理论预设的一个前提，是有一个可以对宪法权利规范进行适用的机制。严格上来说，如果欠缺这个机制作为制度依托，宪法权利理论可能会陷入纸上谈兵的尴尬局面。欠缺有实效性保障的宪法审查制度是我国目前宪法权利保障的一个重要缺陷，也是宪法权利理论发展的一个重要制度瓶颈。如果宪法审查制度的发展没有明显变化，由于欠缺宪法审查制度的支撑，学界对宪法权利的研究，将更多的关注权利作为一种客观规范如何在一般法律层面的实现，以宪法与部门法的关系以及宪法权利在部门法领域的效力来进行的研究，将成为一个重要的发展趋势。而且，在欠缺制度直接保障前提下，透过宪法权利的辐射效力理论和在司法实践中运用合宪解释的方法，同样也可以解释中国当下发生的宪法权利事例。

---

① 韩大元：《基本权利概念在中国的起源与演变》，《中国法学》2009 年第 6 期。

# 第三章

# 地方制度

## 第一节　地方制度基本原理

### 一　地方制度基本范畴

研究地方制度和中央与地方关系问题，首先要对一些相关的基本范畴进行厘定，弄清什么是地方、地方制度和地方自治？什么是地方政府或地方国家机构？地方国家机构或地方政府的范围是怎样的？等等。

（一）地方制度

地方制度是一国宪法体系的重要组成部分。一般认为，从内容上看，地方制度是关于地方政府结构和职权、中央与地方关系以及地方政府与当地居民关系等方面的制度，其中，中央与地方关系在地方制度中占重要地位。①

根据地方制度可将地方政府分为三大类：行政体地方政府、自治体地方政府和民主集中制地方政府。② 根据这一分类，地方自治只是各种地方制度中的一种形态或类型。

但是，在现代大多数西方国家，地方政府普遍是在“地方自治”的含义上使用的，即地方政府是指国家以下自行处理其地方事务的地方公共团体。

行政体的地方政府在封建社会普遍存在，在现代社会，纯粹采用这种体制的比较少见。如法国长期实行中央集权制，传统的法国地方政府，可

---

① 朱福惠主编：《社会转型时期的宪法课题》（中国宪法学研究会年会论文集2007年卷），厦门大学出版社2008年版，第266页。

② 参见陈嘉陵主编《各国地方政府比较研究》，武汉出版社1991年版，第25—26页；任进《比较地方政府与制度》，北京大学出版社2008年版，第10页。

以认为是一种行政体的地方政府。

民主集中制地方政府制度主要是在中国等社会主义国家实行。新中国成立后，我国只在民族自治地方实行民族区域自治，并在特别行政区实行高度的自治，实行中央统一领导下发挥地方积极性和主动性的民主集中制的地方制度。① 许崇德认为，我国地方制度具有多层次性、灵活性、独创性和原则性的特点。②

（二）地方自治

对什么是地方自治，在不同国家、不同的政治结构、不同的社会文化以及不同的时代背景下，有着不同的认识。

在我国，地方自治一般是指在一定的领土单位之内，地方自治机关在宪法和法律规定的范围内，按照自己的意志组织地方自治机关，处理本区域内公共事务的一种地方制度。而在西方国家，地方自治并不限于地方公共团体的自治，如日本的地方自治，是指以国家领土内一定地区为基础的团体及居民，有相对独立于国家的人格，以自己的意志和责任处理地域内的各种事务。日本地方自治制度的基本内容，包括团体自治和居民自治。③ 同样，在俄罗斯，地方自治，是指在俄罗斯联邦各联邦主体的一定行政区域单位内居住的居民，直接地或通过其选举产生的地方自治机关，自主地解决地方性事务的居民自治形式。④

根据 1985 年《欧洲地方自治宪章》第三条，地方自治是指“地方政府在法律规定的范围内，确定并管理属于其各自职责内的、以本区域内居民的利益为目的的重要公共事务的权利和能力”；“这种权利应通过以直接、平等、普遍选举权基础上实行的秘密投票方式自由选出的议员组成的地方议会来行使，且地方议会包括对其负责的地方执行机关。但上述条款在任何情况下，均不得影响采用法律允许的地方居民大会、公民投票或其他任何形式的公民直接参与。”可见，宪章规定的地方自治是指地方公共

① 韩大元主编：《比较宪法学》（第二版），高等教育出版社 2008 年版，第 435 页。

② 许崇德：《略论我国地方制度的特点》，载《许崇德选集》（第二卷），中国民主法制出版社 2009 年版，第 405—406 页。

③ 任进：《比较地方政府与制度》，北京大学出版社 2008 年版，第 4 页。

④ 参见刘向文《俄国政府与政治》，五南图书出版股份有限公司 2002 年版，第 59 页。

团体自治和居民自治。1993 年《世界地方自治宣言》明确了地方自治是指地方公共团体自治和居民自治。①

许崇德指出，“我国的地方制度的实质上是一种地方自治制，不过我们在习惯上没有这样去称呼它，按照我们的理论，统称为民主集中制”。②宪法学界一般只承认民族区域自治，不认同中国实行的是西方意义上的地方自治。同样，在特别行政区制度实行的高度自治体现了中央与地方关系的中国特色，不是完全的自治。③

（三）地方国家机构

国家机构是我国宪法中的最重要内容之一，是我国宪法学的常用概念。根据我国宪法第三条的规定，中央和地方的国家机构职权的划分，遵循在中央的统一领导下，充分发挥地方的主动性、积极性的原则。在这里，使用了“地方的国家机构”的提法，可见，“地方国家机构”是我国宪法中的法定用语。在西方，相对于我们所称的“地方国家机构”，多表述为“地方政府”。西方学者多认为，地方政府不是国家行政机关，而是地方自治机关。④

由于对“地方”、“地方国家机构”理解的不一致，相应的，关于地方国家机构的范围，认识也是不一致的。在纵向上，一般认为，在单一制国家，国家整体与部分的关系是中央与地方的关系，同时，国家机构分为中央国家机构和地方国家机构；在联邦制国家则是联邦国家机构、各邦国家机构和地方国家机构。由于我国主要存在三种不完全相同的地方制度，而对不同地方制度下的地方机构的性质理解不同，因此，在横向上，对民族自治地方的自治机关和特别行政区机关是否属于地方国家机关，也有不同的认识。

关于地方国家机构的范围，一种观点认为，民族自治地方的自治

---

① 李海亮、任进：《中央与地方关系的宪法文化解析》，载《国家行政学院学报》2012 年第 2 期。

② 许崇德主编：《中国宪法》（第四版），中国人民大学出版社 2010 年版，第 181 页。

③ 李海亮、任进：《中央与地方关系的宪法文化解析》，载《国家行政学院学报》2012 年第 2 期。

④ 胡锦光主编：《宪法学原理和案例教程》，中国人民大学出版社 2006 年版，第 419—420 页。

机关是民族自治地方的人民代表大会和人民政府，它们属于我国国家机构体系，而特别行政区机关不属于我国的国家机构体系，是实行高度自治的地方自治机关。因此，我国的地方国家机构，是指一般地方的人民代表大会和人民政府和民族自治地方的自治机关，不包括特别行政区机关。① 但也有学者认为，我国的地方国家机构包括特别行政区机关。②

地方国家机构是否还包括地方审判机关和地方检察机关？根据宪法、《人民法院组织法》和《人民检察院组织法》的规定，地方各级人民法院和地方各级人民检察院由人民代表大会产生，地方各级人民法院对产生它的国家权力机关负责；地方各级人民检察院对产生它的国家权力机关和上级人民检察院负责。因此，人民法院和人民检察院对地方各级人民代表大会具有从属性，但也有人提出“现行的这一规定是否合适？是否可以作修改？这里需要特别提出来的问题是，现行的省级、设区的市级、县级这三级政权的构成是完全相同的，即都由人大及其常委会、政府、法院、检察院组成。那么，这里的同级法院、检察院是不是同级政权的必然的组成部分？如果是，那么，我国是单一制国家，地方有没有司法权？如果不是，那么，对此规定应如何修改？”③ 至于民族自治地方，根据《宪法》和《民族区域自治法》，“民族自治地方的人民法院、人民检察院由同级民族自治地方的人民代表大会产生，但是，这里的人民法院、人民检察院并不是自治机关，这是否可以说，民族自治地方的政权是由自治机关（人大和政府）与非自治机关（法院、检察院）两种性质的机关组成的”。④ 也有学者指出，地方各级人民法院一般均由同级人大及其常委会选举或任命组成，但这并不能说明设在地方的法院就是属于地方的法院。认为无论从宪法和法院组织法的规定，还是从宪法原理看，法院不是地

① 胡锦光主编：《宪法学原理与案例教程》，中国人民大学出版社 2006 年版，第 421 页。

② 董和平主编：《宪法》，中国人民大学出版社 2004 年版，第 235 页。

③ 阚珂：《人民代表大会制度中需要研究的若干问题》，载《中国人大》2004 年第 1 期。

④ 同上。

方的，而是国家的，是中央的。①

（四）地方政府

西方国家地方政府的范围，因西方各国的国家机构和地方制度不同而有所不同。按联邦制国家自己的说法，联邦制国家的组成单位，如州（共和国、省、地区）政府不称“地方政府”，只有州（共和国、省、地区）以下的政府，才叫“地方政府”。② 而我国有学者认为，地方政府“主要是指中央政府下的第一级地方政府，在中国就是省、自治区、直辖市政府，在联邦制国家就是州政府”。③ 或将联邦与成员国关系视为中央与地方关系。④

在我国学术界，对地方政府分类的研究较少。有学者认为：（1）按地方政府设置的目的，地方政府可分为：一般地域型地方政府、市镇型地方政府、民族区域型地方政府和特殊型地方政府；（2）以地方政府制度为标准，地方政府可分为：行政体地方政府、自治体地方政府和民主集中制地方政府；（3）按行政层级地方政府可分为：基层地方政府、中间层地方政府和最高层地方政府。⑤

任进认为，对地方政府分类还可以有以下方法：（1）按职能，可分为具有多重职能的地方政府和具有单独职能的地方政府；（2）按所属国家的结构形式，可分为单一制国家地方政府和联邦制国家地方政府；（3）按层级，可分为多级制地方政府和一级制地方政府；（4）按与其他组织的关系程度，可分为独立型地方政府和非独立型地方政府。⑥

---

① 王贵松：《法院：国家的还是地方的》，载韩大元主编《中国宪法事例研究（一）》，法律出版社 2005 年版，第 285—303 页。

② 任进：《和谐社会视野下中央与地方关系研究》，法律出版社 2012 年版，第 8 页。

③ 辛向阳：《大国诸侯：中国中央与地方关系之结》，中国社会出版社 2008 年版，第 16 页。

④ 张千帆：《宪法学导论》，法律出版社 2004 年版，第 219 页；张千帆主编《中央与地方关系的法治化》，译林出版社 2009 年版，目录第 1 页；郭殊：《中央与地方关系的司法调控研究》，北京师范大学出版社 2010 年版，目录第 1 页。

⑤ 转引自任进《比较地方政府与制度》，北京大学出版社 2008 年版，第 9—12 页。

⑥ 同上书，第 10—12 页。

### 二 地方国家机构或地方政府的宪法地位和作用

地方国家机构或地方政府具有重要的宪法或法律地位。由于各国法律制度和政治制度不完全相同，其地方国家机构或地方政府的宪法或法律地位也不尽相同。

在我国，地方国家机构是整个国家机构的组成部分。《宪法》第 3 条规定："中央和地方的国家机构职权的划分，遵循在中央的统一领导下，充分发挥地方的主动性、积极性的原则"；第 96 条规定："地方各级人民代表大会是地方国家权力机关"；第 105 条规定："地方各级人民政府是地方各级国家权力机关的执行机关，是地方各级国家行政机关。"这里，"地方的国家机构"、"地方国家权力机关"、"地方国家行政机关"的表述，表明了各类地方国家机构的性质和宪法或法律地位。正如其名称所显示的那样，地方国家机构既是国家的，也有地方属性；它既是国家机构体系的重要组成部分，负责执行或保证执行宪法、法律、行政法规和上级国家机关的决议、决定，办理上级国家机关交办的事务，同时也是地方单位，依法管理地方事务；民族自治地方的自治机关还享有自治权。①

从比较地方制度视角看，地方国家机构或地方政府的作用和价值主要体现在民主和效率两方面。具体而言：一是有利于促进自由。二是地方国家机构或地方政府有利于发扬民主，增进平等，地方政府不仅仅是人民自由的保障，也是对人民进行教育的学校。三是地方政府有利于公民参与、提高效率和增加福利。②

## 第二节 中央与地方的关系

### 一 中央与地方关系的研究现状和方法

#### （一）研究现状

中央与地方关系，作为府际关系的核心内容，是世界各国普遍关注的

---

① 胡锦光主编：《宪法学原理与案例教程》，中国人民大学出版社 2006 年版，第 426 页。

② 韩大元主编：《比较宪法学》（第二版），高等教育出版社 2008 年版，第 439—440 页。

重大课题。

毛泽东在1956年4月25日所作的《论十大关系》的讲话中指出：“处理好中央地方的关系，这对于我们这样的大国大党是一个十分重要的问题。”① 但新中国成立以来，对中央与地方关系的研究，没有受到足够重视。

十一届三中全会以后，对中央与地方关系的研究出现了一些成果。由于我国主要存在一般地方、民族自治地方和特别行政区三类不同的地方制度，对中央与地方关系的研究成果也大致分为三类：对一般地方制度的研究，如薄贵利著《中央与地方关系研究》和《集权分权与国家兴衰》、董礼胜著《欧盟成员国中央与地方关系比较研究》、马力宏著《中国行政管理中的条块关系》、黄子毅著《中央和地方职权划分的法律问题》与吴国光、郑永年著《中央—地方关系：中国制度转型中的一个轴心问题》等。近10年来的成果，有金太军、赵晖等著《中央与地方政府关系建构与调谐》、辛向阳著《大国诸侯：中国中央与地方关系之结》、熊文钊著《大国地方：中国中央与地方关系宪政研究》、张志红著《当代中国政府间纵向关系研究》、周振超著《当代中国政府“条块关系”研究》与张千帆、葛维宝编《中央与地方关系的法治化》、张紧跟著《当代中国政府间关系导论》、封丽霞著《中央与地方立法关系法治化研究》、文政著《中央与地方事权划分》、谭建立编著《中央与地方财权事权关系研究》、郭殊著《中央与地方关系的司法调控研究》、任进著《和谐社会视野下中央与地方关系研究》等。也有在国家体制、府际关系、地方制度等研究中涉及中央与地方关系的，如朱光磊著《当代中国政府过程》、林尚立著《国内政府间关系》、童之伟著《国家结构形式论》、薛刚凌主编《行政体制改革研究》、杨宏山著《府际关系论》、郑贤君著《地方制度论》和王建学著《作为权利的地方自治》等。其中，熊文钊主编的《大国地方：中央与地方关系的法治化》，从基本理论、历史演进、比较研究、一体多元的关系割据、基本原则、事权划分、财政权划分、中央与民族自治地方和特别行政区、区域结构、中央对地方监督控制、良性互动、纠纷解决机制等方面，进行了系统研究。

---

① 《毛泽东著作选读》（下册），人民出版社1986年版，第730页。

近年来对民族区域自治制度的研究，如宋才发著《民族区域自治制度重大问题研究》、高韫芳著《当代中国中央与民族自治地方政府关系研究》和熊文钊主编的《大国地方：中国民族区域自治制度的新发展》等，都从不同视角对中央与民族自治地方关系进行探讨，一定程度上反映了相关领域研究的新成果。

内地学者、专家对特别行政区制度的研究成果，主要出现在20世纪90年代我国对香港、澳门恢复行使主权前后。近10年来，随着基本法实践的深入，有关特别行政区制度的研究内容，更多地关注到了理论与实践的结合或对实践中所出现问题提出解决方案等。并产生了以下主要著作：

王叔文主编的《香港特区基本法导论》（第三版），该书是了解基本法框架下香港特区各种制度较早、较全面且较权威的专著；王振民著《中央与特别行政区关系》，从法治尤其从宪法学角度，探讨了在实行“一国两制”情况下我国处理中央与特别行政区关系的基本理论和基本架构；国务院发展研究中心港澳研究所组织编写的《香港基本法读本》，是较新的一部研究香港基本法的著作；骆伟建著《“一国两制”与〈澳门特别行政区基本法〉的实施》，是作者关于“一国两制”及《澳门特别行政区基本法》研究的33篇重要论文的合集。全国人大常委会港澳基本法委员会办公室编辑的《纪念香港基本法实施十周年文集》和《纪念澳门基本法实施10周年文集》、《中央有关部门发言人及负责人关于基本法问题的谈话和演讲》等，反映了关于基本法研究的权威视点。

宋小庄著《论“一国两制”下中央和香港特区的关系》、焦洪昌主编《港澳基本法》、程洁著《宪法、社会多元与特别行政区制度——中央与特别行政区关系法治化探讨》、邓伟平著《澳门特别行政区基本法论》、强世功著《中国香港：政治与文化的视野》和傅思明著《香港特别行政区行政主导政治体制》、周叶中和邹平学主编的《两岸及港澳法制研究论丛》等，都反映了基本法的研究新成果。

另外，在包括有关国家机构、地方制度的宪法和政治学教材或著作中，也多方面地涉及民族区域自治制度、特别行政区制度。中国宪法学研究会年会、纪念民族区域自治制度研讨会、基本法实施研讨会和有关中央与地方关系、地方制度的研讨会等，都对相关问题进行了研讨。其中，中央与地方关系、民族区域自治、特别行政区及其与中央的关系是重要内容。

（二）研究方法

对中央与地方关系进行研究，不仅是宪法学、政治学等学科的重要内容，而且还是一种重要的方法。吕育诚认为，对地方政府的研究方法大致可以分为法律研究途径、政治研究途径和管理研究途径三类方法。① 这同样适用于中央与地方关系的研究。

从内地学者的研究看，探讨中央与地方关系时采用的研究方法，主要有如下几种：

1. 综合研究法。即对中央与地方关系等进行综合研究。如任进著《和谐社会视野下中央与地方关系研究》，对和谐社会构建中的中央与地方关系，进行理论阐释、规范梳理、实证分析与比较研究，内容分为中央地方关系与和谐社会构建、地方政府的区域结构、权限纵向划分、政府组织架构、政府财政关系、对地方的监督控制、对地方的指导和地方对全国性决策的参与、垂直管理机构与地方的关系以及中央与地方关系的改革等部分。

2. 个案研究法。即对某一特定地方与中央关系或者某一方面进行研究。王振民著《中央与特别行政区关系》，从法治的视角尤其从宪法学的角度，探讨了在实行“一国两制”情况下，我国处理中央与特别行政区关系的基本理论和基本架构；又如高韫芳著《当代中国中央与民族自治地方政府关系研究》等。

3. 问题重点法。即选择以中央与地方关系的某一个特定问题为重点进行研究。这种方法通常不直接给中央与地方关系的某些概念下定义，重点研究主要问题，以减少研究中的困难。如张千帆著《权利平等与地方差异》、程洁著《宪法、社会多元与特别行政区制度——中央与特别行政区关系法治化探讨》、谭建立编著《中央与地方财权事权关系研究》等。②

---

① 吕育诚：《地方政府管理：结构与功能的分析》，元照出版有限公司 2001 年版，第 21 页。

② 任进：《和谐社会视野下中央与地方关系研究》，法律出版社 2012 年版，第 4—5 页。

## 二 中央与地方关系的基本理论

### （一）概念的含义

关于中央的含义，一般认为，所谓中央，是指国家政权在全国范围内的领导机构，而地方则是中央以下各级行政区域的统称。“地方”是相对于“中央”而言的。一个国家为了便于治理，将其领土划分为不同层次、不同范围的行政区域，这个大小不等的行政区域，即为“地方”。

“中央与地方关系”在西方国家，一般被视为单一制国家纵向政府间关系的重要内容，这与国内学者常用的“国家结构形式”的概念不同。一般认为，国家结构形式是指“特定国家的统治阶级采取的、按照一定原则划分国家内部区域、调整国家整体与组成部分、中央与地方之间的相互关系的总体形式”。[①] 在单一制国家，国家结构表现为中央与地方的关系；在联邦制国家，国家结构形式是指联邦与联邦成员的关系。许崇德指出，地方制度反映着存在于单一制国家内作为局部的地方与作为整体的中央之间的关系，而在联邦制国家里，各邦（或各州）对联邦来说虽然也是局部同整体的关系，但不是中央和地方的关系。[②]

在联邦制下，较少使用“中央与地方关系”的提法，而使用或“府际关系”或“国内政府间关系”的用语，而我国学者的府际关系研究，大多以“中央与地方关系”作为分析范式。[③] 在纵向上，它是指联邦与联邦成员（州、共和国、邦等）以及联邦成员与其下的地方的关系。但是在我国学界，许多人将单一制国家中央政府（central government）与地方，或联邦制国家联邦政府（national government，federal government）与各联邦成员，都理解成“中央与地方”的关系，认为地方“主要是指中央政府下的第一级地方政府，在中国就是省、自治区、直辖市政府，在联

① 《宪法学》编写组：《宪法学》（马克思主义理论研究和建设工程重点教材），高等教育出版社、人民出版社 2011 年版，第 120—121 页。

② 许崇德主编：《中国宪法》（修订本），中国人民大学出版社 1996 年版，第 237 页。

③ 任进：《和谐社会视野下中央与地方关系研究》，法律出版社 2012 年版，第 7—8 页。

邦制国家就是州政府”。[①] 实际上，在世界范围内，应按联邦制或单一制有所区别地理解国内政府间关系：在单一制国家，国家结构和政府间纵向关系主要表现为中央与地方的关系；在联邦制国家，政府有全国性政府、中间政府和地方政府。

（二）关于中央与地方关系的重要思想

中央与地方的关系是一国宪法政治制度的主要内容，也是政治学、法学等学科研究中的重大课题，学界有许多理论或者学说，如中央集权论、地方分权论和均权论；相对自治论和相互作用论；代理机构论、合作关系论和实力—依赖关系论等。[②]

虽然马克思、恩格斯没有对中央与地方关系作系统的论述，但他们在相关论著中涉及了中央与地方关系问题。马克思、恩格斯论证了国家实行中央集权的必然性，同时也指出中央集权的一些弊端，因而，反对中央高度集权，特别是个人高度集权。列宁在原则上主张单一制，反对联邦制（除非有民族等问题的考量），并提出用民主集中制来处理国家的结构关系。

新中国成立后，以毛泽东为核心的党的第一代中央领导集体从实际出发，构建了符合我国国情的统一的多民族国家结构形式。1956 年，毛泽东发表《论十大关系》的重要讲话中，对中央与地方关系问题进行系统阐述。他认为必须充分发挥中央、地方两个积极性；主张可以统一的必须统一，不可以和不应当统一的，不能强求统一；提倡同地方协商办事的作风；处理中央与地方关系要注意研究和借鉴外国和我们自己的经验和教训。[③]

实行改革开放以后，针对之前我国权力高度集中的现象，邓小平认为“权力过分集中，越来越不能适应社会主义事业的发展”，因而，特别强调要对高度集权体制进行改革。1980 年 8 月，邓小平发表《党和国家领

---

① 辛向阳：《大国诸侯：中国中央与地方关系之结》，中国社会出版社 2008 年版，第 16 页。

② 参见任进《和谐社会视野下中央与地方关系研究》，法律出版社 2012 年版，第 9—12 页。

③ 任进：《学习毛泽东关于中央与地方关系的论述》，载《科学社会主义研究》1993 年第 12 期；夏丽华：《中国共产党处理中央与地方关系思想的发展》，载《毛泽东思想研究》2009 年第 1 期。

导制度的改革》的重要讲话，针对权力过分集中问题，提出了要调整中央与地方的关系，实行权力下放，扩大地方自主权。

江泽民提出应抓紧合理划分中央和地方经济管理权限，明确各自的事权、财权和决策权，做到权力和责任相统一，并力求规范化、法制化。认为必须加强中央的统一领导，维护中央权威；宏观调控权必须集中在中央，中央在制定政策时要充分考虑地方合理的利益和要求，地方要自觉服从和顾全大局。① 1998 年 7 月 13 日，在一次全国性会议上，江泽民说："国家的统一、稳定和强大，是我们解决国内各种矛盾和问题的根本前提和基础。没有国家的统一和稳定，就没有各省区市的稳定和发展。当然，各省区市的稳定和发展，又都会为国家的稳定和发展作出重要贡献。所以，我们一定要正确处理中央与地方的关系，正确处理局部利益和整体利益的关系。"江泽民提醒领导干部们："能不能讲好'北京话'和'地方话'，是'很严肃的政治问题'。"

胡锦涛提出："正确处理中央和地方、全局和局部的关系，维护中央的权威，是加强各级领导班子内部民主集中制建设的一个重大问题，要以高度的自觉认真解决好。"2007 年 10 月 15 日，胡锦涛在党的十七大报告中阐述科学发展观时，专门提出"必须坚持统筹兼顾"，其中就讲到要"统筹中央和地方关系，统筹个人利益和集体利益、局部利益和整体利益、当前利益和长远利益，充分调动各方面积极性"，要求全党把"两点论"和"重点论"结合起来，"既要总揽全局、统筹规划，又要抓住牵动全局的主要工作、事关群众利益的突出问题，着力推进、重点突破"。②

总之，"党的历届中央领导集体都十分重视中央和地方的关系。虽然由于历史条件和具体情况不同，他们对中央与地方关系的认识和解决的侧重点有所不同，但是他们的思想既一脉相承，又体现出与时俱进和发展创新，不断地推进着我国中央与地方关系的科学化、民主化和法制化建设"。③ "毛泽东、周恩来、邓小平、陈云等老一辈革命家，以及江泽民、

---

① 《正确处理社会主义现代化建设中的若干重大关系》，载《江泽民文选》（第一卷），人民出版社 2006 年版，第 472 页。

② 杨明伟：《既讲"北京话"，又讲"地方话"——毛泽东等领导人对中央与地方关系的生动把握》，《党的文献》2012 年第 3 期。

③ 夏丽华：《中国共产党处理中央与地方关系思想的发展》，载《毛泽东思想研究》2009 年第 1 期。

胡锦涛等党和国家领导人，在不同的历史时期根据我们党面临的新情况，以及针对当时出现的不同倾向，都对中央与地方、全局与局部的关系，对如何讲好‘北京话’与‘地方话’的问题，进行过深入的研究，并不断地总结和思考。这些总结和思考，体现了马克思主义的辩证法”。①

（三）中央与地方关系的影响因素和主要内容

中央与地方关系是地方制度的主要内容之一。② 中央与地方的关系，在不同国家不尽相同，甚至存在明显的差异。薄贵利认为，影响中央地方关系的主要因素有地理因素、政治环境、历史传统、政治文化、经济结构、政治结构、民族问题、科学技术发展水平。③ 张志红从政治性因素（人口和民族构成、政党组织、社会阶级阶层结构、政治制度、政治过程、政治环境和政治文化）和非政治性因素（自然地理条件、历史传统、经济体制经济发展水平和科学技术发展水平）两方面，对政府间纵向关系进行了分析。④ 任进认为，影响或者决定中央与地方关系的基本因素，最主要的有历史传统、政治理念、经济因素、民族分布和外来影响。⑤。

中央与地方之间的关系涉及的问题非常复杂。要对中央与地方关系进行规范分析和实证研究，首先必须明确中央与地方关系涉及的范围。从关系的主体上看，就我国情况而言，我国《宪法》和有关法律、中国共产党的文献，都没有明确“中央”与“地方”这两个概念的内涵和外延。这里的“中央”和“地方”，已经不再专指狭义的政府，而是包含行政机关在内的机关，即中国共产党机关、国家权力机关、国家行政机关、政协机关、法院、检察院、民主党派机关。⑥

任进从政府架构的视角，将中央政府（广义）架构的主要组成要素

① 杨明伟：《既讲“北京话”，又讲“地方话”——毛泽东等领导人对中央与地方关系的生动把握》，载《党的文献》2012 年第 3 期。

② 转引自任进《比较地方政府与制度》，北京大学出版社 2008 年版，第 10 页。

③ 参见薄贵利《集权分权与国家兴衰》，经济科学出版社 2001 年版，第 2 页。

④ 参见张志红《当代中国政府间纵向关系研究》，天津人民出版社 2005 年版，第 131—162 页。

⑤ 任进：《和谐社会视野下中央与地方关系研究》，法律出版社 2012 年版，第 13—15 页。

⑥ 参见《中华人民共和国国家标准》（机构组织类型）（GB/T 20091—2006），《组织机构代码登记手册》，中国标准出版社 2007 年版。

概括为：党中央组织架构（中国共产党全国代表大会、中央委员会、中央政治局、中央政治局常委会）、全国人大及其常委会、国家主席、国务院、中央军事委员会、最高法院和最高检察院。认为这些组成要素不仅有横向的职责配置，而且有纵向的层次分工，构成立体交叉的网络，呈现出一整套权力架构体系。中央与地方的关系，相应的主要表现为中央与地方组织之间的关系。从制度化架构层面看，主要表现为：党中央及其部门与省级地方党委及其部门的关系；全国人大及其常委会与省（自治区、直辖市）人大及其常委会之间的关系；国务院及其机构与省、自治区、直辖市政府及其机构之间的关系。并认为中央与地方关系主要内容包括中央与地方的区域结构、中央与地方的组织架构、中央与地方立法、行政等职权及划分、中央对地方的监督控制、司法机关和垂直管理机构与地方的关系、中央与地方的财政关系和中央对地方的指导、合作等；从法律规范的视角看，中央与地方之间的关系主要表现为中央政府及其所属部门与省级政府及其工作部门，以及全国人大及其常委会与省级人大及其常委会之间的相互关系，但从政治权力的纵向结构来看，中国共产党各级组织对国家、地方重大事务实施领导权，对中央政府与地方政府的关系有深刻影响。①

在金太军、赵晖看来，实际上可能的情况是，“中央政府的权限主要限于党中央，地方各级政府的权力集中到了各级党委，这在某种意义上使得中央地方关系转化为中央党组织与地方党组织间的关系”。② 因此，研究中央与地方关系，不能不涉及党政关系，不能不考察党政关系对中央与地方关系的影响。

从更直接的意义上，谢庆奎认为，“中央政府与地方政府之间的关系，实际上是指中央政府与省级政府之间的关系”③。因为，省级以下各级地方政府与中央政府也有关系，如都必须执行中央政府的计划、政策、决定和命令，但一般都是通过省级地方政府而发生关系的；市、县地方政

---

① 任进：《和谐社会视野下中央与地方关系研究》，法律出版社 2012 年版，第 15—18 页。

② 金太军、赵晖等：《中央与地方政府关系建构与调谐》，广东人民出版社 2005 年版，第 146 页。

③ 谢庆奎：《中国政府的府际关系研究》，载《北京大学学报》（哲学社会科学版）2000 年第 1 期。

府与中央政府及其部门发生的联系，一般都是经过省级地方政府同意或者批准的，或者事后报告。但任进从《宪法》和《中国共产党章程》的规定分析，中央政府统一领导全国地方各级国家行政机关的工作，全国地方各级政府都是国务院统一领导下的国家行政机关，都服从国务院；党的下级组织服从党的上级组织，全党各个组织服从党中央。因此，中央政府与地方政府之间的关系，主要包括但又不限于中央政府与省级政府之间的关系。①

从实质关系看，辛向阳指出，“中央与地方关系包括三个方面：其一是物质利益关系；其二是国家组织结构问题；其三是中央与地方的职（责）权（限）划分问题”。② 并认为，“从利益的角度看，中央与地方关系的实质就是：以一定利益为基础并体现某种利益关系的占统治地位的阶级内部的一种政治关系和权力结构关系。作为利益的体现，中央政府代表的是国家的整体利益和社会的普遍利益，地方政府代表的是国家的局部利益和地方的特殊利益。中央与地方关系，实质上就是国家整体利益、社会普遍利益与国家的局部利益、地方的特殊利益的关系”。③ 而在高韫芳看来，中央与地方关系主要是中央与地方之间以利益为基础的权力关系，是中央政府与地方政府在利益博弈与权力互动中的一种政治经济关系。④

从中央与地方关系的结构看，中央与地方关系主要是中央与地方彼此之间职责权限的划分。孙柏瑛认为，在研究中央与地方关系时，人们往往从四个方面进行讨论，即宪法与法律规定之权力分配关系、政治权力（政党政治与政策制定）分配关系、公共事务管理权分配关系以及财权分配关系。⑤ 这种划分主要是通过中央机关和地方机关之间的权限配置体现出来的。吴知论提出为了厘清思路，对于中央与地方关系的研究，要区别

---

① 任进：《和谐社会视野下中央与地方关系研究》，法律出版社 2012 年版，第 17 页。

② 辛向阳：《大国诸侯：中国中央与地方关系之结》，中国社会出版社 2008 年版，第 19 页。

③ 同上书，第 18—19 页。

④ 高韫芳：《当代中国中央与民族自治地方政府关系研究》，人民出版社 2009 年版，第 14—15 页。

⑤ 孙柏瑛：《当代地方治理》，中国人民大学出版社 2004 年版，第 132 页。

宪法规定、行政体制和政策过程这三个不同的层次。①

（四）我国中央与地方关系的特点和基本原则

我国是一个统一的多民族国家。刘承礼认为，我国模式的中央与地方关系及其改革，具有下列特点：实行中央主导下市场导向型的渐进式改革；注意发挥中央与地方两个积极性；政治上相对集中与经济上相对自主相结合；政府职能转变和财政结构调整相结合。②

任维德认为，作为单一制国家，当代中国的纵向府际关系具有以下基本特征：一是中央政府统一行使全部国家主权，统辖全国各级地方政府；二是全国只有一部宪法，只有一个国家权力机关体系；三是地方政府的立法和行政权限来源于中央政府的授权或委托，不得与中央法律和政令相抵触或冲突；四是地方政府是中央政府的下属或代理机构，依中央政府的意志和需要而设立，即地方行政机关的各种权力受中央权力统辖，是从中央政府权力中分离出来的由地方行政区域享有的权力；五是中央政府统一行使外交权，统辖国防决策权和军队统帅权；六是地方政府可以就如何善治与中央政府进行博弈，但无权宣布脱离中央政府管辖。③

任进从宪政制度视角上，认为我国中央与地方的关系是在民主集中制基础上建立起来的新型中央与地方关系。我国在国家结构上，采取在单一制国家中建立一般地方、民族自治地方和特别行政区的形式，中央与地方的关系具有复合单一制、政治与行政相结合的特点。我国领土辽阔、人口众多，中央与地方关系具有多层次性；中央与地方职能、权限，既有政治性和立法性划分，也有行政性和经济性划分，但具有“职责同构”的特点；而且中央与地方关系与政党制度密切相关。中央与地方关系的处理，应遵循在中央统一领导下充分发挥地方的主动性、积极性的总原则；同时，应符合宪法和国家权力结构，适应国家政治、经济、社会发展需要，

---

① 吴知论：《关于中央与地方关系的分析》，载《中国公共服务体制：中央与地方》，中国经济出版社 2006 年版，第 91 页。

② 刘承礼：《理解当代中国的中央与地方关系》，载《当代经济科学》2008 年第 5 期。

③ 任维德：《当代中国府际关系中的中央与民族自治地方关系及其重构》，载《内蒙古大学学报》（人文社会科学版）2007 年第 4 期。

符合利益平衡等原则。①

中央与地方关系是一个不断协调、博弈的持续过程，正确处理中央与地方关系，既要有体现全局利益的统一性，又要有统一指导下兼顾局部利益的灵活性；既要有维护国家宏观调控权的集中，又要在集中指导下赋予地方必要的权力。许崇德提出我国中央与地方关系，有发挥两个积极性，大权集中、小权分散，因地因时制宜，社会主义法制和分工合作等五项一般原则。② 郑毅则认为，处理中央与地方的关系，要坚持统一性与灵活性相结合、集权与分权相平衡、公民权利决定公共权力、充分调动地方积极性、行政区划与经济区域相协调、行政区域与司法区域相分离、公共权力运行效率最高、中央与地方关系法制化等原则。熊文钊也认为，中国中央与地方关系问题是国家体制改革的基本问题，并论述了中国中央与地方府际权力关系重构的若干原则、良性互动机制以及法制保障的问题，提出了处理中央与地方关系的八项原则：统一性与灵活性相结合原则、集权与分权相平衡原则、公民权利决定公共权力原则、地方自治原则、行政区划与经济区域相协调原则、行政区域与司法区域相分离原则、公共权力成本最小原则、中央与地方关系法制原则，并提出了构建中央与地方之间良性互动机制的若干途径。③

而金太军、赵晖提出，构建新时期中央与地方的关系，应根据经济、社会发展的需要不断调整，坚持“稳中求变、变中求稳”的方针，发挥两个积极性，使中央与地方集分权均衡，坚持中央与地方责权对称，实现中央与地方关系科学化、民主化和法制化，维持中央与地方关系静态定位和动态平衡。④

基于新中国的社会时代背景，朱苏力从实在宪法的视角，讨论了当代

---

① 任进：《和谐社会视野下中央与地方关系研究》，法律出版社 2012 年版，第 20—26 页。

② 许崇德主编：《中国宪法》（第四版），中国人民大学出版社 2010 年版，第 192 页。

③ 郑毅：《试论我国处理中央与地方关系的八大原则》，载《岭南学刊》2010 年第 5 期；熊文钊：《论中国中央与地方府际权力关系的重构》，载《河北法学》2005 年第 9 期。

④ 金太军、赵晖等：《中央与地方政府关系建构与调谐》，广东人民出版社 2005 年版，第 14—19 页。

中国政制架构中纵向中央与地方分权问题，认为影响当代中国高度中央集权的关键因素可能有两个：国家统一与新中国成立以及革命政权的转型；进一步指出“两个积极性”作为一种非制度化的宪政策略在协调这一特定时空中的中央与地方关系上的政制意义；随着社会经济和政治的发展，当代中国有必要基于中国政制的成功经验和基本格局，进一步制度化中央与地方的关系。①

## 三　中央与地方的结构与职权划分

### （一）中央与地方的地域结构

在我国，通说认为，国家结构形式是指国家整体与其组成部分之间的关系的形式，即调整国家整体与其所属的区域之间的关系的形式。具体地说，国家结构形式，在单一制国家是指中央与地方的关系；在联邦制国家，主要是指联邦与联邦成员的关系。②

马克思主义认为，按地域划分行政区而不依氏族划分部落，这是国家区别于氏族组织的一个显著特点。行政区划因国家本质不同而有所不同，而且因各国的经济、历史、民族等因素的不同而不同，即使在同一个国家，由于政治、经济、民族等情况的变化，不同时期的行政区划也会有所调整或者变更。我国政区划分的历史比较悠久，早从秦汉开始便设立了郡县制度，历代相传略有变动。唐晓峰认为，“关于中国的区域结构，传统的地理叙述多为政区结构……自秦朝以来，政区是一项成功的国家建构体系，强大、稳定，极大地影响了古代中国的社会生活、文化发展”。③

根据国家结构形式的传统理论，国家结构一般分为单一制和联邦制。J. 布莱泽将世界上不同国家结构，分为“实行分区的单一制国家、实行地方分权的单一制国家和联邦制国家”。④

近年来，根据《欧洲区域化宣言》，对国家结构的一种新的分类是，按照立法权和行政权的分配与组织形式，将中央与地方结构关系分为单一

---

① 朱苏力：《当代中国的中央与地方分权》，载《中国社会科学》2004 年第 2 期。

② 任进：《和谐社会视野下中央与地方关系研究》，法律出版社 2012 年版，第 33 页。

③ 唐晓峰：《区域与国家》，载《读书》2011 年第 12 期。

④ J. 布莱泽：《地方分权：比较的视角》，中国方正出版社 2009 年版，第 1 页。

制（这种模式下国家与地方结构的特点是：由单一的中央权力机构行使统一的制宪权，政府职权可以被下放到地方的层级，但中央政府有最高的行政权）、联邦制（联邦与联邦成员都拥有制宪权，联邦与联邦成员建立分权与制衡机制；联邦成员制宪权不能为联邦政府单方面改变）和地区制（地方政府拥有较大的政策制定权，但中央政府仍有最高权；在一些特别事务上依靠更多的专家参与以获得更高效的地区治理）。[①] 任进借鉴新的国家结构理论，将中央与地方关系的地域结构分为复合单一制（中国）、分权单一制（法国、日本）、联邦制（德国、美国、俄罗斯）和地区制（英国、西班牙）。[②]

我国是统一的多民族国家，在国家结构上，采取在单一制国家中建立民族区域自治制度和特别行政区制度的形式。它不同于联邦制国家，没有联邦制国家中的邦、州、共和国等组成部分，也不同于一般单一制国家。在我国，在中央政府领导下，既有一般地方行政区域，又有民族自治地方和特别行政区域。这一国家结构形式的特点使我国的地方分权也有自己的特点。[③] 我国的国家结构主要有一般地方单位、民族自治地方和特别行政区。

2011 年 3 月 14 日十一届全国人大四次会议审议批准的《国民经济和社会发展第十二个五年规划》明确指出，继续优化政府结构、行政层级、职能责任，降低行政成本，坚定推进大部门制改革，在有条件的地方探索省直接管理县（市）的体制，为我国行政区划体制改革提供了总体思路。胡锦光、韩大元在其主编的《中国宪法》教材中，提出撤销地区行政公署改为市级建制是否合宪的问题。[④] 任进认为，在坚持单一制国家结构形式的前提下，减少行政层次，依法实行省直管县（市），增加省级行政区划设置，实行市县分治，应当是未来行政区划和政府结构改革总的方向。他还特别强调，1982 年宪法设计的行政区划主要是省、县和乡或省、市、

---

① 弗朗兹·肖斯伯格：《欧洲治理的地区与地方维度》，载《社会治理创新——第二届中欧政府高层论坛文集》，国家行政学院出版社 2006 年版，第 334 页。

② 参见任进《和谐社会视野下中央与地方关系研究》，法律出版社 2012 年版，第 34—42 页。

③ 参见张友渔在国际宪法学协会圆桌会议上的发言——《关于中国的地方分权问题》，载《张友渔文选》（下卷），法律出版社 1997 年版，第 459—465 页。

④ 胡锦光、韩大元：《中国宪法》，法律出版社 2010 年版，第 405 页。

区三级体制；鉴于1982年宪法与1954年宪法相关规定的延续性，并考虑1954年合并了一些省和直辖市等背景情况，这里的“较大的市”应理解为主要是指武汉、西安、沈阳、广州、成都等大城市，而不是一般的地级市，但目前设区的市已达283个，不应该是宪法规定的本意。因此，探索实行省直接对县（市）的管理体制，有明确的宪法和组织法依据。① 任进提出恢复设立大区制度的设想。② 熊文钊、郑毅则提出恢复和设立大区管理制度、划小省区、减少层次、省直管县的政策建议。③ 张震通过考察北京等地行政区划调整的几个事例，论述了我国行政区划调整应遵循的行政管理原则、经济发展原则、历史传统原则和区域平衡原则，并对行政区划调整中涉及的公共利益和公民权利问题进行了分析。④

### （二）权限纵向划分

#### 1. 权限纵向划分的意义、原则和方法

纵向府际关系，其实质是政府间的权限划分。而权限纵向划分，作为国家体制中对国家权力的纵向配置，是国家结构和地方制度在立法、行政等层面上的体现，在宪法中占有重要地位。刘小兵提出，改革开放的经验已经证明，一个有权威的、能对社会发展进程实施有效领导的中央政府，是社会变革时期能以较小代价赢得快速平稳发展的重要保证。但是，在法律规定的范围内，地方政治共同体也有一种意志要表达和执行。⑤ 任进对此认为，国家权力纵向配置逐渐出现的一种基本趋势，是强化地方自治、实行地方分权和辅助性原则（subsidiarity）、鼓励多样性、公民参与、中央与地方的合作等。中央和地方权限的科学配置和合理划分，形成中央和地方之间及地方之间相互制衡，有助于防止权力滥用，保证地方民主，维护地方的利益，而且能在很大程度上更好地顾及地方的特点和多样性，也

① 任进：《进一步推动行政区划改革》，载《学习时报》2011年10月31日。

② 任进：《大部制视阈下的中外政府机构：比较与启示》，载《行政管理改革》2011年第3期。

③ 熊文钊主编：《大国地方：中央与地方关系法治化研究》，中国政法大学出版社2012年版，第318—350页。

④ 张震：《北京等地行政区划调整的宪法分析——以我国中央与地方关系的法治化为视野》，载《宪法研究》（第13卷），社会科学文献出版社2012年版，第221—228页。

⑤ 刘小兵：《中央与地方关系的法律思考》，载《中国法学》1995年第2期。

有利于公民更好地参与政治生活。另外，对于促进地方之间竞争和发展，也有重要作用。①

任进对不同国家结构形式下的分权进行比较，提出在联邦制国家，权限纵向划分包括两个方面：一是联邦与各联邦成员（州、省、邦、共和国）的分权；二是各联邦成员（州、省、邦、共和国）与地方的分权。在单一制国家，主要是中央与地方权限的划分。而且引述《世界地方自治宣言》的相关内容：公共责任应主要由最接近当地居民的地方政府基本单位行使；地方政府对不专属于任何其他政府也不完全排除地方政府权能的任何事项，应有自主管理的一般性权利，且地方政府的基本职能及改变这些职能的程序，应由宪法或者法律规定。在一般情况下，地方政府的权力应是充分和独享的，即使宪法或者法律授权中央政府或者区域性政府干预地方政府事项时，地方政府也应保留提议和决定的权利；如果中央政府或者区域性政府授权，地方政府应获得根据本地区条件实施立法的裁量权；并认为《欧洲地方自治宪章》第四条关于地方自治的范围的规定，也可以成为权限纵向划分的原则。

但不同国家结构的国家权限划分不同。J. 布莱泽认为，“在权力下放体制中，地方管理权委托给在地方区域行使权力的中央政府的代理人，国家通过财政和纪律的措施实行控制……与权力下放不同，地方分权意味着中央政府或者其代理人的权力转交给地方政府的代表，后者不直接对中央政府或者其代理人负责；而联邦制和地方分权的主要区别主要在于两者的下级政府的独立地位明显不同：联邦成员职权行使的独立性，不同于单一制国家中地方的自治，联邦成员独立性建立在宪法上，并由宪法加以保障，而不是像地方分权一样主要根源于普通立法”。②熊文钊主编的《大国地方：中央与地方关系法治化研究》认为，主要应遵循兼顾中央与地方两个积极性，现实、职权和职能和责任相适应、

① 任进：《和谐社会视野下中央与地方关系研究》，法律出版社 2012 年版，第 50 页。

② J. 布莱泽：《地方分权：比较的视角》，中国方正出版社 2009 年版，第 1 页。

灵活性和法制四项原则。①

任进对不同国家结构形式下的权限划分进行分析，提出在联邦制下，联邦与各联邦成员的权力，一般由联邦宪法划分；单一制下权限纵向划分，一般分两种形式：一是通过《宪法》划分；二是通过《宪法》或法律授权地方政府。通过在《宪法》上纵向划分权限，一般是原则性的概括规定；也有少数是列举性的具体规定，如1947年《意大利共和国宪法》。我国1982年《宪法》不仅规定了中央和地方国家机构职权划分的原则，而且对全国人大及其常委会、国务院、地方各级人大及其常委会和地方各级政府的职权，作了列举或者概括，并规定由国务院规定中央和省、自治区、直辖市的国家行政机关的职权的具体划分。此外，对民族自治地方的自治机关的自治权，也作了原则确认。宪法还规定，国家在必要时得设立特别行政区。地方政府通过宪法或者法律等授予而取得职权，一是通过《宪法》授予获得职权；二是通过法律、法规和宪章获得职权。②

2. 同领域的权限划分

各国都规定原则上立法权统一由中央行使。法言认为，根据各国宪法和有关法律对国家结构形式的规定，纵向立法权从理论上可分为中央完全集权、地方完全分权、分权—集权和集权—分权四重模式；而我国《宪法》和《立法法》确立了我国统一而又分层次的立法体制和中央与地方立法权划分的基本格局：全国人大有权修改宪法，制定和修改刑事、民事、国家机构和其他的基本法律；全国人大常委会有权解释宪法，监督宪法的实施，有权制定和修改除应由全国人大制定的法律以外的其他法律，并在全国人大闭会期间对全国人大制定的法律进行部分补充和修改（但是不得同该法律的基本原则相抵触），同时，省级（和较大的市）的人大及其常委会根据本行政区域的具体情况和实际需要，在不同宪法、法律、行政法规（和本省、自治区的地方性法规）相抵触的前提下，可以制定和颁布地方性法规。除上述一般地方立法权外，还有三种特殊地区，享有比一般地方更大的立法权限：民族自治地方的自治条例和单行条例制定

① 熊文钊主编：《大国地方：中央与地方关系法治化研究》，中国政法大学出版社2012年版，第205—206页。

② 参见任进《和谐社会视野下中央与地方关系研究》，法律出版社2012年版，第52—56页。

权；经济特区的单行经济法规制定权；特别行政区的立法权。[①] 王锴则认为，我国地方立法主要分为两部分，一是为执行中央立法而进行的地方立法；二是就地方性事务进行的地方立法，还有一种是比较特殊的带有试验性质的地方立法。作者主张，应正确界定中央立法与地方立法的权限，而这必须在事务的层面进行，只有事权明晰，才能建立起中央与地方的法治关系。[②]

马岭将联邦制下的州、省、邦也当作地方，认为地方立法应排除中央立法、中央执行以及中央立法、中央和地方共同执行的事务。对有些领域的立法权配置，各国不甚统一，有的由中央定原则、地方定细则，有的由中央和地方共有。地方立法通常表现为职权立法和授权立法，还有“可中央立法、可地方立法”的模糊地带。在地方立法的类型中，执行性立法是大国不可缺少的，特殊性地方立法是所有国家对个别问题进行调整的手段，普通地方立法往往与一国的民主进程有关。并认为，我国地方立法权的总趋势应是“放”而不是“收”。[③]

孙波认为，《立法法》首次提出地方性事务的概念，但是到目前为止仍缺乏对其进行法律意义上的进一步界定，理论上也未见相关研究。[④] 根据《行政强制法》第十条，尚未制定法律、行政法规，且属于地方性事务的，地方性法规可以设定查封、扣押的行政强制措施。对何者为“地方性事务”，有不同的理解，比较窄的理解是属于地方特有的，需要针对当地实际情况作出规定的事务，甚至不需要中央立法，如城市养犬问题、燃放烟花爆竹问题等；比较宽的理解是在地方行政区域内的除法律、行政法规明确规定属于中央事权外的其他事务。[⑤] 对这类问题，孙波认为，地方性事务是指具有区域性特点的、应由地方立法机关予以立法调整的事务。目前法律和行政法规主要采取垂直式的权限分配方式，使得中央事务

① 法言：《符合中国国情和实际的立法体制》，载《中国人大》2011 年第 16 期。

② 王锴：《中央与地方法治关系——以地方立法权为视角》，载《宪法研究》（第 13 卷），社会科学文献出版社 2012 年版，第 171—204 页。

③ 马岭：《地方立法权的范围》，载《中国延安干部学院学报》2012 年第 3 期。

④ 孙波：《论地方性事务——我国中央与地方关系法治化的新进展》，载《法制与社会发展》2008 年第 5 期。

⑤ 乔晓阳主编：《中华人民共和国行政强制法解读》，中国法制出版社 2011 年版，第 39 页。

与地方性事务缺乏明确区分。可以综合采取事务所涉及的利益范围、事务的实施范围和事务性质三个标准界定地方性事务。①

我国行政事务十分纷繁复杂，《宪法》没有具体列举哪些行政事务归属中央，哪些归属地方，哪些既可由中央管理也可由地方管理，而是原则规定国务院和地方政府的职权，并授权国务院规定中央和省、自治区、直辖市的国家行政机关的职权的具体划分，《地方各级人民代表大会和各级人民政府组织法》（以下简称《地方组织法》）规定，县级以上的地方人民政府管理本行政区域内的经济、教育、科学、文化、卫生、体育事业和财政、民政、公安、司法行政、计划生育等行政工作。任进列举了少数法律对中央与地方政府部门、机构负责的某些行政职权作原则划分的情形，如根据《教育法》的规定，国务院和地方各级政府根据分级管理、分工负责的原则，领导和管理教育工作，中等及中等以下教育在国务院领导下，由地方政府管理；高等教育由国务院和省级政府管理。并指出多数情况下，是由国务院对中央与各省、自治区、直辖市的国家行政机关有关经济、教育、科学、文化、卫生、体育、财政、民政、公安、计划生育等职权，作具体的划分。②

关于中央与地方权限划分的依据，郝铁川提出，应依利益涉及范围、地域范围、事务的整体性和分散性、所需能力四项原则，来决定中央与地方事权的划分。③ 熊文钊则认为，主要应依据事务的性质和影响范围这两个依据来考量。④ 任进提出，国家具体划分中央与各省、自治区、直辖市的国家行政机关职权时，需要考虑的因素大致有领导或管理事务涉及的地域范围、事务本身的性质、行政机关领导或者管理事务的效率、行政机关领导或者管理事务的能力、不同地方的特点等。并认为，合理配置中央与地方政府的职能，是理顺政府间关系的前提和基础。根据《欧洲各国地

---

① 孙波：《论地方性事务——我国中央与地方关系法治化的新进展》，载《法制与社会发展》2008 年第 5 期。

② 参见任进《和谐社会视野下中央与地方关系研究》，法律出版社 2012 年版，第 72—77 页。

③ 郝铁川：《论中央和地方职能与权限的划分》，载《浙江社会科学》2003 年第 6 期。

④ 熊文钊：《中央与地方权力关系法制化》，载中央民族大学法治政府与地方制度研究中心编《中央与地方关系法治化学术研讨会论文集》（2009 年 12 月）。

方民主和地区民主的结构和运行》，政府间的职能，大致分为一般行政管理服务，教育，社会福利，公众健康，住宅和城镇规划，交通运输，环境和公共卫生，文化、娱乐和体育以及经济事务。我国中央与地方的职能配置，主要体现在中央政府与地方政府在经济调节、市场监管、社会管理和公共服务方面的分工。从《宪法》、《立法法》看，只是在立法层面上划分了中央与地方的权限，中央与地方政府的事务都是按照“统一领导、分级管理”的体制，从上到下进行分解和细化。一般而言，上级政府有的职责，下级政府也有，“职责同构”现象比较严重。各级政府只有管辖范围和权限大小之分，而无具体职能之别，职能配置基本相同；而且存在上下职能错位、责任不清、权责脱节的情况。因此，中央与地方政府的职能亟须理顺。[①] 沈荣华指出，目前我国中央与地方政府的权限划分存在着不合理、不规范、不明确的问题：一是中央政府权力仍比较多，一些地方性事务仍然要拿到中央部门进行审批，“跑部钱进”现象及驻京办的腐败问题，都与此有关。二是权责脱节，通常是中央政府的权力大、责任小，下级政府的权力小、责任大。三是缺乏稳定性，政府间管理权限划分缺乏明确的法律界定，权力行使边界模糊，时而收权，时而放权，缺乏稳定的预期，导致各种各样的短期行为。[②]

从《宪法》、《地方组织法》的规定看，县级以上地方政府的职权，大致有两类：一类属于执行性的；另一类属于自主性的。但《宪法》、《地方组织法》关于上述职权特别是行政管理方面的职权的规定，非常原则。有学者指出：“中央与地方政府的事权范围模糊”、“对于各级政府的职责权限并没有作出明确界分”；“除外交、国防等少数专属于中央的权限外，地方政府拥有的权限和中央政府几乎是一致、对等的，地方政府拥有的权限可以说是中央政府的翻版。”[③] 这在实践中可能产生的问题，一是法律规定的缺失使政府间权力的调整主要通过政府文件进行，没有刚性规范的约束，往往导致权力调整的随意性和非理性，也使中央与地方政府

---

① 参见任进《和谐社会视野下中央与地方关系研究》，法律出版社 2012 年版，第 75—78 页。

② 参见沈荣华《纵向行政体制改革：重点领域和思路选择》，载《行政管理改革》2010 年第 5 期。

③ 颜延锐等编著：《中国行政体制改革问题报告》，中国发展出版社 2004 年版，第 252 页。

间事权的调整出现了一个可以讨价还价的市场；二是事权范围的模糊也给中央对地方政府的有效监控造成了困难，中央的权威被削弱。①

3. 我国地方政府权力配置

除了中央与地方权限划分以外，地方政府之间也存在权力配置关系。刘海兵认为，所谓地方政府权力配置，是指地方政府在国家行政系统中其权力的分配与行使。从实质上看，是中央政府赋予地方政府权力的限度与范围；从主要内容看，是地方政府之间在国家行政体系中如何确定权力的内容、权力行使的边界、相互之间的权力关系；从特定层级的地方政府看，是指行政机关根据一定的目标和原则对依法获得的权力进行划分和调配，达到行政机关中的各权利主体各司其职的目的。根据《宪法》和《地方组织法》，县级以上人民政府的职权有：行政执行权；行政领导与管理权；人事行政权；行政保护权；行政立法权；其他权力，即“办理上级国家行政机关交办的其他事项”。乡、民族乡、镇人民政府的职权：行政执行权；行政管理权；行政保护权；其他权力，即：“办理上级人民政府交办的其他事项”。自改革开放以来，中央政府采取一系列措施改变新中国成立后建立起来的中央高度集权体制，虽然取得了一定的成就，就目前地方政府权力配置的现状而言，还存在以下不足：如地方政府积极性、独立性和创造性不足、地方政府的事权与财权不匹配、权力配置不科学等，因此，应合理划分府际间的权力，合理划分地方政府间的权力关系，继续推进地方行政审批制度改革，真正落实行政首长负责制。②

4. 地方试验

王建学认为，地方立法试验是国家体制改革的重要途径之一。近代中国的国家改革曾在不同程度上利用地方立法试验，从时间上可以分为清末时期、民国前期和民国后期三个各具特点的阶段。就地方立法试验的内部结构演变而言，基本的历史趋势是民主和开放。从社会效用和规范评价来看，民国后期的地方立法试验已具有法制化和科学化的形式，在发挥试验性作用的同时又受到国家监控，防止国家法制统一性因地方立法试验而遭到破坏。我国目前的“先行先试”，可以从近代地方立法试验的经验教训中汲取充足的养分，需要注意试验制度本身的科学性、试验性立法的民主

① 薛刚凌主编：《行政体制改革研究》，北京大学出版社2006年版，第178页。

② 刘海兵：《我国地方政府权力配置研究》，载《理论观察》2010年第5期。

与开放程度、地方活力与国家秩序的协调以及社会效用与规范统一性之间的协调。

王建学还对我国地方试验制度的法治化进行专门研究，指出由于执政党的鼓励和提倡，试验被广泛地应用于我国的政治、经济、法律制度改革中。具体的情形大体上又可以分为地方自发试验和国家发动并授权地方进行试验两种。地方试验虽然为改革开放贡献了巨大的历史功绩，但既有的试验比较凌乱，政治色彩和行政色彩浓厚，而规范化和制度化的因素较为薄弱，因此，要处理好地方试验与合法性原则、合宪性原则的关系，实现地方试验权的法律化与宪法化。①

郑政武提出，地方试验所引起的良性违宪问题的根源，在于我国宪法的适应性较弱，应通过“宪法内容的删减”、“完善宪法的弹性条款”和“宪法解释”三方面的努力来增强宪法的适应性。② 而张千帆《宪法变通与地方试验》一文，则再次引起人们对地方试验与良性违宪问题的关注。通过对地方试验的研究，张千帆基本上从反对良性违宪的立场转变到支持良性违宪的立场，他认为，只要地方改革试验符合1982年宪法确认的民主、法治与人权这些基本原则，而且没有损害任何全国性利益，那么在没有其他选择的情况下，即便其合法性乃至合宪性存在疑问，地方试验仍应受到宽容。③

### （三）中央与地方组织关系

我国中央政府的决策、命令主要通过有垂直管理关系的主管部门、没有垂直管理关系的部门和地方国家机构等执行。④ 另外，法律、行政法规也要通过国务院或地方人大及其常委会执行或保障执行。这就出现这些机关在执行法律、法规和国务院决定过程中的各种关系。

在我国，人们形象地将中央与地方的组织关系表述为“条条块块”的关系。通过层级化把整个行政区域切成了块块，又通过各层级对应的部

---

① 王建学：《论近代中国地方立法的试验及其现代启示》，载《宪法研究》（第13卷），社会科学文献出版社2012年版，第281—296页；王建学：《论我国地方试验制度的法治化》，载《宪法研究》（第10卷），四川大学出版社2009年版。

② 郑政武：《论宪法规范的适应性与地方试验》，载《金卡工程》2008年第5期。

③ 张千帆：《宪法变通与地方试验》，载《法学研究》2007年第1期。

④ 周振超：《当代中国政府“条块关系”研究》，天津人民出版社2009年版，第111页。

门化把块块切成条条，从而形成条块结合的体系。有学者依照法律规定，将我国中央与地方条块关系，梳理为以下几方面：一是全国人大及其常委会与省级人大及其常委会之间的法律监督关系、业务指导关系和工作联系关系；二是国务院对省级政府的领导关系、监督关系；三是国务院主管部门与省级政府的权限分工关系、法定监督关系和协助关系；四是国务院主管部门与省级政府工作部门之间业务领导和指导关系。①

任进提出“垂直管理机构”，也称“条管机构”，一般是指中央或者上级政府的部门、单位在地方设置的派出机构或者分支机构。“垂直管理机构”具有非行政区划性、垂直性和相对独立性的特点，其人事、财务、管理等权，主要由本系统内的上级行政机关掌握。垂直管理部门对分支机构或者派出机构实行垂直管理，主要由有关法律、法规、“三定规定”规范。垂直管理机构与地方政府的基本关系，主要体现在权限分工、互相监督和工作协助等方面。② 从实质上看，垂直管理机构与地方政府的关系是集权与分权矛盾的表现，也是政府部门职能及利益关系的反映。沈荣华认为，垂直管理机构与地方政府关系问题的关键不在垂直管理的多与少、强与弱，而在是否应当垂直管理，在哪些领域实行垂直管理，因为中央垂直管理有特定的适用范围和条件，属于中央政府的职能才有必要垂直管理；属于地方政府的职能，一般没有必要垂直管理。“不能一出现这样那样的问题就想到垂直管理，否则势必与地方管理产生矛盾冲突，难以持久。”③ 因此，应当以职能划分为基础来理顺地方政府与垂直管理机构，通过深化机构改革来理顺条块之间的权能，实现政府职能配置优化。任进以药品监管和食品安全监管为例，论证为进一步强化和落实地方各级政府食品药品安全监督管理的责任，确保食品药品安全，将食品药品监管机构由省级以下垂直管理改为由地方政府分级管理、业务接受上级主管部门和同级卫生

---

① 《宪法学》编写组：《宪法学》（马克思主义理论研究和建设工程重点教材），高等教育出版社、人民出版社 2011 年版，第 267—269 页。

② 参见任进《和谐社会视野下中央与地方关系研究》，法律出版社 2012 年版，第 159—160 页。

③ 沈荣华：《纵向行政体制改革：重点领域和思路选择》，载《行政管理改革》2010 年第 5 期。

部门的组织指导和监督的必要性。①

辛向阳指出，中央与地方关系在完善社会主义市场经济和构建社会主义和谐社会的进程中出现了新变化，如复杂性在增加、法治化程度在提高、组织化程度在加强等。② 任进认为，规范垂直管理机构与地方政府的职权关系，关键要看管辖的事务的性质，应建立健全垂直管理机构与地方政府间的协调配合机制，确立垂直管理机构与地方政府之间的公务协助关系，建立垂直管理机构与地方政府之间争议的协商和裁决机制。③

垂直管理机构与地方人大常委会之间，在各自职权范围内，具有工作上的联系和相互协助关系。在日常工作中，地方人大常委会应密切与垂直管理机构的联系，督促和指导垂直管理机构建立执法责任制，推行政务公开，自觉接受人民群众的监督。同时，地方人大常委会还应当与垂直管理机构的上级主管部门保持联系，通过公函等方式将垂直管理机构执法的情况及时向上级主管部门反馈，并提出有针对性的建议、意见。根据《地方组织法》，地方各级人大常委会在本行政区域内，保证宪法、法律、行政法规和上级人大及其常委会的决议的遵守和执行，主要涉及的工作，一是地方人大常委会可组织开展法律、法规实施的检查或者调查。二是听取和讨论（包括依法审议）垂直管理机构的工作报告。三是组织人大代表进行视察。④

### （四）中央对地方监督、控制和调节

我国实行人民代表大会制度，为了解决民族问题和香港、澳门问题，还实行民族区域自治制度和特别行政区制度。除《宪法》对上述制度作了原则规定外，中国还分别制定了《地方组织法》、《民族区域自治法》和《香港特别行政区基本法》、《澳门特别行政区基本法》，对各类地方制度作了具体规定，还对全国人大修改有关地方制度的法律的权限作了确

---

① 任进：《从食品安全法看部门与地方的关系》，载《学习时报》2009 年 4 月 7 日。

② 《央地关系新变化：职能部门垂直管理，加强执法效能》，载《瞭望新闻周刊》2009 年 11 月 16 日。

③ 任进：《依法规范垂直管理机构与地方政府的关系》，载《国家行政学院学报》2009 年第 3 期。

④ 任进：《依法规范地方人大常委会与垂直管理机构的关系》，载《法学杂志》2010 年第 6 期。

认，从而为这些地方机构确立了基本的组织和活动原则，也为中央的监控提供了宪法和法律依据。

任进认为中央对地方的行政监控，在理论上可以分为对地方政府的监控和对地方政府的行政行为的监控两方面。实践中对地方政府的行政行为的监督是主要方式。在中国，中央人民政府中没有设置地方人民政府的主管部门。依照《地方组织法》的规定，中央和地方各级人民政府主管部门之间，存在着法定的领导关系或指导关系，如国务院统一领导全国地方各级国家行政机关的工作；有权根据宪法和法律，规定行政措施，制定行政法规，发布决定各命令；根据全国人大及其常委会的授权决定，有权制定暂行条例和暂行规定；有权批准省、自治区、直辖市的区域划分，批准自治州、县、自治县、市的建置和区域划分等。① 其他方式，如通过地方行政首长进行协调和控制、通过行政系统对地方人事进行管理、通过司法机关进行监督或者调节等。我国中央调控地方人事，其主要表现在：一是协同省级政府对省级政府部门负责人实行双重领导；二是对地方进行人事调控，更重要的方式是建立在中央对地方重要党政干部的管理上；三是中央有关部门党组（党委），按照有关规定和干部管理权限，对省级部门、机构的领导干部实行双重管理；四是中共中央建立巡视制度，按有关规定对省级党组织领导班子及成员进行监督；五是监察部对省、自治区、直辖市政府领导人员实施监察；六是审计署按规定对省部级领导干部实施经济责任审计；七是国务院决定省级政府领导人员撤职、开除处分，决定对省级政府领导人员责令公开道歉、停职检查、引咎辞职、责令辞职和免职，等等。②

中央与地方关系的司法调节是我国宪法研究的难点。郭殊对中央与地方关系的司法调控问题作了专门研究，内容涉及对司法调控的理论基础、宪法功能、制度模式、司法制度结构和调控实践进行梳理和分析，并对我国中央与地方关系中的司法体制作专门研究，分析我国司法体制的基本现状、问题，提出改革中央与地方关系中的司法体制的意见，还对中央与特

① 参见任进《比较地方政府与制度》，北京大学出版社 2008 年版，第 284—289 页。

② 参见任进《和谐社会视野下中央与地方关系研究》，法律出版社 2012 年版，第 144—146 页。

别行政区关系的司法调控作了专门分析。①

而刘海波认为，要部分吸收政府间结构的重叠统治模式中的优点，中央政府拥有强大的独立执行力量的同时，可以放心地让地方政府拥有更大的自主权。在立法、行政过程中进行政府间权力范围的调整，有很大的弊端，要充分注意司法调节方式的优点。尽管中国司法的现状不尽如人意，但通过司法改革，诸如司法独立、司法权的适当统一、减少上级对下级法院行政干预的同时进行判例法的实验——至少最高法院可以制作判例法等等，无论如何，司法都能在调整中央与地方关系上起一些作用。很可能，通过真正意义上司法权的树立，困扰我们的中央地方关系上的“集权—分裂”循环，将真正得以解决。②

（五）中央对地方的指导和地方对中央决策的参与

在纵向府际关系中，不仅存在单向的对地方的层级监控和指导、帮助关系，还存在双向运作的关系，如地方的影响和对全国性决策的参与。对地方的指导、帮助，从领域上看，主要有政治、经济、财政、技术等方面；从方式上看，主要有包括对地方的指示、指导、协助、财政资助、技术服务、共同开发等。随着社会经济的发展，府际关系日益密切，中央或上级政府不仅担当地方政府的监督者、控制者和领导者的角色，同时也与地方政府建立了指导、合作和伙伴的关系。③

任进还认为，在我国，依照有关规定，中央对地方有许多合作或者指导、帮助的方式，而且我国现阶段实行公有制为主体、多种所有制经济共同发展的基本经济制度，国家利益与地方利益、整体利益与局部利益、普遍利益与特殊利益从根本上、长远上说具有一致性，中央政府能够从全国整体出发，通过政策扶持、规划指导、资金支持和推动对口支援等方式，对地方给予指导、支持和帮助。典型的例子如部署实施西部大开发、实施东北地区等老工业基地振兴战略、支持河南省加快建设中原经济区、支持福建省加快建设海峡西岸经济区、进一步促进贵州经济

---

① 参见郭殊《中央与地方关系的司法调控研究》，北京师范大学出版社 2010 年版。

② 刘海波：《中央与地方政府间关系的司法调节》，载《法学研究》2004 年第 5 期。

③ 参见任进《比较地方政府与制度》，北京大学出版社 2008 年版，第 140 页。

社会又好又快发展、东部率先发展战略、中部崛起战略、上海浦东新区等国家综合配套改革试验区等。[①] 地方参与全国性事务是政治民主化的具体表现，就其政治作用来看，地方参与是地方政府运用政治经济资源，通过法定或非法定方式表达利益诉求并实现各自利益的一个重要机制。在高度集中的计划经济体制和所有制形式整齐划一的情况下，对国家与地方利益一致性的强调，压抑了地方特殊利益的表达，地方往往是出于政治需要而不是为了某种具体的利益参与全国性事务管理。随着市场经济的建立和发展，地方利益格局深刻调整，地方政府产生各自的利益表达诉求，应按照健全民主制度、丰富民主形式的要求，进一步加强地方对全国人大及其常委会有关事务的参与，加强地方对有关国家行政事务的参与，扩大民族自治地方对有关中央决策的参与，加强特别行政区对有关国家事务的参与，扩大当地居民对有关国家事务的参与，并拓宽地方参与全国性有关决策的渠道，合理划分和法治建构中央与地方各自的权限，在机制上保障地方参与，健全中央与地方沟通机制，在程序上保障地方参与扩大地方自主权，建立地方利益表达与平衡机制，建立中央部委与省级地方政府的协商机制。[②]

朱孔武认为，政府职能在纵向上配置的“职责同构”，即不同层级的政府在纵向间职能、职责配置上的相对一致性，导致国务院与地方各级政府的职权重叠，缺乏独立性，双向互动的约束机制缺失，致使上级政府可以越权行使下级政府权力，中央政府与地方政府或者地方政府与上级政府之间便有了讨价还价的博弈。地方政府为了谋求正当或者不正当的利益，只得跑“部”、进“京”向中央政府要权要政策，通过非制度性路径向上争取权限和政策。这不利于中央与地方关系的制度化，也成为“驻京办现象”存在的重要诱因。[③] 因此，应对中央与地方各自权力的来源、事项的管辖等方面，进行合理划分并法治建构。

---

① 任进：《和谐社会视野下中央与地方关系研究》，法律出版社2012年版，第147—149页。

② 任进：《地方参与全国性事务的宪法分析》，载《哈尔滨工业大学学报》（社科版）2012年第6期。

③ 朱孔武：《地方参与中央决策的法治建构——以整顿地方政府驻京办为例》，载《法学论坛》2009年第2期。

## 四　中央与地方关系的科学化、法治化

### （一）科学配置权限

对如何理顺中央地方关系，逐步实现中央与地方关系的科学化、法治化，是学者们比较关注的宪法问题。

沈春耀认为，合理划分中央和地方管理责权是我国发展和改革的客观要求，必须从我国政治、经济、文化和社会的基本国情出发，从具体领域的实际情况出发，坚持统筹兼顾、充分发挥中央和地方两个积极性的方针，需要从以下几方面着手：一是横纵结合；二是简政放权；三是责权一致；四是突出重点。① 而任进认为，应遵循在中央统一领导下，充分发挥地方积极性和主动性的宪法原则，本着既要加强中央的宏观调控、确保中央政令统一，又要增强地方活力，同时有利于建立统一的全国市场、有利于中央宏观经济调控与省级政府宏观经济调节的建立和完善的精神，在大量理论论证和反复实践摸索基础上，科学、合理地划分中央与地方的事权，并合理确定中央与地方的财权和对国有资产的管理权。②

朱苏力指出，随着社会经济和政治的发展，当代中国有必要基于中国政制的成功经验和基本格局进一步制度化中央与地方的关系。其理由是：中国是一个政治经济文化发展不平衡的大国，中国过去 50 多年来已经积累的分权经验和实际形成的一些惯例和制度，制度具有保持预期稳定的优点，中国的制度转型将是一个比较长的时期，中国市场经济发展水平和各地区之间的联系正在而且必定会日益加强，法治在中国的历史必然性，如今中国已经没有如同毛泽东、邓小平这样的魅力型的政治领导人了。因此，可以而且必须进一步考虑如何从一种注重实践的眼光来总结 50 多年来的政制经验，注意以制度化来保证和稳定中央与地方的分权，逐步使作为一种政制策略的两个积极性转化为中国政治制度的一个重要组成部分，使两个积极性都得到制度化的保证。一方面是保证国家的统一，另一方面是为地方性秩序的形成发展创造可能性和激励因素。而且事实上，自 20

---

① 沈春耀：《合理划分中央和地方经济社会事务的管理责权》，载《法制日报》2003 年 10 月 30 日。

② 任进：《我国中央与地方的关系及其科学化、法定化》，载《中国法学》（特刊）2002 年 12 月。

世纪 90 年代以来，在中央和地方分权问题上，中国已经有了相当一些制度创新并且有越来越强的制度化趋势。例如在立法权上，1979 年《地方组织法》、2000 年《立法法》都规定了地方的立法权限，尽管受制于单一制的理念，后者有意避免使用地方立法权的概念。此外，中央还给予地方一系列改革开放的政策。①

熊文钊认为，中央与地方事权有不同特点，中央政府与地方政府在国家权力结构中的性质和地位，决定了各自的职能特征和具体职能。中央政府及国务院，是中国的最高国家行政机关和最高国家权力机关的执行机关，地方各级政府是在国务院统一领导下的地方国家行政机关。中央政府与地方政府的职能有明显不同。中央与地方的事权基本可以确定为：中央政府的权限，包括国家立法权、国家机构组织权、人事任免权、重大事项决定权、国家监督权、最高行政管理权等。而地方政府的权限，则集中在地方法律制定权、地方财政税收权、地方事务管理权三项上。在实际运行中，中央与地方关系，既有整体利益一致性的一面，也有不一致的一面。有鉴于此，需要通过协调，整合中央与地方的利益关系，使其达成统一，在不对称中达成有机的互动平衡机制。而要实现上述目标，需要建立中央与地方关系的司法审查制度。中央与地方之间、地方与地方之间有可能发生权益冲突。调处纠纷的途径除了行政的、协商的途径外，司法的途径是纠纷调处的最终的有效途径。可以考虑由最高人民法院行政审判庭，受理中央政府与地方政府以及地方政府与地方政府之间的一般权限争议案件和利益分配纠纷案件。在修改《行政诉讼法》时，将中央与地方以及地方与地方之间的权属纠纷、利益分配纠纷等方面的案件，列入人民法院的受理范围。此外，在调整中央集权与地方分权的关系中，为保障中央与地方的权力运行不偏离宪法所确立的框架和结构，应当建立中央与地方关系的宪法保障制度。②

张艳认为，中央与地方关系的实质就是国家利益与地方利益的关系。中央与地方关系是当前中国法治建设的重要命题。传统的、单一的行政途径不仅不能有效解决我国中央与地方关系，反而使中央与地方关系的发展

① 苏力：《当代中国的中央与地方分权——重读毛泽东〈论十大关系〉第五节》，载《中国社会科学》2004 年第 2 期。

② 熊文钊：《中央和地方关系需法律保障》，载《瞭望新闻周刊》2005 年第 49 期。

陷入了困境。走出这一法治困境的关键，在于实现中央与地方关系的法治化。为了推进我国中央与地方关系的法治化，我们应当以坚持法律保留原则为重心，不断完善相应的权限划分机制、权力监督机制等。①

在程乃胜看来，在中央与地方关系中，起决定作用的是中央与地方的利益关系，中央与地方利益冲突原因复杂、多样。地方权力的宪法化是市场经济发展的必然要求，是一国经济社会发展不平衡的法律体现。地方权力宪法化是单一制和联邦制国家宪法的共同规定，旧中国的宪法和《共同纲领》对地方权力作了明确的规定；二战以后，地方自治和地方权力的宪法化成为世界宪政发展的潮流，就连具有中央集权传统的法国，也在1982 年开始了地方自治和地方分权的改革。我国宪法应适应社会主义市场经济发展的要求和顺应世界宪政发展的潮流，尽快明确规定地方权力。②

（二）依法规范

杨海坤、金亮新认为，对于中央和地方关系的处理，有必要采用理论创新和制度创新相结合之新途径进行分析，从探讨中央与地方关系法治化的命题高度出发，高屋建瓴地对影响我国中央与地方关系的现实问题予以研究。在处理中央与地方关系中涉及的地方自治和垂直管理等问题上，应该通过宪法和其他宪法性法律坚定不移又循序渐进地推行和拓展地方自治制度，并严格控制垂直管理的设定，从而使我国中央与地方权力划分和关系处理中充分体现现代法治精神。③

秦前红认为，中央与地方分权及地方自治问题是典型的宪法问题，应在现有宪政框架内，运用法治手段、民主手段以及努力实现信息沟通途径的畅通来加以解决。④ 郑毅从宪法文本出发探讨中央地方关系法治化，认为宪法有关规定之间呈现出一种独特的条块结构。虽然宪法文本对于中央

① 张艳：《我国中央与地方关系的法治困境与出路》，载《内蒙古大学学报》（哲学社会科学版）2008 年第 4 期。

② 程乃胜：《中央与地方利益调整的宪法机制研究》，载《宪法研究》（第 13 卷），社会科学文献出版社 2012 年版，第 205—222 页。

③ 杨海坤、金亮新：《中央与地方关系法治化之基本问题研讨》，载《现代法学》2007 年第 6 期。

④ 秦前红：《简评宪法文本关于中央与地方关系的制度安排》，载《河南财经政法大学学报》2007 年第 6 期。

和地方关系的某些方面规定得较为完备，但仍然存在重要内容缺失、部分规范滞后、表述过于抽象等缺陷。其完善进路主要有宪法修改、宪法解释和下位立法三种。就现阶段而言，加强宪法解释无疑是最佳的路径选择。①

上官丕亮则从宪法文化方面，认为分权文化的缺乏是我国中央与地方关系法治化的一大障碍，而在外国分权文化则是中央与地方关系法治化的重要基础和推动力。并提出进一步解放思想，借鉴国外分权文化的有益经验，扬弃传统的中央集权文化，构建我国的分权文化，通过法治途径在中央与地方之间进行明确的纵向分权，实现中央与地方关系的法治化，既确保中央权威又让地方享有一定的自主权，发挥中央和地方两个积极性等建议。②

而崔浩、孙祥生提出，中央与地方关系法治化的核心问题，是通过中央与地方的有限分权实现对中央和地方权力的有效制约。基于权力制约目标设计，中央与地方关系是现代法治的基本要求。集权模式下的中央与地方“分权”只是国家整体意义上权力内部的纵向职能分工，不具有权力纵向制衡意义的分权功能。建立有限政府、实行单一制下的中央与地方分权，既是控权模式下中央与地方关系的重要目标，也是实现中央与地方关系法治化的制度基础。③

中国宪法学研究会2007年的年会，专门对中央与地方关系法治化问题进行探讨，形成了一批成果：（1）有学者认为，中央与地方关系的处理应该贯彻主权统一与安全原则，设计合理的中央与地方关系制度。（2）我国目前中央与地方关系法治化的现状如何？有学者认为，目前我国中央与地方关系法治化在立法、司法方面的成就与不足并存，在行政关系的法治化方面存在诸多问题。必须坚持在单一制条件下完善国家结构形式，尽快走出一统就死、一放就乱的怪圈。还有的学者从纵向分权的角度观察中央与地方关系，认为中央与地方关系并不单是一个国家结构形式问

① 郑毅：《宪法文本中的中央与地方关系》，载《东方法学》2011年第6期。

② 上官丕亮：《中央与地方关系法治化的宪法文化思考》，载《云南大学学报》（社会科学版）2011年第5期。

③ 崔浩、孙祥生：《权力制约：中央与地方关系法治化的核心》，载《河南省政法管理干部学院学报》2009年第3期。

题，应该从更加开放的视野鸟瞰中央与地方关系问题。此外，在中央与地方分权过程中，比例原则的贯彻也有很重要的意义。（3）地方的权力如何得到确实保障？有学者认为，地方事务划分是保障地方权力实现的前提条件。这一点，我国台湾地区的立法条例提供了有价值的借鉴。（4）区域法制协调问题对构建统一和谐的法治图景具有重要意义，有学者认为，与其说区域法制的协调发展是一个经济和社会问题，毋宁称其实质为一个重大的宪政问题。区域法制协调发展问题虽由经济活动的频繁变动所诱发，但最终取决于地方与地方关系的宪政安排。我国宪法为区域法制协调、中央权力下放提供了文本依据，我国可以采用契约型方案解决区域之间的争议。相关学者进一步主张，应该走司法的路径解决中央与地方关系的争议、地方与地方关系的争议。（5）政府间财政关系的法治化是中央与地方关系的重要内容，通过明确的财政分权可以保障地方政府的财政地位，可以遏止政府滥用财政权的倾向，还可以提高财政资源的使用效率。（6）还有的学者指出，我国的国家结构是单一制，但并不妨碍财政联邦制的实现，宪政单一制和财政联邦制并存具有现实合理性，单一制下的地方财政分权是理想的财产分权模式。（7）中央与地方关系争议的解决。有学者主张，我国历史上有悠久的地方自治传统，当下的中国也具有良好的地方自治基础，应该坚持单一制条件下的地方自治制度，这也是处理中央与地方关系争议的原则。另有学者认为，我国中央与地方关系的分权化路径和法治化路径，都有其所需要的前提性条件和难以突破的困境，并容易导致中央与地方的分离和对立，运用协商民主的手段，灵活处理中央与地方的权限范围之争，建构中央与地方的良性互动关系才是解决我国中央与地方关系问题的出路。沿着这一思路，有的学者设计了中央与地方协商的具体制度，即在全国政协会议下设中央与地方争议协调委员会，审查范围内中央与地方关系的权限争议。①

---

① 参见朱福惠、刘连泰、周刚志《社会转型时期的宪法课题——中国法学会宪法学研究会2007年年会综述》，载《北方法学》2008年第3期；详见朱福惠、刘连泰、周刚志主编《社会转型时期的宪法课题——中国宪法学研究会年会论文集》（厦门大学出版社2008年版）。有关论文如陈焱光：《论中央与地方关系的法治化：理念、原则与规范机构》，上官丕亮：《论中央与地方关系的法治化》，何建华、林河山：《纵向分权的宪法学语境》，王书成：《论纵向分权中的比例原则——以欧盟、联邦及

## 第三节 中央与民族自治地方的关系

### 一 中央与民族自治地方关系的基本制度

民族区域自治制度是我国的一项基本政治制度，同时也是学界关注的热点问题之一。中央与民族区域自治地方的关系，主要表现在我国实行的民族区域自治制度上。根据这一制度，在国家的统一领导下，以少数民族聚居区为基础，建立相应的民族自治地方，设立民族自治机关，行使宪法和法律规定的自治权。①

常安回顾新中国成立以来我国民族区域自治制度的发展历程，认为对于民族区域自治制度在我国的确立，《共同纲领》的宪法性宣示具有最为重要的合法性确认意义，但这一基本宪法制度的真正奠基，则有赖于民族识别、民族干部培养、少数民族地方民主改革等一系列相关政治实践。这其中，少数民族地方民主改革可视为我国民族区域自治制度奠基的关键，它直接决定了新中国的民族治理制度是否坚持和贯彻了社会主义方向这一民族区域自治制度的最实质所在。同时，新中国通过将民族区域自治制度作为我国民族治理的基本宪法制度，也实现了清末以来多民族大国的民族—国家建构的真正飞跃。②

李海亮、任进认为，我国是有着悠久历史的统一的多民族国家。尽管旧的社会制度下民族间也发生矛盾、冲突甚至战争，但中国统一多民族国家的存在是主流。从现实情况看，我国社会经济状况和相互依存的人口分布状况，决定了以少数民族聚居的地方为基础，建立不同类型和行政级别

---

（接上页）单一制为考察对象》，田芳：《地方事务划分的立法困惑及其理论解答——以台湾地区法律规范为观察》，陈丹：《我国区域法制协调发展的若干宪法问题思考》，周刚志：《府际关系法治化何以可能——以我国政府间财政关系为分析视角》，王世涛：《论单一制中国的财政联邦制——一种中央与地方财政关系的视角》，陈宏光、吕成：《协商民主与转型期我国中央地方关系重构的路径选择》，戴激涛：《协商策略：中国特色中央地方争议解决的新路径——以法治国家建设为背景的一种考量》等。

① 许崇德主编，胡锦光副主编：《宪法》（21世纪法学系列教材）（第四版），中国人民大学出版社2009年版，第265页。

② 常安：《统一多民族国家的宪制建构——新中国成立初期民族区域自治制度的奠基历程》，载《现代法学》2012年第1期。

的民族自治地方，有利于民族关系的和谐稳定、社会经济的发展和各民族的共同繁荣。因此，宪法确立我国是统一的多民族国家，并确立和实行民族区域自治制度，是合乎我国国情的正确选择。但我国在民族自治地方实行的是民族自治和区域自治，它根本不同于旧中国的中央与地方关系制度。①

### （一）中央与民族自治地方关系的主要内容

一般认为，我国的民族区域自治，是在国家统一领导下的自治。各民族自治地方都是中华人民共和国不可分离的部分，各民族自治地方的自治机关都是中央政府统一领导下的一级地方政权，都必须服从中央的领导，维护国家的统一。基于历史发展、现实情况、政治基础和马克思主义民族理论，我国实行民族区域自治制度具有必然性。②

关于民族区域自治制度的研究已经较为成熟，针对民族区域自治制度内容的探讨也基本有了较为统一的认识。一般将民族区域自治理论的主体内容总结为建立民族自治地方、设立自治机关、行使自治权。③ 从政治学和宪法的视角，王国剑分析了民族区域自治制度的一体多元性，即主体的一体性、权力分配性、参与性和合理性。④ 认为民族区域自治制度是统一与自治、集中与民主的有效组合方式。也就是说，民族区域自治制度是整合各民族的制度选择。

对建立民族区域自治制度的意义，学者的观点一般认为，基于历史发展、现实情况、政治基础和马克思主义民族理论，我国实行民族区域自治制度具有必然性。⑤ 民族区域自治制度是马克思主义解决民族问题原则的中国化，有效解决了中国国家、社会、民族发展的诸多问题。民族区域自

---

① 李海亮、任进：《中央与地方关系的宪法文化解析》，载《国家行政学院学报》2011 年第 2 期。

② 《宪法学》（马克思理论研究和建设工程重点教材），高等教育出版社、人民出版社 2011 年版，第 165—166 页。

③ 金炳镐：《中国民族区域自治理论要点概说》，载《中国民族教育》2007 年第 10 期。

④ 王国剑：《论政治学视阈下的民族区域自治》，载《黑龙江民族丛刊》2006 年第 3 期。

⑤ 《宪法学》（马克思理论研究和建设工程重点教材），高等教育出版社、人民出版社 2011 年版，第 165—166 页。

治理论是马克思主义民族理论的中国化创新，它的创设基本服从我国多民族国家的既往历史和国情现状，也满足了各民族共同发展的利益诉求。民族区域自治理论回答了民族地区什么是社会主义、怎样建设社会主义的问题。① 姜又春从实行民族区域自治的理论源泉、探索历史及最终形成的三个层面上，回顾了中国共产党解决我国民族问题的成功经验。认为民族区域自治的前提是统一的国民国家，既是对西方自治理论的借鉴又是对其的根本超越，民族自治理论是动态发展的理论。②

从制度运行的功能而言，蒋超认为，民族区域自治制度既可以维护国家统一完整，又能够给少数民族地区以高度的自治权，使少数民族的合法权利得到保护，从而推动少数民族地区政治、经济和文化的发展，它已经成为世界上处理民族问题的一个典范。从制度实行的终极目标而言，民族区域自治制度要达到三个目标，即政治目标：推进少数民族地区的民主政治建设；经济目标：实现各民族经济的共同繁荣；文化目标：保护和促进文化多样性。③

（二）民族区域自治制度及理论的发展创新

任何制度及其相关理论都有一个从无到有、从有到全的发展模式，与时俱进也是马克思主义的理论品质，民族区域自治制度及相关理论也不例外。中国民族区域自治制度的完善，经历了一个较为漫长的发展创新过程，也充分展现了理论发展、完善的魅力和价值所在。

民族区域自治制度作为一项基本政治制度，必定顺应国家的发展潮流和趋势而有质的提升和变革。基于创新的思路，一些学者提出了自己的思路，如设立自治市的构想，扩大经济自主权的实践；上升为宪法惯例的发展方向等。龚志祥、金炳镐认为，民族地区的城市化，将对民族区域自治制度形成挑战，促进民族区域自治制度的创新，更好地维护和促进少数民族和民族地区的发展。④ 随着城市化的进程，自治市也将取代自治州，推

① 陈世润、彭文龙：《民族区域自治：中国特色社会主义民族理论的伟大实践》，载《当代世界和社会主义》2009 年第 4 期。

② 姜又春：《从联邦制设想到民族区域自治：中国共产党解决民族问题之路》，载《贵州师范大学学报》（社会科学版）2006 年第 1 期。

③ 蒋超：《民族区域自治制度的多维度分析》，载《江汉论坛》2008 年第 6 期。

④ 龚志祥、金炳镐：《民族区域自治的创新与发展》，载《中南民族大学学报》（人文社会科学版）2006 年第 3 期。

进民族地区的城市化。周平从完善民族区域自治制度的角度出发，对这项制度的形成和演进过程进行理性的审视和分析，并提出进一步的发展方向。周平认为，维持民族区域自治制度应该巩固这项制度的稳定性，提高其制度化程度，成为一种宪法惯例。①

张彬认为，中国政府间纵向关系虽然历经多次调整，但始终未能找到纵向权力配置的最佳平衡点。中央与民族区域自治地方的关系在当代中国政府间纵向关系中最为特殊，也最为复杂。中央与民族区域自治地方关系调整的难点，主要集中在政治关系和经济关系两个层面。应该按照集分有别、集分有度、集分有序的原则调整纵向权力结构，逐步理顺中央与民族区域自治地方政府关系。②

（三）民族自治地方自治机关的法律地位

中央与民族自治地方的关系，除了宪法、法律、行政法规与民族自治地方自治条例、单行条例的关系外，主要表现在中央政府与民族自治地方政府的关系，特别是民族自治地方政府的法律地位上。按照《宪法》和《民族区域自治法》的规定，民族自治地方政府除了可以享有宪法和法律给予一般地方政府的权力外，还依法享有自治权和上级对民族自治地方的支持和帮助。但对宪法、法律的相关规定，学界有不同解读。

潘弘祥、戴小明分析了中央与民族自治地方的政治关系，认为从内容上看，“中央与民族自治地方的政治关系既反映中央与一般地方的权力分配关系，也反映一个统一主权国家内各民族之间关系，特别是主体民族与少数民族之间的关系。而且，后者才是中央与民族自治地方政治关系治理的重心……中央与民族自治地方的政治关系和中央与一般地方的政治关系存在质的差异”，并强调中央与民族自治地方政治关系的本质是民族平等权，其内容是围绕民族平等权而进行的权利保障。高韫芳认为，民族自治地方政府具有双重地位：当民族自治地方政府行使一般地方政府的职权时，它与中央政府的关系受普通模式的基本原则（民主集中制和统一领导原则）约束。当民族自治地方政府作为自治机关行使职权时，则产生

① 周平：《民族区域自治制度在中国的形成和演进》，载《云南行政学院学报》2005年第4期。

② 张彬：《政府间纵向关系研究：中央与民族区域自治地方关系的调整》，载《理论导刊》2008年第4期。

了不同于普通模式的关系：一是表现在民族自治机关依法享有自治权；二是表现为各民族自治地方都是中华人民共和国不可分离的部分，负有维护国家的统一，维护和发展各民族的平等、团结、互助的社会主义民族关系，保障宪法和法律在本地方的遵守和执行以及积极维护国家的整体利益的义务；三是表现在上级国家机关对民族自治地方有支持和帮助的法定职责。①

## 二 民族自治地方自治权

### （一）自治权的法治建构和法律保障

民族自治地方自治权是衡量民族自治地方自治程度的尺度，是民族区域自治制度的核心。经过新时期以来三十多年的发展，我国中央与民族自治地方关系有了很大发展。我国的民族区域自治制度，“既是构建民族地区和谐社会的民主制度，又是保障各民族特别是保障各少数民族实现当家作主平等权利的政治制度”。②

民族自治地方除了有与代表国家利益的中央政府之间的共同利益关系外，也有一定的相对独立的利益关系，这就必须建立公平的利益平衡机制，高韫芳认为，“增强中央与民族自治地方之间的信息对称性、政治信任感、利益关怀度和政策执行力，减少两者权力摩擦、利益冲突和资源争夺，克服以往基于讨价还价而形成的分殊化的让利分权机制或行政化分权模式所带来的负效应”。③

在单一制国家的背景下，民族地区宪政建设必须要与国家的宪政结构相匹配，受国家宪政体制的制约，不能逾越国家宪政体制设定的边际。民族地区宪政作为国家宪政结构的子系统，具有部分的分权色彩。

我国《宪法》已经就民族自治地方的自治权作了原则的规定，而自治权的实现还必须构建制度上的保障，特别是要加强对民族自治地方经济社会发展、民族平等等方面的立法保障。推行民族区域自治必须遵循一定

---

① 高韫芳：《当代中国中央与民族自治地方政府关系研究》，人民出版社 2009 年版，第 123 页。

② 熊文钊主编，彭谦、田艳副主编：《大国地方：中国民族区域自治制度的新发展》，法律出版社 2008 年版，第 401 页。

③ 潘弘祥：《自治区自治条例出台难的原因分析及对策》，载《北方民族大学学报》（哲学社科版）2009 年第 3 期。

的原则，李冬枚将民族区域自治权行使原则，归纳为民族区域自治权依法行使、民族区域自治权全面行使、民族区域自治权实效性三项原则。[①] 敖俊德认为《民族区域自治法》的修改有三个特点：一是准备工作比较充分；二是修改程序合法规范；三是修改内容侧重于加快发展。他还指出民族区域自治法的修改具有重大的意义。[②]

在民族平等方面，我国于2010年修改选举法，更好地体现了人人平等、地区平等和民族平等原则。《宪法》和《民族区域自治法》都规定："民族自治地方的人民代表大会有权依照当地民族的政治、经济和文化的特点，制定自治条例和单行条例"，但直到今天，我国的五大自治区至今尚未出台各自的自治条例。学者们对此作了多方面的分析，如潘弘祥认为，自治区自治条例出台难，其主要原因在于，行政化的中央与地方分权模式，中央与民族自治地方之间缺乏利益沟通与权限争议解决机制，经济管理体制的转型和上位法的修改或缺位，以及自治区对制定自治条例的积极性不高。[③] 自治条例涉及方方面面，各方面的体制尚处于过渡过程中，目前制定自治条例尚有难度。另外，民族自治地方政府与中央政府部门职能权限划分缺乏法治建构，也是一个重要原因。朱玉福、伍淑花认为，民族法制是少数民族全面建设小康社会战略目标的重要保障，从中央到自治地方，都应该强化民族法制的相关配套法规、规章、措施和办法的制定实施。让民族区域自治法更富操作性、更加切实可行，并且要建立法律执行中健全有效的监督机制。[④]

自治权的实现除了立法保障外，还要通过国家行政机关或其授权组织正确实施法律来保障。相对于立法权而言，行政权与人们日常生活的关系更为直接和密切。如何使自治权从宪法、法律中的应然变为现实生活中的实然，需要行政机关通过执法来落实。赵静、贾晔分析了当前我国民族法

---

① 李冬玫：《试论当前民族区域自治制度中自治权的落实问题》，载《中南民族大学学报》（人文社会科学版）2004年第1期。

② 敖俊德：《新世纪初我国民族法制建设的新成果——论民族区域自治法的修改》，载《民族研究》2001年第4期。

③ 潘弘祥：《自治区自治条例出台难的原因分析及对策》，载《北方民族大学学报》（哲学社科版）2009年第3期。

④ 朱玉福、伍淑花：《民族地区建设小康社会民族法制保障研究——以民族区域自治法配套法规建设为例》，载《青海民族研究》2003年第3期。

制建设存在的主要问题：民族立法的利益定位问题没有解决；民族自治地方行使民族自治权难度很大、有法难依的现象仍然存在；民族立法形式与内容大而全、小而全，民族特色和地域特色不够突出；民族立法干部队伍结构不合理，民族法制建设后劲不足。①

张文山认为，建立和健全自治权的法律保障机制，是涉及进一步完善我国民族区域自治制度、保障自治机关依法行使自治权、使自治权能够真正得到全面落实、正确适用的重要手段，是自治权理论的重要组成部分，也是修改、完善民族区域自治法的重点之一。② 自治权的法律保障机制应由法律解释机制、审查监督机制、平衡争议机制、违法制裁机制构成。从人权保障机制出发，彭谦认为，民族区域自治权是中国少数民族人权的重要方面。我国少数民族人民在人民民主专政制度下享受公民的民主平等权利，绝大多数少数民族人民在民族区域自治制度下又同时享受着民族自治权利。③

（二）民族自治地方及少数民主居民的政治参与

潘弘祥认为，民族自治地方充分并有效地参与公共生活的管理，有助于从形式平等和实质平等两个方面，真正实现少数民族当家作主的政治地位。根据民主政治法律化、制度化和程序化的要求，我国应完善立法，扩大民族自治地方及少数民族居民对相关公共事务，特别是涉及自身利益的事务的决策参与。④

潘弘祥、戴小明认为，在政治实践中，制约和影响中央与民族自治地方权力分配和民族自治地方自治权行使的因素很多。在宏观上，主要有国家权力来源的论证方式、中央与地方权力划分的方式、经济运行体制、财政体制、执政党组织体制和执政方式、国家的法治化程度等。民族自治地方自治权的有效行使，是保证多民族国家的统一和各民族共同繁荣发展的

① 赵静、贾晔：《社会主义民族法制建设的现状与对策》，载《桂海论丛》2001年第4期。

② 张文山：《论自治权的法律保障机制》，载《中南民族大学学报》2004年第4期。

③ 彭谦：《论中国少数民族人权保障模式论——中国的民族区域自治制度与民族区域自治权》，载《青海民族研究》2005年第2期。

④ 潘弘祥：《自治区自治条例出台难的原因分析及对策》，载《北方民族大学学报》（哲学社科版）2009年第3期。

关键。因此，必须完善民族自治地方利益表达机制，改革中央与地方权力划分的方式，规范中央与民族自治地方权力的法律配置，并在财力方面对民族自治地方给予大力扶持，保障民族自治地方充分行使自治权，提高民族自治地方自身的发展能力。只有民族自治地方经济、政治和文化的充分发展，才能真正有效解决我国民族政治关系的治理问题。这不仅是保证民族自治地方自治权有效行使的前提，也是实现民族政治关系治理的关键。[①]

任维德则认为，在中央与地方关系的三种基本模式中，中央与民族自治地方政府关系存在的问题，既有体制、政策方面的问题，也有实际执行过程中的问题。解决这些问题，在于构建集分平衡、集分有别、集分有度、集分有序的新型中央与民族自治地方政府关系。[②]

## 第四节　中央与特别行政区的关系

### 一　特别行政区的设立与基本法的制定

#### （一）设立特别行政区的宪法依据

宪法学上的“特别行政区”，是指在我国版图范围内，根据宪法和法律专门设立的具有特殊的法律地位，实行特别的社会、经济制度，直辖于中央人民政府的行政区域。[③] 现行《宪法》第 31 条为国家设立特别行政区提供了依据，该条规定，“国家在必要时得设立特别行政区。在特别行政区内实行的制度按照具体情况由全国人民代表大会以法律规定”。许崇德认为，《宪法》第 31 条对整个宪法来说是一个特别条款，具有特殊地位，且不受其他条款如第 1、第 2、第 5、第 6 条等的限制；至于特别行政区特殊到什么程度，完全由全国人大根据具体情况以法律规定，所以

---

① 潘弘祥、戴小明：《中央与民族自治地方政治关系的制约因素》，载《中南民族大学学报》（人文社会科学版）2004 年第 4 期。

② 任维德：《当代中国府际关系中的中央与民族自治地方关系及其重构》，载《内蒙古大学学报》（人文社会科学版）2007 年第 4 期。

③ 胡锦光主编：《宪法学原理与案例教程》，中国人民大学出版社 2006 年版，第 198 页。

《宪法》第31条又是一个授权条款。①

（二）设立特别行政区的指导方针

《宪法》第31条体现“一国两制”的伟大构想。所谓“一国两制”即“一个国家，两种制度”的简称，是指在统一的中华人民共和国内，依照全国人民代表大会制定的法律，允许局部特定的地区保留其原有社会制度，不实行社会主义制度。

“一国两制”内容非常丰富，概括起来主要有以下五个方面：坚持国家统一，维护国家主权和领土完整；国家主体必须是社会主义；特别行政区实行高度自治；在特别行政区，原有的社会经济制度不变，生活方式不变，法律基本不变；实行“港人治港”、“澳人治澳”。② 许崇德认为，“一国两制”具有深远的现实意义和理论意义，是具有中国特色的国家统一道路。③ 李昌道认为，香港基本法的制定，实现了“一国两制”从构想到全国性法律的过程。香港基本法最根本的特点，在于它把维护我国国家主权、统一和领土完整与授权香港特区实行高度自治紧密地结合起来，是一部准确体现“一国两制”方针的全国性法律。“一国两制”是香港基本法法理核心的科学内涵，“一国”是“两制”的前提和基础，表现为香港特区权力的来源。香港政治体制发展的主导权在中央，这是因为我国是单一制国家，地方无权自行决定或改变其政治体制。香港政治体制的发展涉及中央与特区关系，必须在基本法框架内进行。④

（三）特别行政区基本法的性质、地位及其与宪法的关系

关于特别行政区基本法的性质和地位，有学者认为，基本法是国家基本法律；是规定特别行政区制度的基本法律；是特别行政区各项制度、政策的依据；是香港法律体系的基础。⑤ 关于基本法的地位，许崇德认为，

---

① 许崇德主编：《中国宪法》，中国人民大学出版社2009年版。

② 胡锦光主编：《宪法学原理与案例教程》，中国人民大学出版社2006年版，第196—197页。

③ 许崇德：《“一国两制”：具有中国特色的国家发展道路》，载《许崇德全集》（第二卷），中国民主法制出版社2009年版，第648页。

④ 李昌道：《“一国两制”是香港基本法的法理核心》，载《复旦学报》2004年第6期。

⑤ 国务院发展研究中心港澳研究所编写：《香港基本法读本》，商务印书馆2009年版，第24—32页。

基本法的地位低于宪法，但高于行政法规、地方性法规等，基本法不仅在特别行政区实施，而且在全国实施。① 李琦从基本法的内容、功能和修改权归属等方面，论证基本法不是宪法的下位法，而把基本法概括为宪法的特别法，认为基本法符合法理学判断特别法的两项标准：针对特定事项与特定空间而发生特定的法律效力和其内容的特殊性。李琦另对“小宪法”之说也提出异议，在单一制国家前提下，宪法之外不可能有另外一部宪法存在并发生效力，且基本法不具有宪法普遍和一般的法律效力，“小宪法”的表述缺乏学理的准确和严谨。② 刘茂林从宪法、宪法典、宪法性法律等之间关系的角度，提出香港基本法是宪法性法律③。

关于特别行政区基本法的合宪性，针对有人认为基本法与宪法相抵触的看法，许多学者根据《宪法》第 31 条及人大通过的《决定》论证基本法的合宪性。④ 吴建璠等学者还认为，基本法规定的国家对特别行政区的政策和制度，尽管与宪法规定的国家根本制度不同，但由于这是宪法允许的，所以不存在同宪法相抵触的问题。⑤ 韩大元也强调，香港特区设立后实行的制度、政策和法律，均以基本法为依据。⑥ 总体而言，对香港基本法性质、地位问题，内地和港澳学者的看法基本一致但又有略微不同，香港学者趋向于认为基本法是香港的“小宪法”，或“宪法性法律”或“宪法性文件”，⑦ 而内地学者多将基本法视为一部全国性“基本法律”。⑧ 如焦洪昌认为，基本法是特别行政区的宪法性法律，在制定程序、结构、内

---

① 许崇德：《香港回归中的几个法律问题》，载《许崇德选集》（第三卷），中国民主法制出版社 2009 年版，第 777—778 页。

② 李琦：《特别行政区基本法之性质：宪法的特别法》，载《厦门大学学报》2002 年第 5 期。

③ 刘茂林：《香港基本法是宪法性法律》，载《法学家》2007 年第 3 期。

④ 国务院发展研究中心港澳研究所编写：《香港基本法读本》，商务印书馆 2009 年版，第 32—33 页。

⑤ 王叔文主编：《香港行特别行政区基本法导论》（第三版），中国民主法制出版社、中共中央党校出版社 2006 年版，第 142—143 页。

⑥ 韩大元：《在宪法的基础上理解和适用香港基本法》，载《港澳研究》2008 年秋季号。

⑦ 如朱国斌《中国宪法与政治制度》（第二版），法律出版社 2006 年版；杨允中《“一国两制”与现代宪法学》，澳门大学出版中心 1996 年版，第 114 页。

⑧ 许崇德：《澳门特别行政区的法律地位》，载《许崇德选集》（第三卷），中国民主法制出版社 2009 年版，第 904 页。

容和效力上，都具有宪法性法律的特点。①

关于宪法与基本法的关系，吴建璠等学者认为，“基本法与宪法脱钩论”（基本法根据宪法制定是可以的，但基本法一旦制定就要与宪法脱钩，特别行政区只按照基本法办事，不适用宪法）和“宪法透过基本法适用于香港论”（基本法已经包含有宪法的精神，适用基本法也就等于适用了宪法）的观点是不正确的，起草委员会达成的共识是：中国宪法作为一个整体对特别行政区是有效的，但由于国家对香港实行“一国两制”的政策，宪法中的某些具体条文，主要是关于社会主义制度和政策的规定，不适用于香港。②

吴邦国委员长在纪念香港、澳门特别行政区基本法实施十周年座谈会上的讲话中，都明确指出：特别行政区基本法是全国人民代表大会以宪法为依据、以“一国两制”方针为指导制定的全国性法律，在特别行政区具有宪制性地位。③ 乔晓阳进一步指出，香港基本法是全国人大制定的基本法律，是一部全国性法律，对香港而言，则是一部宪制性法律，效力仅次于宪法。基本法在香港的这种宪制性地位，主要体现在两个方面：一是香港基本法规定的香港特别行政区的政制架构等内容，本来应该是由宪法规定的，但因为1982年修订宪法时“一国两制”方针虽已提出，但《宪法》还来不及对未来的特别行政区的政制架构作出具体规定，只能通过《宪法》第31条的规定留待基本法作出具体规定；二是香港基本法在香港特别行政区具有凌驾地位，其效力高于香港特区法律，是香港特区所有立法的依据和基础。《基本法》第8条规定，香港原有法律凡抵触基本法的，由全国人大常委会宣布不采用为特区法律……《基本法》第11条规定，香港特区制定的任何法律都不得同基本法相抵触，这一规定与《宪法》第5条关于一切法律、行政法规和地方性法规都不得同宪法相抵触

---

① 焦洪昌主编：《港澳基本法》，北京大学出版社2007年版，第31—33页。

② 王叔文主编：《香港行特别行政区基本法导论》（第三版），中国民主法制出版社、中共中央党校出版社2006年版，第143页。

③ 吴邦国：《在纪念中华人民共和国香港特别行政区基本法实施十周年座谈会上的讲话》（2007年6月6日），载《纪念香港基本法实施十周年文集》，中国民主法制出版社2007年版，第4页；吴邦国：《在纪念中华人民共和国澳门特别行政区基本法实施十周年座谈会上的讲话》（2010年12月4日），载《纪念澳门基本法实施十周年文集》，中国民主法制出版社2010年版，第4页。

的规定一样，充分说明了基本法在香港特区的宪制性地位。①

（四）特别行政区的宪制基础

与基本法性质相关联的另一个问题涉及香港、澳门特别行政区的宪制基础，包括宪法能否在特别行政区适用的问题。殷啸虎认为，首先应当正确理解宪法在特别行政区适用的内涵以及宪法如何在特别行政区适用。宪法在特别行政区适用的意义在于，在宪法的基础上形成国家共识，通过宪法认同确立国家认同，包括主体认同、主权认同、制度认同、文化认同。宪法在特别行政区适用的原则是：属于国家制度层面的规定完全适用；属于社会制度层面的，允许保留。这方面的内容由特别行政区基本法予以规定。宪法在特别行政区适用的基本要求是：宪法是上位法，是特别行政区基本法的法律依据；特别行政区的制度设计是基于宪法的授权，基本法以及特别行政区的法律制度，原则上不得与宪法相抵触；中央政府对特别行政区行使权力的根本依据是宪法；适用特别行政区基本法是适用宪法的具体要求和途径。②

韩大元则认为，香港宪制的建立与发展是以香港特别行政区基本法为基础的。但是香港的宪制并非仅仅以香港基本法为基础，探讨香港的宪制必须以我国宪法为基础和基本背景。香港宪制的基本原则和基本制度是由全国人大根据宪法确立的，其中体现了国家主权的唯一性和宪法所确立的单一制的原则。香港宪制的确立从来就是一个“宪法判断”，是宪法决定了香港宪制的基本面貌，而未来香港宪制的发展也最终是个宪法判断的问题，并非仅仅是个基本法问题。因此，宪法与香港特别行政区基本法构成了香港宪制的共同基础。③ 肖蔚云、熊文钊等认为宪法作为整体来说是适用于特别行政区的，但具体条款能否在特别行政区适

---

① 乔晓阳：《关于香港基本法的几个主要问题》，载《中央有关部门发言人及负责人关于基本法问题的谈话和演讲》，中国民主法制出版社 2011 年版，第 148 页；乔晓阳：《如何正确理解和处理好“一国两制”下中央与香港特别行政区的关系》，载《中央有关部门发言人及负责人关于基本法问题的谈话和演讲》，中国民主法制出版社 2011 年版，第 139—140 页。

② 殷啸虎：《论宪法在特别行政区的适用》，载《法学》2010 年第 1 期。

③ 韩大元：《中华人民共和国宪法与香港特别行政区基本法共同构成香港宪制的基础》，载全国人大常委会香港基本法委员会办公室编《纪念香港基本法实施十周年文集》，中国民主法制出版社 2007 年版，第 77 页。

用宪法要具体分析。有些条款可以直接适用于特别行政区，如宪法中直接指向特别行政区的条款如第 31 条；有些条款虽然不直接指向特别行政区，但属于国家最高机关和国家标志的也无疑应直接适用于特别行政区，但关于内地一般地方制度、民族区域自治制度、国体、政体、基本经济制度等与我国社会主义制度直接关联的条款，只适用于内地不适用于特别行政区。这也可以从《基本法》第 11 条中得到反证，该条规定“根据《中华人民共和国宪法》第三十一条，香港特别行政区的制度和政策，包括社会、经济制度，有关保障居民的基本权利和自由的制度，行政管理、立法和司法方面的制度，以及有关政策，均以本法的规定为依据”。其意思是，《基本法》是根据《宪法》制定的，香港的制度和政策又以《基本法》为依据，香港的其他法律不能与《基本法》相抵触，这样就说清了三者之间的关系。①

王振民认为，宪法在特别行政区具有整体效力，宪法的有关具体条款也及于特别行政区，尽管基本法附件三没有列举宪法是在特别行政区实施的法律，但中国宪法的效力覆盖到特别行政区是不言而喻的，就像回归前英国宪法性文件在香港有效力一样。②

乔晓阳强调宪法在香港特别行政区的适用，是学习基本法必须首先明确的问题，并指出，认为只有香港基本法适用香港，宪法不适用或只有《宪法》第 31 条适用香港，是不正确的。宪法是国家主权在法律制度上的最高表现形式，如宪法不能在全国范围内适用，就限制了一个国家的主权行使范围；宪法是国家根本法，具有最高法律效力，宪法在全国范围内实施，必须总体上适用于香港；基本法序言指出，基本法是根据宪法制定的，而不是仅根据《宪法》第 31 条。宪法在特别行政区的适用，集中体现在两个方面：一是宪法中有关确认和体现国家主权、统一和领土完整的规定，即体现“一国”的规定，适用于香港同适用内地各省、自治区和直辖市是一样的。我国是单一制国家，只有一个最高国家权力机关、一个

① 肖蔚云：《关于香港特别行政区基本法的几个问题》，载《法学杂志》2005 年第 2 期；熊文钊主编《大国地方：中国与地方关系法治化研究》，中国政法大学出版社 2012 年版，第 296—297 页。

② 王振民：《“一国两制”实施中的若干宪法问题浅析》，载社团法人韩国地方自治法学会编《地方自治法研究》2006 年第 2 期。

最高国家行政机关和一个最高国家军事机关，宪法关于全国人大及其常委会、国家主席、国务院和中央军委的规定，关于国防、外交的规定，关于国家标志的规定，关于国籍的规定等，这些体现“一国”的规定都是适用香港的。二是由于国家对香港实行“一国两制”，香港特别行政区实行资本主义制度不变，宪法在香港施行与在内地施行有所不同。宪法有关社会主义制度的规定不在香港施行，而这些规定不在香港施行正是宪法所允许的，这就是《宪法》第31条。如果宪法不适用于香港，“两制”就不存在了，而宪法是“两制”的基础。① 乔晓阳还指出，宪法是基本法的依据，如果基本法脱离了宪法，基本法就失去了法律效力。宪法效力及于香港，正是“一国两制”方针和基本法得以有效实施的最根本的法律保障。如果认为只有基本法适用而作为基本法立法依据的宪法却不适用，基本法就成了无源之水、无本之木。②

针对《香港特别行政区基本法》起草中有人提出的关于中英联合声明也是基本法制定的依据的观点，有学者认为，该观点混淆了国内法与国际法律文件的区别：基本法属于国内法，其立法依据只能是宪法而不能是国际法律文件；该观点也混淆了联合声明与在该声明中阐明的我国对香港基本方针政策的区别：制定基本法是为了贯彻联合声明中阐明的我国政府对香港的基本方针政策，而不能笼统讲是贯彻联合声明，更不能说基本法是以联合声明作为立法依据的。③

## 二 中央与特别行政区关系的基本理论问题

### （一）中央与特别行政区关系的内容和特点

早在香港基本法和澳门基本法起草之时，关于中央与特别行政区的关系，“这是起草基本法的一个重大问题，也是讨论极其热烈、争论最多的

---

① 乔晓阳：《关于香港基本法的几个主要问题》，载《中央有关部门发言人及负责人关于基本法问题的谈话和演讲》，中国民主法制出版社2011年版，第146—147页；乔晓阳：《如何正确理解和处理好“一国两制”下中央与香港特别行政区的关系》，载《中央有关部门发言人及负责人关于基本法问题的谈话和演讲》，中国民主法制出版社2011年版，第138—139页。

② 同上书，第147页。

③ 国务院发展研究中心港澳研究所编写：《香港基本法读本》，商务印书馆2009年版，第27—28页。

难题之一”。[①] 姬鹏飞认为：“中央和香港特别行政区的关系是基本法的主要内容。”[②] 有学者认为，所谓中央与特别行政区的关系，是指中央对特别行政区进行管辖而特别行政区在中央监督下实行高度自治而产生的相互关系。基本法设第二章对中央与特别行政区的关系作了专章规定，但中央与特别行政区的关系不限于第二章，其他章节也有不少这方面的规定。这种关系大体可以分为以下三种情况：一是属于国家主权和国家整体权益范围的事务，由中央管理；二是香港特别行政区的地方性事务，由特别行政区自己管理，但其中有些事务要受中央监督；三是此外的地方性事务，由特别行政区自己管理，中央概不干预。[③] 而肖蔚云将中央与特别行政区的关系的主要内容概括为四个方面：一是特别行政区法律地位；二是基本法规定属于中央的权力；三是中央授予特别行政区行使的高度自治权；四是属于中央的权力而又与特别行政区高度自治权有联系的问题。[④]

乔晓阳认为，中央与香港特别行政区的关系，有两个特点，一是单一制下的中央与地方关系，而不是联邦制下联邦与联邦成员的关系。中央与特别行政区的关系，与中央与内地各省、自治区和直辖市一样，都是单一制下中央与地方的关系。二是“一国两制”下特殊的中央与地方关系，而不同于中央与内地省、自治区和直辖市的关系。中央对香港特别行政区实施管理主要体现在两个方面：一是行政长官和政府主要官员由中央政府任命，行政长官对中央负责；二是全国人大对基本法有修改权和全国人大常委会对基本法有解释权。在这种情况下，中央对有些权力进行自我约束。比如，基本法规定香港特别行政区不实行社会主义制度和政策，保持原有的资本主义制度和生活方式五十年不变；基本法的任何修改，均不得同国家对香港既定的“一国两制”、“港人治港”、高度自治的基本方针政策相抵触；全国性法律除列于基本法附件三者外，不在香港特别行政区实施，任何列入附件三的法律，限于有关国防、外交和其他按基本法规定不

---

① 肖蔚云：《香港基本法与“一国两制”的伟大实践》，海天出版社 1993 年版，第 99 页。

② 姬鹏飞：《关于〈香港基本法（草案）〉及其有关法律的说明》。

③ 王叔文主编：《香港行特别行政区基本法导论》（第三版），中国民主法制出版社、中共中央党校出版社 2006 年版，第 102—104 页。

④ 肖蔚云主笔：《香港基本法讲座》，中国广播电影电视出版社 1996 年版，第 80 页。

属于香港特别行政区自治范围的法律，等等。这些规定充分体现“一国两制”下特殊的中央与地方关系。以上这两个特点，可以说是正确理解和处理中央与特区关系的基本出发点和立足点。① 此外，王叔文等学者也对中央与香港特别行政区关系的性质和特点，作了系统的阐述。②

（二）处理中央与特别行政区关系的基本原则

黄志勇、柯婧凤提出，确立中央与特别行政区关系的原则有以下几点：一是主权和自治权兼顾的原则。为体现国家主权的完整，凡属国防、外交等集中体现国家行为的事务由中央处理，例如，《香港基本法》第13、第14条规定，中央人民政府负责管理与香港有关的外交事务、负责香港特区的防务。第19条规定，香港特区法院对国防、外交等国家行为无管辖权。同时为确保特别行政区的繁荣和稳定，凡属可以放权的领域，尽量交由特别行政区自行处理，让特别行政区享有高度自治权。第16、第17、第19条规定香港特区享有行政管理权、立法权、独立的司法权和终审权。第151条规定，香港特别行政区可在经济、贸易、金融、航运、通信、旅游、文化、体育等领域以“中国香港”的名义，单独地同世界各国、各地区及有关国际组织保持和发展关系，签订和履行有关协议。二是授权与监督相结合的原则。特别行政区的自治权由中央授予，中央既不能随意变更自治权范围，也不能随意干预特别行政区依法对地方事务的管理。而特别行政区行使自治权，则应接受中央的领导和监督。《基本法》第158条规定，基本法的解释权属于全国人大常委会。中央政府对特区进行监督和制约还体现在：第一，中央政府拥有对特区高度自治的设定权；第二，中央政府通过特区立法会备案对特区立法进行法律审查；第三，中央政府拥有对特区行政长官和主要官员的任免权，行政长官必须对中央政府负责。三是法治原则。只有坚持法治原则，才可能真正实现公平正义，使法律达到预期效果。无论是中央行使主权，还是特别行政区行使自治权，都必须坚持法治原则，依法办事，一切以国家法律尤其是基本法的规

---

① 乔晓阳：《如何正确理解和处理好“一国两制”下中央与香港特别行政区的关系》，载《中央有关部门发言人及负责人关于基本法问题的谈话和演讲》，中国民主法制出版社2011年版，第140—142页。

② 参见王叔文主编《香港行特别行政区基本法导论》（第三版），中国民主法制出版社、中共中央党校出版社2006年版，第104—111页。

定为依据，而不能超越法律的规定。①

焦洪昌认为，处理中央与特别行政区关系，应遵循“一国两制”原则和法治原则。坚持“一国两制”原则要求在处理中央与特别行政区关系时，既要维护国家主权和统一，又要十分注意不要损害这些地区的持续繁荣和稳定；法治原则要求尽可能把中央与特别行政区的关系法律化、制度化，中央对特别行政区行使的权力要严格限制在法定的范围内，对有关中央与特别行政区的法律，包括基本法要严格、慎重地修改。②

而熊文钊认为，处理中央与特别行政区关系的原则，有主权与授权关系原则（属于中央主权性的事务由中央政府管辖，除主权外的，中央授予特别行政区行使的治权范围的具体事务，由特别行政区管理），“一国两制”原则（坚持“一国”即维护国家的独立、主权和领土完整与遵守“两制”相结合，而“一国”是前提和基础），“港人治港”、“澳人治澳”、高度自治原则（实行当地人治理和高度自治），法治原则（依法界定中央与特别行政区关系、严格按基本法办事和遵循基本法严格的修改程序）③。

程洁主张，对特别行政区高度自治的理解，应当以基本法所规定的授权关系为框架，在此基础上讨论高度自治的保障问题。在授权框架下，特区的权力来自中央的授予并且必须接受中央政府的监督，授权的结果既不应产生分权模式下的灰色区域，也不应产生人权语境下的对抗权。在单一制体制下，中央政府权力下放之后，特区政府和人民虽然在法律上不存在对抗中央政府的权力，但是中央政府必须严格依法行使权力，遵守自己通过法律对地方人民所作的庄严承诺。与此同时，对全国人大常委会作为宪法保障机关行使的权力，应当视为代表包括特区在内的国家整体，而非在中央地方关系框架下单纯代表中央的权力。④

---

① 黄志勇、柯婧凤：《论基本法框架下中央与特别行政区的权力关系——以“剩余权力说”不成立为视角》，载《岭南学刊》2011 年第 4 期。

② 焦洪昌主编：《港澳基本法》，北京大学出版社 2007 年版，第 62—66 页。

③ 熊文钊主编：《大国地方：中国与地方关系法治化研究》，中国政法大学出版社 2012 年版，第 290—294 页。

④ 程洁：《中央管治权与特区高度自治——以基本法规定的授权关系为框架》，载《法学》2007 年第 8 期。

（三）特别行政区的法律地位

根据依照宪法制定的特别行政区基本法，香港、澳门特别行政区是中华人民共和国不可分离的一部分，是中华人民共和国的一个享有高度自治权的地方行政区域，直辖于中央人民政府。这就明确了特别行政区的法律地位。

对于什么是特别行政区的法律地位，它包含哪些内容，肖蔚云认为，可以从四个方面来认识：一是香港特别行政区是我国单一制国家不可分离的部分；二是特别行政区是我国的地方行政区域；三是特别行政区享有高度自治权；四是特别行政区直辖于中央人民政府。这四个方面的内容是互相联系、不可分离的，缺少哪一个方面都不能很完整地表明香港特别行政区的法律地位。① 有学者则认为，可以从三个方面来认识特别行政区的法律地位：首先，从国家结构形式上看，我国是单一制国家，特别行政区作为中华人民共和国不可分离的一部分，体现了我国是单一制国家；其次，特别行政区是直辖于中央人民政府的地方行政区域；与我国内地其他省级行政单位一样，中央与特别行政区是中央与地方的关系；最后，特别行政区享有高度自治权。②

傅思明、李元起将特别行政区与其他一般行政区的特殊性总结为以下几点：特别行政区享有高度自治权；保持原有资本主义制度和生活方式50年不变；实行“港人治港”、“澳人治澳”的方针；原有法律基本不变。③

## 三 中央与特别行政区权限划分

### （一）权限划分的原则和方式

围绕中央与特别行政区之间权限划分问题，出现多种观点和意见，如剩余权力说（指中央与特别行政区之间划分清楚的权力范围以外的权力）、灰色地带说（指在中央权限与特别行政区高度自治范围之间存在的

---

① 肖蔚云主笔：《香港基本法讲座》，中国广播电影电视出版社1996年版，第81页。

② 国务院发展研究中心港澳研究所编写：《香港基本法读本》，商务印书馆2009年版，第37—38页。

③ 李元起主编：《中国宪法学专题研究》（21世纪法学系列教材法学研究生用书），中国人民大学出版社2009年版，第164—165页。

性质上不能清楚界定应由哪一方处理的权力）和未界定权力说（指未来因情况改变需要划分的权力）等。但特别行政区是我国的一个地方行政区域，没有固有的权力，要使其享有高度自治权，就要由中央作出授权。按照宪法的规定，全国人大是我国最高国家权力机关，特别行政区享有的高度自治权，应由全国人大作出授权。① 换言之，香港与澳门从来都不是一个政治实体，并无原始权力或固有权力。基本法是授权法，特别行政区的存在以宪法为法律保障，特别行政区的权力来源于中央人民政府的授权。

宋小庄把授权方式归纳为以下几种：基本法作出明示授权；基本法明示中央可作出授权；基本法要求中央作出具体授权；基本法要求中央根据具体情况才作出授权。② 关于特别行政区行使的高度自治权，许崇德、王叔文、乔晓阳认为，特别行政区的高度自治权不是特别行政区固有的，而是来自中央的授权，授权与分权是两个不同法律概念，表达两种不同的法律关系。两者的主要区别是：授权是指权力主体将原属于它的权力授予被授权者，被授权者的权力范围以授予的权力为限，未授予的权力仍保留于授权者；而分权是两个或两个以上的权力主体分割权力，还有一个剩余权力问题需要解决。③

2007 年 6 月 6 日，全国人大常委会委员长吴邦国《在纪念中华人民共和国香港特别行政区基本法实施十周年座谈会上的讲话》中明确指出，香港特别行政区的高度自治权来源于中央的授权。香港特别行政区的高度自治权不是香港固有的，而是由中央授予的。吴邦国指出，《基本法》第 1 条、第 2 条、第 12 条的规定明确了香港特别行政区的法律地位，表明香港特别行政区处于国家的完全主权之下。中央授予香港特别行政区多少

---

① 国务院发展研究中心港澳研究所编写：《香港基本法读本》，商务印书馆 2009 年版，第 39 页。

② 宋小庄：《论“一国两制”下中央和香港特区的关系》，中国人民大学出版社 2003 年版，第 144 页。

③ 许崇德：《香港基本法若干用语解读》，载《港澳研究》2007 年第 5 期；王叔文主编：《香港行特别行政区基本法导论》（第三版），中国民主法制出版社、中共中央党校出版社 2006 年版，第 131 页；乔晓阳：《关于香港基本法的几个主要问题》，载《中央有关部门发言人及负责人关于基本法问题的谈话和演讲》，中国民主法制出版社 2011 年版，第 149 页。

权，特别行政区就有多少权，没有明确的，根据《香港基本法》第 20 条的规定，中央还可以授予，不存在所谓的“剩余权力”问题。①

（二）中央享有的权力

关于中央与特别行政区关系中“中央”的具体含义，肖蔚云认为，中央是指基本法中与特别行政区及其机关发生各种关系的最高国家机关，包括全国人大及其常委会、国家主席、国务院、中央军委。② 而傅思明则认为，中央包括全国人大及其常委会、国务院、中央军委。③ 还有学者认为中央包括全国人大及其常委会、国家主席、国务院等。④

为了体现国家主权和领土完整原则，基本法规定了由全国人大常委会和中央人民政府对特别行政区行使的职权或负责管理的事务，如特别行政区的外交事务和防务由中央人民政府负责；行政长官和行政机关的主要官员由中央人民政府任命；少数有关国防、外交和不属于特别行政区自治范围的全国性法律要在特别行政区公布或立法实施，全国人大常委会决定宣布战争状态或决定特别行政区进入紧急状态时，中央人民政府可发布命令将有关全国性法律在特别行政区实施；等等。此外，基本法的其他条款还多方面涉及中央权力的问题。有学者将中央的权力概括为下列几种：决定设立特别行政区的权力，决定特别行政区制度的权力、筹备组建特别行政区政权机关的权力、外交权、防务权，决定特别行政区进入紧急状态的权力和其他权力⑤。傅思明则将中央对特别行政区所享有的权力，概括为以下权力：外交权、防务权、特别行政区行政长官和主要官员的任免权、决定特别行政区进入紧急状态权、特别行政区基本法的解释、修改权等六项。⑥

---

① 吴邦国：《香港的高度自治权来源于中央的授权》，载《人民日报》2007 年 6 月 6 日。

② 肖蔚云主笔：《香港基本法讲座》，中国广播电影电视出版社 1996 年版，第 80 页。

③ 胡锦光主编：《宪法学原理与案例教程》，中国人民大学出版社 2006 年版，第 203 页。

④ 国务院发展研究中心港澳研究所编写：《香港基本法读本》，商务印书馆 2009 年版，第 42 页。

⑤ 同上书，第 42—53 页。

⑥ 胡锦光主编：《宪法学原理与案例教程》，中国人民大学出版社 2006 年版，第 201—204 页。

乔晓阳认为，中央对香港的宪制权力有一些是具体列明的，有一些是在条文中隐含的，这两者同样重要。具体来讲，包括以下十个方面：中央对香港具有全面的管治权（中央对香港恢复行使的是包括管治权在内的全部主权）；中央政府的一般性权力（中央政府对特别行政区的直接管辖、行政长官依法对中央政府负责等）；中央政府对行政长官和主要官员任免命权；基本法解释权；基本法修改权；对行政长官产生办法和立法会产生办法修改的决定权；对特区立法机关制定的法律的监督权；防务和外交事务的管辖权；向特区作出新授权的权力（全国人大及其常委会、中央政府授予其他权力）和香港特区进入紧急状态的决定权。①

从基本法的规定看，中央政府享有设立和组建特别行政区政府的权力，其中关于特别行政区行政长官与特别行政区政府主要官员的任免的规定，均表明了中央政府享有专门权力。从其运作机制上看，这里涉及两个问题，一个是特别行政区行政长官的产生，是由特别行政区民主选举产生的，中央享有任命权，这种任命权到底是形式上的，还是实质意义上的？对这一问题，许崇德认为，中央对特别行政区行政长官的任命既有法律手续意义，又有实质意义，中央政府任命特别行政区行政长官的权力既是形式上的，也是实质意义上的。普选产生的只能是行政长官的候选人，还须经中央人民政府任命，才可以行使职权。② 一旦发生了特别行政区产生的行政长官被中央政府拒绝任命的僵局，将如何处置？王振民认为："中央政府不会直接提名行政长官的人选，这是特别行政区的权力。特别行政区产生的行政长官被中央拒绝任命后，特别行政区应该再产生一名行政长官，然后再报中央任命。"③ 焦洪昌也认为，中央政府对行政长官和政府主要官员的任命是实质性的权力而非形式的权力，中央首先要审查候选人是否符合基本法规定的条件；还要审查行政长官候选人是否按照附件规定的办法产生。中央有权决定予以任命或不予任命，而且基本法没有对中央如何行使任免权作限制性的规定。④

---

① 参见乔晓阳《中央对香港的宪制权力及其实践》，载《中央有关部门发言人及负责人关于基本法问题的谈话和演讲》，中国民主法制出版社 2011 年版，第 177—186 页。

② 许崇德：《香港基本法若干用语解读》，载《港澳研究》2007 年第 5 期。

③ 王振民：《中央与特别行政区关系》，清华大学出版社 2002 年版，第 159 页。

④ 焦洪昌主编：《港澳基本法》，北京大学出版社 2007 年版，第 75 页。

《香港基本法》第18条第四款规定："在全国人民代表大会常务委员会决定宣布战争状态或因香港特别行政区内发生香港特别行政区政府不能控制的危及国家统一或安全的动乱而决定香港特别行政区进入紧急状态，中央人民政府可发布命令将有关全国性法律在香港特别行政区实施。"《澳门基本法》第18条第四款也作了同样的规定。这表明中央在上述两种情况下，可决定特别行政区进入战争状态或紧急状态。当然，《基本法》第18条规定的全国性法律在特别行政区实施，与《基本法》附件三列举的全国性法律在特别行政区实施不同，后者是长期实施，前者未必是长期实施，如果战争状态或紧急状态宣告结束，则此类全国性法律也就可以停止在特别行政区实施了。①

（三）中央授予特别行政区行使的权力

特别行政区拥有的高度自治权，是特别行政区相区别于我国民族自治地方和普通地方行政区域的主要标志，也是特别行政区法律地位独特性的重要表现。②

有学者提出，基本法照顾到香港、澳门的特殊情况，赋予特别行政区高度的自治权，包括行政管理权、立法权、独立的司法权和终审权，此外，特别行政区经中央人民政府授权，还可以自行处理一些有关的对外事务。这里有两个概念需要说明，即"高度自治"和"依基本法的规定"。这里的高度自治除了权限广泛以外，还有另一层意思，即高度自治不是完全自治，也就是说，自治权是有限度的。这个限度就在"依基本法的规定"，这有两个方面含义：一是高度自治权的范围要以基本法的规定为限；二是自治权的行使要符合基本法规定的方式。如果基本法没有规定怎么办？特别行政区还可享有按照原有《基本法》第21条规定，由全国人大及其常委会、中央人民政府授予的其他权力。③

肖蔚云认为，行政管理权、立法权、独立的司法权和终审权的写法也不完全一样，司法权是"独立的"司法权和终审权。就是说，香港终审

① 许崇德：《简析香港特别行政区实行的法律》，载《许崇德选集》（第三卷），中国民主法制出版社2009年版，第768页。

② 胡锦光主编：《宪法学原理与案例教程》，中国人民大学出版社2006年版，第204页。

③ 国务院发展研究中心港澳研究所编写：《香港基本法读本》，商务印书馆2009年版，第40页。

法院判决以后，北京的最高人民法院、最高人民检察院不能干预，这包括独立的含意在里面。而行政管理权、立法权前面没有“独立”的字眼，香港的行政管理事务，中央不是一点也不管的。外交、防务要管，行政长官、主要官员的任命要管，《基本法》的解释要管，所以它在前面就没有这个“独立的”行政管理权、“独立的”立法权。立法要备案，也不是“独立的”。这个用词还是有区别的。如果说都是独立，那就不是“高度自治”，而是“完全自治”。这个“完全自治”，就是当年中英谈判中，英国人要的最大限度的自治，连行政长官也不要中央任命。“高度自治”比内地民族自治区的自治、比资本主义国家和西方国家一般地方的自治权力高，甚至比联邦有一些州的权力要大，但是，绝不是“完全自治”，中央一点也不管。如果一点也不管，那收回香港干什么？所以，所谓“完全自治”的看法，是不符合《基本法》的规定和精神的。①

特别行政区实行的高度自治与西方意义的地方自治有何不同？任进、李海亮认为，西方意义上的地方自治是指地方政府在法律规定的范围内，确定并管理属于其各自职责内的、以本区域内居民的利益为目的的重要公共事务的权利和能力。也就是说，西方意义上的地方自治，主要是指地方政府作为全体居民组成的自治团体的一种自下而上的、固有的权利和责任。在特别行政区制度实行的高度自治，体现了中央与地方关系的中国特色，不是完全的自治。特别行政区的高度自治权是由中央依法授予的，主要是指特别行政区立法、行政、司法机关对特别行政区事务的一种权能，且特别行政区的高度自治体现了行政主导。这些与西方国家的地方自治不完全相同。②

（四）特别行政区高度自治权的内容和范围

特别行政区享有的高度自治权的范围广泛，内容庞杂。乔晓阳认为，特别行政区高度自治权的内容包括行政管理权、立法权、独立的司法权和终审权以及自行处理有关对外事务的权力。③ 而学者们一般将特别行政区

---

① 肖蔚云：《关于香港特别行政区基本法的几个问题》，载《法学杂志》2005年第2期。

② 李海亮、任进：《中央与地方关系的宪法文化解析》，载《国家行政学院学报》2012年第2期。

③ 乔晓阳：《关于香港基本法的几个主要问题》，载《中央有关部门发言人及负责人关于基本法问题的谈话和演讲》，中国民主法制出版社2011年版，第152—155页。

依据中央授权享有的权力，分为行政管理权、立法权、独立的司法权和终审权、中央人民政府授权特别行政区依照基本法自行处理对外事务权、中央授予的其他权力等。[①] 肖蔚云指出，中英《联合声明》里规定："香港特别行政区享有行政管理权、立法权、独立的司法权和终审权。"这就是对"高度自治"的解释，觉得这个比较正确。当然，还包括香港的社会经济制度不变，生活方式不变等内容。[②] 王叔文认为，中央授权是特别行政区享有高度自治权最重要的特征，并将高度自治权分为三方面：全国人大常委会授予特别行政区依照基本法的规定享有的行政管理权、立法权、独立的司法权和终审权；中央人民政府授权特别行政区依照基本法自行处理对外事务权；全国人大、全国人大常委会和中央人民政府授予的其他权力。王叔文并将特别行政区的自治权与民族自治地方自治权、单一制国家的地方自治权、联邦制国家的州权进行比较，认为特别行政区的高度自治权更具有广泛性。[③] 李林认为，从法理上讲，"高度自治"是一个相对范畴，尽管它描述的是特区所享有的权力性质、范围和程度，但在单一制体制下，特区的权力与中央的权力是一个有机整体，"高度自治"是相对于中央的权力来讲的，同时也映射了中央的权力。因此，只有放在中央与特区的权力关系背景下，才能全面准确地理解高度自治的含义。[④]

任进则将中央与特别行政区的职权划分为四大类：（1）中央直接行使的权力：如特别行政区的防务和外交；特别行政区行政长官和行政机关主要官员的任命；基本法的解释权和修改权；决定进入紧急状态。（2）由特别行政区行使并由中央进行监督的权力：如特别行政区立法机关制定的法律须报全国人大常委会备案；特别行政区财政预算、决算报中央政府备案；特别行政区终审法院法官和高等法院首席法官的任免，报全

---

① 胡锦光主编：《宪法学原理与案例教程》，中国人民大学出版社 2006 年版，第 204—206 页；国务院发展研究中心港澳研究所编写：《香港基本法读本》，商务印书馆 2009 年版，第 54—64 页。

② 肖蔚云：《关于香港特别行政区基本法的几个问题》，载《法学杂志》2005 年第 2 期。

③ 参见王叔文主编《香港行特别行政区基本法导论》（第三版），中国民主法制出版社、中共中央党校出版社 2006 年版，第 40—52 页。

④ 李林：《香港基本法规定的"高度自治"及其实践》，载《纪念香港基本法实施十周年文集》，中国民主法制出版社 2007 年版，第 128—129 页。

国人大常委会备案。(3) 完全由特别行政区自己行使的权力：如特别行政区内部的行政管理权；独立的司法权和终审权；独立的财政、税收和金融权。(4) 中央另行授予特别行政区的其他权力：如中央政府授权特别行政区政府依基本法自行处理有关的对外事务；由中央政府协助或者授权，特别行政区政府可与外国就司法互助关系作出适当安排；由中央政府协助或者授权，特别行政区政府与各国或者地区缔结互免签证协议；经中央政府具体授权，特别行政区政府可续签或者修改原有民用航空运输协定和协议及相关事项；特别行政区可享有全国人大及其常委会及中央政府授予的其他权力。①

### （五）中央与特别行政区权限争议解决

关于中央与特别行政区权限争议的解决，潘俊强认为，目前中央与香港之间的碰撞大部分都是通过基本法内置的政治模式而获得解决的，但那是以强大的中央政治能力与协商政治传统为基础的。随着法治国家时代传统政治模式的式微，为辨认、识别和维护中央与香港的共同利益，减少中央与香港交往中的政治碰撞，促进中央与香港关系的法治化以及相应纠纷解决的规则化、司法化与效率化，必须充分研究中央与香港关系问题上的法律模式，首先应考虑建立中央与香港之间冲突的司法解决模式。如将来在建立国家宪法法院或类似机构时，可以考虑设置特别行政区基本法法院或在国家宪法法院下设立基本法法庭，专门裁决特区与中央的宪法性冲突；成熟时可通过基本法修正案方式，将全国人大常委会之下的香港基本法委员会实体化、司法化，实现冲突解决司法化、诉讼化。②

## 四 特别行政区政治体制和政制发展

特别行政区机关的特点主要表现在特别行政区的政治体制上。两部基本法所确定的政治体制体现了以下特点：(1) 从香港和澳门的法律地位和实际情况出发，实行不同的政治体制，既没有采纳内地的人民代表大会

---

① 任进著：《和谐社会视野下中央与地方关系研究》，法律出版社 2012 年版，第 61—62 页。

② 潘俊强：《关于中央与香港特别行政区关系的法理思考》，载《湖南大学学报》（社会科学版）2011 年第 3 期。

制，也没有照搬西方的“三权分立制”。（2）特别行政区实行以行政为主导的政治体制，行政长官、行政机关与立法机关之间相互分工、相互制衡又相互配合，司法独立。其中最重要就是，行政长官在特别行政区政权机构的设置和运作中，处于主导地位。基本法明确规定，行政长官既是特别行政区的首长，也是特别行政区政府的首长，不仅要对特别行政区负责，还要对中央政府负责。（3）“港人治港”、“澳人治澳”。基本法赋予特别行政区永久性居民选举权和被选举权，并且明确规定，特别行政区的行政机关和立法机关由香港永久性居民组成。基本法还规定，特别行政区居民中的中国公民依法参加全国性事务的管理，可以选出特别行政区的全国人大代表，参加最高国家权力机关的工作。①

闫晶认为，一国政治体制架构中，行政的职权配置及其与立法、司法之间的关系至关重要，是研究具体行政职权与行政法律关系的前提和基础。《香港特别行政区基本法》确立的行政主导模式，集中体现了各国政制架构的发展趋势，其十余年来的运行状况，又生动反映了两大法系的具体分歧与融合。以香港特区为视角，揭示行政职权设置及其运行机制的内在机理，可为行政职权的基础理论研究提供分析样本。②

王振民指出，长期以来，政制发展一直是香港社会面临的一个重大课题。如何处理香港政制发展问题，本质上不是要不要发展民主，而是要不要按照基本法的规定办事的问题。严格遵循基本法的规定，才能够妥善处理香港特别行政区政制发展的问题。③

朱孔武提出，澳门特区的行政主导政府体制延续了葡萄牙殖民地时期的资本主义制度，吸取了葡澳政府的成功管制经验。澳门回归以来，认真探索实践“一国两制”的澳门模式，特区政府公共行政改革的实践丰富了民主治理理论，治理能力不断提高，民主治理的“澳门模式”俨然成型。以地方治理的思考方式，治理能力的提升应有民主治理理念的支撑，

---

① 《宪法学》（马克思理论研究和建设工程重点教材），高等教育出版社、人民出版社 2011 年版，第 165—166 页。

② 闫晶：《基本法架构下的特区政制及其实践——以香港特区行政、立法、司法的关系为视角》，载《行政法学研究》2011 年第 2 期。

③ 王振民：《严格依据基本法处理香港政制发展问题》，载《中国人大》2007 年第 12 期。

在澳门治理革新的过程中，民众参与具有极端重要性。①

## 五 基本法的实施展望

回顾香港和澳门回归以来的实践，应该说，“一国两制”的伟大事业取得了巨大成功。但正如邓小平所说“‘一国两制’是个新事物，有很多我们预料不到的事情”。事实上，情况确是如此。香港特别行政区自1997年成立以来，经历了各种政治事件，都涉及在“一国两制”国家结构下中央与特别行政区的权限划分问题，因此，有必要明确“一国两制”下中央与特别行政区的权力和职能。

《中华人民共和国宪法》序言宣示：中华人民共和国是全国各族人民共同缔造的统一的多民族国家。在单一制国家结构制度下，只有一部宪法，一个最高国家权力机关，一个中央政府；特别行政区是我国享有高度自治权的地方政权机关，但它不是一个独立的政治实体。《宪法》第57条明确规定，中华人民共和国全国人民代表大会是最高国家权力机关。根据《宪法》第31条的规定，由全国人民代表大会制定基本法，作为实施“一国两制”及设立特别行政区的法律依据。

基本法既是特别行政区的最高宪制文件，也是一部全国性法律。《基本法》第2条中明确宣布：全国人民代表大会授权香港特别行政区依照本法的规定实行高度自治，享有行政管理权、立法权、独立的司法权和终审权。这一规定，就是特别行政区机关职能的法理基础。特别行政区享有高度的自治权，但特别行政区的高度自治源于中央的授权，并不是没有边界的，特区的高度自治，不能逾越宪法和基本法的相关规定。在“一国两制”下，中央政权和内地各行政区域继续实行人民代表大会制度，而特别行政区则实行行政主导、行政与立法相互配合又相互制约、司法独立的政治体制，从而形成一种中央统一制与地方行政区域多元民主政治体制相结合的新型国家政治体制。

20世纪末，香港和澳门先后回归祖国，并开始了“一国两制”的伟大实践。几年来的实践表明，基本法的规定是符合实际的，它全面体现了“一国两制”方针，对维护和发展香港、澳门的繁荣稳定提供了强有力的

---

① 朱孔武：《行政主导与澳门民主治理模式》，载《当代港澳研究》2010年第1期。

法律保障，得到了香港、澳门居民和国际社会的广泛认同。

但在基本法的实践中，由于基本法所具有的独创性，决定了其在实施过程中必然会存在这样那样的问题或不足，产生这样那样的争论，对基本法的有关条款进行不同的解读也是正常的。为了贯彻“一国两制”的基本国策，确保基本法的有效实施，维护香港的繁荣与稳定，根据香港社会的实际发展，全国人大常委会对基本法进行了多次解释并作出了多次决定，① 同时，香港特别行政区法院也在审判案件的过程中，对《香港基本法》进行着解释。

应当说，对基本法规定的不同理解，对基本法条文的不同争议，都是正常的。香港和澳门社会在宪法、基本法关于中央和特区机关的职能及相互关系的规定方面，有一些正确的理解有待形成，也许这是基本法成功实践的必然过程。

作为特别行政区的最高宪制性文件，基本法条文所蕴含的法则，也许只有在经历无数次争论的洗礼后，才能得到更为清晰的展述。从这个意义上看，在基本法颁布实施多年的今天，认真学习、研究和贯彻基本法，仍是当今香港和澳门社会的当务之急。②

---

① 如，1999 年 6 月 26 日九届全国人大常委会第十次会议通过的《关于〈中华人民共和国香港特别行政区基本法〉第二十二条第四款和第二十四条第二款第（三）项的解释》、2004 年 4 月 6 日十届全国人大常委会第八次会议通过《关于〈中华人民共和国香港特别行政区基本法〉附件一第七条和附件二第三条的解释》、2005 年 4 月 27 日十届全国人大常委会第十五次会议通过《关于〈中华人民共和国香港特别行政区基本法〉第五十三条第二款的解释》，以及 2011 年 8 月 26 日十一届全国人大常委会第二十二次会议通过的《对〈中华人民共和国香港特别行政区基本法〉第十三条第一款和第十九条的解释》。2004 年 4 月 26 日十届全国人大常委会第九次会议通过《关于香港特别行政区 2007 年行政长官和 2008 年立法会产生办法有关问题的决定》、2007 年 12 月 29 日十届全国人大常委会第三十一次会议通过《关于香港 2012 年行政长官和立法会产生办法及有关普选问题的决定》。又如，2011 年 12 月 26 日十一届全国人大常委会通过《关于〈中华人民共和国澳门特别行政区基本法〉附件一第七条和附件二第三条的解释》。

② 中国人民大学宪政与行政法治研究中心编：《宪政与行政法治发展报告》（2005—2006 年卷），中国人民大学出版社 2007 年版，第 73—74 页。

## 第五节　地方制度研究展望

### 一　新时期地方制度的发展改革

#### （一）地方制度发展改革回顾

改革开放以来，中央下放一些权力给地方，调动了地方的积极性、主动性，1994 年改革财政管理体制，实行分税制。进入新世纪新阶段以后，中央与地方关系进一步调整。2000 年 7 月 1 日实施的《立法法》，对中央与地方立法权限作了划分。2003 年 10 月 14 日中共十六届三中全会通过的《中共中央关于完善社会主义市场经济体制若干问题的决定》，提出合理划分中央和地方经济社会事务的管理责权，按照中央统一领导、充分发挥地方主动性积极性的原则，明确中央和地方对经济调节、市场监管、社会管理、公共服务方面的管理责权：属于全国性和跨省（自治区、直辖市）的事务，由中央管理，以保证国家法制统一、政令统一和市场统一；属于面向本行政区域的地方性事务，由地方管理，以提高工作效率、降低管理成本、增强行政活力；属于中央和地方共同管理的事务，要区别不同情况，明确各自的管理范围，分清主次责任。根据经济社会事务管理责权的划分，逐步理顺中央和地方在财税、金融、投资和社会保障等领域的分工和职责。

2004 年 7 月 16 日，国务院发布《关于投资体制改革的决定》，从完善政府投资体制的角度，提出了划分中央与地方权责的思路：“合理划分中央政府与地方政府的投资事权。中央政府投资除本级政权等建设外，主要安排跨地区、跨流域以及对经济和社会发展全局有重大影响的项目。”2002 年 11 月，党的十六大提出在坚持国家所有的前提下，充分发挥中央和地方两个积极性，建立中央政府和地方政府分别代表国家履行出资人职责，享有所有者权益，权利、义务和责任相统一，管资产和管人、管事相结合的国有资产管理体制。2003 年国务院设立国有资产监督管理委员会，以后省、市两级地方政府相继设立国有资产监督管理委员会。2008 年 10 月 28 日十一届全国人大常委会第五次会议通过《企业国有资产法》，规定国务院确定的关系国民经济命脉和国家安全的大型国家出资企业，重要基础设施和重要自然资源等领域的国家出资企业，由国务院代表国家履行出资人职责；其他国家出资企业由地方政府代表国家履行出资人职责。

在前四次改革基础上，2003 年和 2008 年国务院先后进行第五次、第六次机构改革，以政府职能转变为核心，按照精简统一效能的原则，在理顺职责关系、明确和强化责任、优化政府组织结构、规范机构设置、完善体制机制和推进事业单位分类改革等方面取得了进展。

2004 年 9 月 16 日党的十六届四中全会通过的《关于加强党的执政能力建设的决定》明确提出："正确处理中央和地方的关系，合理划分经济社会事务管理的权限和职责，做到权责一致，既维护中央的统一领导，又更好地发挥地方的积极性。"2006 年 10 月 11 日十六届六中全会通过的《关于构建社会主义和谐社会若干重大问题的决定》，强调完善公共财政制度，逐步实现基本公共服务均等化，进一步明确中央和地方的事权，健全财力与事权相匹配的财税体制，完善中央和地方共享税分成办法，加大财政转移支付力度，促进转移支付规范化、法制化。党的十七大提出"规范垂直管理部门和地方政府的关系"的任务；2008 年 2 月 27 日十七届二中全会通过《关于深化行政管理体制改革的意见》，要求各级政府要按照加快职能转变的要求，结合实际，突出管理和服务重点：中央政府要加强经济社会事务的宏观管理，进一步减少和下放具体管理事项，把更多的精力转到制定战略规划、政策法规和标准规范上，维护国家法制统一、政令统一和市场统一：地方政府要确保中央方针政策和国家法律法规的有效实施，加强对本地区经济社会事务的统筹协调，强化执行和执法监管职责，做好面向基层和群众的服务与管理，维护市场秩序和社会安定，促进经济和社会事业发展；按照财力与事权相匹配的原则，科学配置各级政府的财力，增强地方特别是基层政府提供公共服务的能力。

2005 年 6 月 21 日，国务院批准上海浦东新区为国家综合配套改革试验区；2006 年 5 月国务院发布了《关于推进天津滨海新区开发开放有关问题的意见》；2009 年 1 月国务院发布了《国务院关于推进重庆市统筹城乡改革和发展的若干意见》。为推进形成人口、经济和资源环境相协调的国土空间开发格局，加快转变经济发展方式，促进经济长期平稳较快发展和社会和谐稳定，2010 年 12 月 21 国务院印发了《全国主体功能区规划的通知》。

总结改革开放以来，特别是进入新世纪新阶段以来，中央与地方关系的改革和发展，可以看出呈现出如下的基本走向。

一是随着市场经济的建立、完善和民主政治的发展，在保证国家政权统一前提下，为发挥市场配置资源的基础性作用，中央已不可能完全依靠指令性计划，这样就必须给予地方政府相应的权力，以充分发挥地方的积极性，因地制宜地进行经济建设。这个时期的中央与地方关系，主要呈现行政性权力下放的态势。

二是随着经济的发展，经济的因素在中央和地方关系设计上的权重逐步加大。如设立经济特区、沿海开放城市、计划单列市，实行分税制，实施区域发展战略、主体功能区建设和改革试验区等，也主要是经济的原因。

三是重视中央与地方关系的制度化。十六大提出："依法规范中央和地方的职能和权限，正确处理中央垂直管理部门和地方政府的关系。"国务院《全面推进依法行政实施纲要》，要求做到"中央政府和地方政府之间、政府各部门之间的职能和权限比较明确"，并提出"合理划分和依法规范各级行政机关的职能和权限"。中央与地方关系的制度化以及政府职能、机构和人员编制的法定化成为行政体制改革的目标之一。

四是随着市场化、城市化、工业化、国际化的发展，经济体制深刻变革，社会结构深刻变动，利益格局深刻调整，思想观念深刻变化，地方经济快速发展，同时，也产生中央与地方关系的一些矛盾和问题，深化中央与地方关系改革到了关键时期。①

（二）地方制度发展改革的展望

地方制度改革作为我国全面改革的重要组成部分，必须随着经济社会发展而不断深化，与人民政治参与积极性不断提高相适应。

1980 年 8 月，邓小平提出了改革国家领导制度，将不允许权力过分集中的原则在宪法中表现出来等设想；同年，邓小平明确提出，"要使各少数民族聚居的地方真正实行民族区域自治"的指导思想。1981 年 6 月，党的十一届六中全会指出："必须根据民主集中制的原则加强各级国家机关的建设，使各级人民代表大会及其常设机构成为有权威的人民权力机关。"邓小平 1982 年发表"一个国家、两种制度"的重要讲话，为设立特别行政区及其制度提供指导方针。中国特色社会主义理论体系强调要坚持和完善国家基本政治制度，从而指导着我国地方制度沿着正确的方向建

① 参见任进《和谐社会视野下中央与地方关系研究》，法律出版社 2012 年版，第 179—190 页。

设和发展。同时，地方制度和地方政权建设以宪法原理为基础，获致宪法理论的支撑和宪政价值的引导。

展望地方制度发展改革，可以从以下几个方面考察。

1. 坚持民主集中制原则为指导。进一步推进我国地方制度建设和发展，必须以调动地方积极性、主动性与维护中央权威为根本原则。任剑涛认为，宪政的纵向分权既需要在政治的层面上进行，也需要在行政的层面上落实。对于中国而言，解决好中央与地方的关系，必须坐实宪政的纵横双向分权，做到三个避免（避免央地权力博弈的崩盘；避免中央和地方政府双方的不信任；避免中央和地方政府之间政治性权力与行政性权力的混用）；注意三个关键问题（宪法对于中央政府与地方政府关系的明确规定与有效规范；将国家权力的中央权力与地方权力作制度的切割与关联；把刺激地方活力与维护中央权威作为央地关系的轴心问题）；把握三个行为边界（各自谨守权力的边界；各自尊重相互的利益；相互维护各自的权威）。①

2. 不断改革地方制度。经过改革开放以来地方机构的不断改革，我国地方制度逐步建立并日渐成型，并呈现出如下的走向：一是地方机构从侧重行政体的地方政府发展为民主集中制的地方政府；二是地方制度从高度的中央集权发展为适度的地方分权；三是地方政府的职能从直接经济管理逐步转向经济调节、市场监管、社会管理和公共服务。我国地方政府机构改革和地方制度建设的主要任务和发展展望是：合理划分中央和地方经济社会事务的管理责权；转变政府职能，继续推进地方机构改革，合理设置地方机构，优化人员结构；理顺地方各级政府之间的关系；逐步实现地方职权和机构设置的法定化、规范化；改革政治、行政管理体制和决策机制，建立中央地方互利合作和地方利益表达和平衡机制和中央地方争议裁决机制。② 上述变化将伴随地方民主政治的发展，伴随人民代表大会制度的改革和完善而形成。在这方面，选举制度的进一步改革，地方居民真正广泛参与管理，人民代表民主素质和参与管理国家事务和社会事务能力的提高，人民代表大会组织和程序的完善等，都将使居民与地方政府的关系

---

① 任剑涛：《宪政分权视野中的央地关系》，载《学海》2007 年第 1 期。

② 任进：《中外地方制度改革的新动向及未来展望》，载《上海行政学院学报》2003 年第 1 期。

更加密切。地方政府的行政行为将更能反映、代表大多数居民的意愿和利益，并更多地受到居民的日常直接监督。①

3. 重视中央与地方关系改革的顶层设计和宏观指导。按照宪法关于不断完善社会主义各项制度的规定，必须继续积极稳妥推进地方制度改革。我国是一个地域大国和人口大国，推进中央与地方关系改革，在新世纪新阶段具有紧迫性，但又是一项长期战略任务。任进认为，应当重视中央与地方关系改革的顶层设计和总体规划，以战略思维、全局视野，对改革的各方面、各层次、各要素进行统筹考虑，制定近期和远期规划，进一步明确我国中央与地方关系改革的整体思路、基本方向、关键领域、重点任务、先后顺序等，全面系统而又积极稳妥地推进改革。主要任务是：切实转变中央与地方政府职能；科学界定和合理划分中央与地方的权力；正确处理和依法规范地方政府部门与上级业务主管部门、与本级地方政府的关系；加强中央权威性，增强政策执行力；扩大地方自主权，建立地方利益表达与平衡机制；建立中央部委与省级地方政府的协商机制；理顺中央与地方的财政收支关系，逐步法治建构中央与地方关系。②

4. 逐步实现中央与地方关系的法治化。我国长期以来，中央与地方关系处于非法制化的状态，造成中央与地方权力划分上的模糊性。孙隆基分析指出："中国人是用中央'地方化'、地方'中央化'的配方来达成'天下大治'的。这种'和合'的方式虽然长期地维持了大一统的局面，然而在浑然不分的情形下，却无法为社会上的任何势力建立明文规定的权利界限。"这与中国文化的特性有关，"在政治生活中，才会搞中央中有地方，地方中有中央，造成法权观念的模糊。"③ 虽然在《宪法》和组织法层面对中央与地方事权作了原则划分，但过于笼统，仍存在中央与地方政府的事权范围模糊和中央与地方财权配置不科学等问题。④ 熊文钊也提

① 陈小京：《地方政府管理体制发展趋势探讨》，载《中国机构》2002 年第 6 期。

② 任进著：《和谐社会视野下中央与地方关系研究》，法律出版社 2012 年版，第 191—198 页。

③ 孙隆基著：《中国文化的深层结构》，广西师范大学出版社 2004 年版，第 328 页。

④ 薛刚凌主编：《行政体制改革研究》，北京大学出版社 2006 年版，第 178 页。

出，实现中央与地方关系法制化是处理中央与地方关系的重要原则，是科学合理的中央与地方关系的法律制度保障。现行《宪法》对于中央与地方政府的职权，都作了相应的规定，但缺乏配套法规，操作性不强，同时又缺乏有效的监督机制。而中央与地方关系只有在制度化、法治化的基础上，才能走向现代化的道路，才能使中央与地方的职能关系保持一种均衡和稳定的状态。①

5. 构建中央与地方的良性互动关系、分权体制和宪法文化。熊文钊提出，中央与地方的良性互动关系服从这一前提：在统一的不可分割的基础上，中央政府始终拥有影响对策各要素及对策进程的主动权；地方以相对独立的地位，拥有处理所辖区域内事务的自主权，同时，中央对这些权力行使过程保留监督控制权。正确处理中央与地方政府职能关系的标准主要有两条：一是看中央政府的统一领导和高度权威是否得以保证、持续、稳定和发展；二是看地方政府的自主权是否得以适度、具体地落实。在转型时期的中国，把握这两条标准的实质就是把握好中央集权与地方分权的结合度的问题。要建立中央与地方合理的分权体制：其一是确立国家立法权与地方权利；其二是实行财政分权体制；其三是职权划分与分工合作。② 随着改革开放的深入和市场经济的发展，地方政府（特别是省级政府）的独立性不断增强，已经成为具有相对独立的经济社会利益和相对独立的发展目标的利益主体。中央与地方关系已由过去的以行政组织为主要基础的行政服从关系，转变为以相对经济实体为基础的对策博弈关系。因此，应当建立地方利益的表达与平衡机制，让地方能够通过正式的渠道，表达地方的愿望，参与中央的决策。③

针对分权文化的缺乏对我国中央与地方关系法治化的障碍，上官丕亮提出，要进一步解放思想，借鉴国外分权文化的有益经验，扬弃传统的中央集权文化，构建我国的分权文化，通过法治途径在中央与地方之间进行明确的纵向分权，实现中央与地方关系的法治化，既确保中央权威，又让

---

① 熊文钊：《中央和地方关系需法律保障》，载《瞭望新闻周刊》2005 年第 49 期。

② 同上。

③ 熊文钊：《构建中央地方良性互动关系》，载《瞭望新闻周刊》2005 年第 49 期。

地方享有一定的自主权，发挥中央和地方两个积极性。①

## 二 地方制度研究的前景展望

地方制度在宪法和政治制度中具有重要地位。斯蒂芬·L. 埃尔金说："立宪政府政治结构理论的重要组成部分，必须是关于地方政府的设计。"②

地方制度反映一个国家地方政权的组织状况及其与公民的关系，与一国公民的日常生活有着密切的关系，公民往往是通过地方制度来了解一国的宪政制度的。各个地方政府或地方国家机关是国家政权的细胞，直接影响着一国的宪政制度建设。③ 鉴于全球性的经济市场化和地方民主的发展趋势，对这一领域的研究愈发显示其重要性。

地方制度研究的法律、政治意义在于：坚持中国特色社会主义理论并借鉴他国合理的制度因素，完善我国的地方制度模式；促进国家整合化，保障国家统一和稳定；完善国家治理体系，提高政府善治水平；调动多方积极性，促进社会全面发展。

地方制度研究的理论价值在于：促进法学、政治学等学科的繁荣和发展，为推动我国的政治和行政体制改革，实现中央与地方关系的科学化、法治化提供理论支撑、决策参考和方案选择。

### （一）地方制度将成为宪法学研究的重要领域

西方国家非常重视地方制度的研究。早在1851年，英国学者乔舒亚·托尔敏·史密斯（Joshua Toulmin Smith）就写过《地方自治与中央集权》（Local Self-Government and Centralisation）一书。运用比较方法对地方制度包括中央与地方关系进行研究，则是从20世纪开始的。1948年，英国学者G. M. 哈里斯（G. M. Harris）在其原著《各国地方政府》

---

① 上官丕亮：《中央与地方关系法治化的宪法文化思考》，载《云南大学学报》2011年第5期。

② 斯蒂芬·L. 埃尔金：《新宪政论》，三联书店1997年版，第165页。

③ 万鹏飞：《地方政府与地方治理译丛总序》中提出："地方政府是一个国家政治制度的重要组成部分，不了解前者，就不能了解后者。每一个国家只有一个中央政府，却有多个地方政府。地方政府与民众的日常生活更为息息相关，与多样性的地理和社会生态环境的联系更为密切。"载［美］奥斯特罗姆等著《美国地方政府》，井敏等译，北京大学出版社2004年版，第1页。

（Local Government in Many Lands）基础上改编的《比较地方政府》（Comparative Local Government），可以认为是早期这方面的代表作。自此以后，有关地方制度的著书不断涌现。

毛泽东十分强调地方制度研究的重要性。他在 1956 年 4 月 25 日中共中央政治局扩大会议上所作的《论十大关系》的讲话中指出："处理好中央地方的关系，这对于我们这样的大国大党是一个十分重要的问题。这个问题，有些资本主义国家也是很注意的。它们的制度和我们的制度根本不同，但是它们发展的经验，还是值得我们研究。"①

新中国成立以来，地方制度这一政治学和法学中的重要学科，一直没有受到足够重视。十一届三中全会以后，对地方政府和地方制度的研究开始受到关注，特别是进入新世纪新阶段以来，中央与地方关系成为研究热点，并出现一批研究成果。梳理 20 多年来的研究可以看出，地方制度研究有几个重要特点：一是早期的研究多侧重于一般地方制度和民族区域自治制度的研究；二是注重比较研究，主要是研究国外的地方制度及其对中国的启示，近年来开始注重中央地方关系的法治化研究等；三是地方制度不仅是政治学、行政学研究的内容，也是法学的重要研究领域。但总的来说，法学界对地方制度的研究还存在一些不足，如研究不够深入、视野不够广泛、理论知识老化等问题，也没有构建起中国本土化的具有理论说服力的地方制度理论体系。今后应加强对地方制度的法学研究，在研究内容和方法上，还应注意以下几点：

一是把地方制度放到一定的具体政治、社会条件下加以研究。地方制度在国家生活、社会生活和文化生活中呈现出复杂、综合的现象，研究地方制度，应把其与所处的社会背景和诸多条件联系起来分析和考察，才能得出正确的认识、全面的评价。地方制度是社会发展到一定历史阶段的产物，将随时代的变迁而不断变化。在当今我们所处的全球化时代，地方制度本身也在经历变革，呈现出某些趋同的趋势，这种趋同性和普遍价值，也是在进行研究中不应忽视的。

二是在整个国家政治与行政体制中把握地方制度的全貌。地方制度是一国政治体制的重要组成部分。研究地方制度，不仅要研究地方机构的组

① 《毛泽东著作选读》（下册），人民出版社 1986 年版，第 730 页。

织、职能权限，也要研究全国性政府的组织机构、职能权限；不仅要研究作为国家结构组成部分的地方区域，还要研究整个国家的结构形式；不仅要研究作为正式组织的地方机构，还要研究政党制度以及政党组织或其他社会组织对地方制度运作的影响。

三是借鉴相关学科的研究成果。对地方制度不仅有政治学、行政学、经济学的视角，更应当有法学的研究视角。因此，研究和探索地方制度的发展规律和实际走向，需要具有符合科学发展观的一体化思维和相互结合的多学科视野。

此外，研究地方制度，除了应当分析一般原则和法律规范外，更要注意地方制度的实际运作状况、变化特点以及可以预见的发展趋势。

### （二）对民族区域自治制度的研究将更加深化

关于民族区域自治制度，我国学术界出版和发表了大量的专著和学术论文。从宪政制度层面研究的，如陈云生所著的《中国民族区域自治制度》，阐析和解析了《民族区域自治法》制定的民族因素、国家背景、宪法依据，以及民族区域自治法的基本原则、主要内容等；① 戴小明所著的《民族区域自治制度的宪政分析》，运用宪法学理论，以国际和国内社会整体变迁为宏观背景，对民族区域自治实践中出现和可能出现的各种制度建设问题，进行理论分析和实证研究，并试图拓展政治学、宪法学的研究领域和现实内涵。②

吕永红认为，有关民族区域自治制度研究的大部分成果，主要还是围绕中国共产党的民族理论和民族政策展开。研究的内容主要体现在以下五个方面：（1）从总体上，论述民族自治制度的一般原理，阐释民族区域自治的伟大历史意义；（2）从制度运行上，着力论述民族区域自治制度取得的成绩、面临的问题以及改进和完善的对策；（3）从自治权理论的视角，思考我国民族区域自治制度；（4）将民族区域自治理论与“三个代表”重要思想、和谐社会、科学发展观、西部大开发等党在各个时期的新理论和新政策相结合，探寻民族区域自治制度的新发展；（5）民族区域自治制度研究在法学领域中的系统化、体系化取得明显的进展。民族区域自治制度研究存在的不足是：（1）研究视角的局限，往往以马克思

---

① 陈云生：《中国民族区域自治制度》，经济管理出版社 2001 年版。

② 戴小明：《民族区域自治制度的宪政分析》，北京大学出版社 2008 年版。

主义的阶级分析方法作为中心视角，忽视社会科学的其他理论和方法的引入、借鉴；另一方面，多囿于民族政策和法律制度的视角，偏重于把民族区域自治作为一项政策和法律制度加以描述。(2) 在研究方法上，偏于传统的规范研究与法律制度描述，讲应然者多，讲实然者少；静态分析多，而动态的、政治过程分析少。(3) 理论抽象、理论创新不够，理论的解释力有待进一步提高，对民族区域自治制度研究的学术化努力不足。(4) 对民族区域自治制度所取得的成果分析得多，对问题分析得少，特别是对民族区域自治下民族关系面临的问题不敢深入分析，往往是蜻蜓点水，要么刻意去回避矛盾，要么拘泥于政策的解读。①

颜克伟、张吉认为，随着民族国家的逐步确立和发展，对民族区域自治制度的研究会进一步深化，其触角也会延伸至民族区域自治的各方面。如何补足当前研究的短缺，未来的研究或将朝着以下的路径发展：第一，多民族国家的建构非常复杂，对民族国家的研究，将促使学者将视野转向民族区域自治制度对民族国家建设中政治统一、政治整合、国家治理等理论与实践诸方面的思考。第二，关于民族区域自治制度在宪政背景下，如何进一步构建和运用完整的民族区域自治制度，即如何使民族区域自治制度体系完整、切实可行、运转自如、保障有力等，如何进一步完善制度本身及执行、监督等方面的研究，将引起学者的注意并逐步深化。第三，对民族区域自治的核心即自治权问题的研究，将上升到中央集权和地方分权关系的高度，逐步吸引更多的关注视野。②

### (三) 加强对港澳基本法的研究

通过对特别行政区基本法研究的总揽，可以发现二十余年来，这一研究领域不仅已有了为数可观的成果，而且随着基本法的进一步实践，对基本法的研究正呈现出十分强劲的发展势头。不过，在发展过程中也存在一定的问题。

有学者认为，香港基本法实施以来，中国内地学术界对香港基本法的研究，仍然局限于文本的解读式研究，常常导致研究成果与具体实践的联

---

① 吕永红：《我国民族区域自治制度研究的现状与理论思考》，载《新疆社科论坛》2010 年第 5 期。

② 颜克伟、张吉：《近年来民族区域自治制度研究述评及展望》，载《西藏民族学院学报》(哲学社会科学版) 2010 年第 4 期。

系不够紧密，使基本法研究的应用性受到限制。当前的研究成果往往只是侧重于政策性地宣传基本法在香港的成功实践，侧重于阐述基本法的理论意义和实践意义，而缺乏结合香港地区的法律和实践中的问题与冲突进行深入的研究论证。内地学者应该结合内地法律实践的经验和教训，积极参与探讨基本法在香港实施过程中所遇到的各种现实和具体问题。用学术的眼光，研究实施中所遇到的问题，提出解决方案或对策，并且注重研究基本法在特区进一步实施过程中可能会出现的各种问题。这是今后研究基本法在香港的实践所应该坚持的基本方向。

基本法的研究不应囿于法律的层面，法律与政治、经济、历史、宗教、习俗等有着密切的联系，学术界应同时把对基本法实践的研究拓宽到相关层面，进行关联式研究，以从不同侧面对基本法的顺利实践提供多角度的思考。比如，基本法与香港特区的政治民主化进程和模式问题，基本法的实施对香港特区社会差异的影响问题，基本法对香港特区经济发展的保障问题，以及如何在宪法和基本法的框架内进一步协调好国家整体与香港特区之间的关系问题，香港基本法和澳门基本法实践经验和教训的比较性研究等。这些都是十余年来中国内地学者们研究不够的地方，今后应该进一步加强对这些领域的探究。①

在基本法研究中还应注意：一是要正确认识与妥善处理政治理论与法律理论、一般地方制度基本原理与我国特殊国情、坚持与发展等关系；二是要系统梳理基本法的实践，研究基本法有关规定的背景、制度的实施情况和问题；三是既立足本土化的中国特色地方制度基本理论又要具备地方自治制度的国际视野，并创新性地回答基本法理论中的一些重大问题。

① 刘永奇：《香港基本法研究综述》，载《东南大学学报》（哲学社会科学版）2010年6月第12卷增刊。

# 第四章

# 宪法监督实施

## 第一节　宪法监督相关概念

中国宪法文本之中，涉及宪法监督问题的用语是“监督宪法实施”，这在《宪法》第62条有关全国人大职权和第67条有关全国人大常委会职权之中有明确的规定。但在宪法学中，与宪法监督实施相关的概念则比较多，还没有形成统一的用语。相关“宪法监督”的用语主要有：宪法监督、宪法监督实施、宪法适用、违宪审查、宪法保障等。这些概念之间并非是水火不容的关系，在基本的含义上应该说具有相同之处，但也并非是完全等价的关系。

首先需要明确的是，在我国宪法学的话语体系之中，宪法监督的含义是什么，然后才能以此为基础与其他的概念或用语之间进行比较。

宪法监督有广义和狭义之分。广义的宪法监督是对有关宪法的活动实行全面的监督，从监督主体来说，除了专职的宪法监督机关外，还包括其他国家机关、政党、人民团体、群众组织以及公民。从宪法监督的对象看，既包括国家机关的立法活动、行政活动、司法活动，也包括公民个人的活动以及公民的组织如政党、人民团体、群众组织的活动。狭义的宪法监督一般是指由国家专司宪法监督的机关实行的监督，在监督对象上偏重于对国家立法机关的立法活动以及行政机关的行政活动所实施的监督。①

宪法监督是指为保证宪法规范和宪法精神的全面实现而构建起来的一套程序和制度。其具有的特征可概括为：（1）监督主体的广泛性，不仅包括国家机关、政党、社会团体、企事业组织，也包括普通公民。（2）监督客体的特定性，宪法监督的客体大多应与公权力的行使有关，

① 殷啸虎、王月明、朱应平：《宪法学专论》，北京大学出版社2009年版，第311页。

仅囿于立法行为、司法行为、行政行为或与公权力行使有关的其他行为。(3) 监督原则的权威性，宪法监督的原则是合宪性监督原则，而不是合法性监督原则。(4) 监督模式和方法的多元性。宪法监督的手段既包括违宪审查、宪法诉讼、司法审查与宪法适用等，也包括不具有强制力的宪法批评等。①

有研究者提出，宪法是调整国家与公民之间，而不是公民与公民之间关系的法律，违宪主要是一种国家行为，因此，宪法监督主要是指审查国家机关规范性文件的合宪性，以及受理公民对国家权力违宪的控告。其内容具体包括：审查国家立法行为的合宪性；审查国家具体行为的合宪性；审查国家机关之间的权限争议；审查特定的私人侵害基本权利的行为。②

有研究者除了认同宪法监督有广义和狭义不同之外，还提出了严格法律意义上的宪法监督和一般社会意义上的宪法监督、积极的宪法监督和消极的宪法监督的观点。严格法律意义上的宪法监督，是指由宪法明文规定的或国家认可的由特定的机关实行的宪法监督。一般社会意义上的宪法监督，是指除专职机关以外的国家机关、政党、人民团体、群众组织或个人对宪法的监督。积极的宪法监督，是指国家机关和全社会的力量以积极的姿态和各种切实有效的措施，促成宪法允许的作为的实现，使宪法真正发挥对国家和社会重大事务的定向调控作用。消极的宪法监督，则是指单纯地防范宪法规定的不作为的实现或者处理各种已经出现的违法行为，使宪法不受任何行为和法律的侵犯，以此来维护宪法的最高法律地位和权威。③

根据上述可以看出，在宪法监督概念的界定上，宪法学界并没有形成基本的共识。在监督的内容上存在分歧是，宪法监督究竟是仅限于国家机关的相关行为，还是包括国家机关以外的政党、社会组织乃至公民个人的行为。在监督的主体上，广义的宪法监督概念不仅将享有宪法监督权的国家机关以外的机关，甚至将社会组织、公民个人都纳入到宪法监督的主体之中，表面上看起来是希望各方面的力量都能发挥宪法监督的作用，以便使宪法的权威得到切实的实现。然而，这样的界定貌似很全面，但却存在

---

① 周叶中、韩大元：《宪法》，法律出版社2006年版，第533页。

② 张千帆、肖泽晟：《宪法学》，法律出版社2004年版，第80—84页。

③ 陈云生：《宪法学原理》，北京师范大学出版社2009年版，第328—329页。

两个方面的问题：一是监督者同时也是被监督者，到底是谁监督谁，最后的结果很有可能是谁都有权监督，实际上谁也监督不了。二是特定的国家机关因享有宪法赋予的宪法监督权，因而对发生的宪法性争议能够去处理，对违宪的行为和立法可以给予制裁。其他的国家机关，特别是社会组织、公民个人，如果是宪法监督的主体，它们拥有什么手段、遵循什么程序来处理宪法性争议，对违宪行为给予制裁？如果不能够做到这一点，认定他们是宪法监督的主体又有何意义？根本上讲，宪法监督是一项专门性的国家权力，也是一项专业性非常强的工作，并非谁都可以从事，也绝非人人都能胜任。因此，在界定宪法监督概念的时候，必须以专业性和国家性为立足点，不能将宪法监督概念的内涵和外延泛化，给接受者准确把握概念的内涵产生误导。

对宪法监督概念的泛化理解，其根本的原因，是长期以来我们对宪法这门法律和宪法学这门学科属性未能准确把握所造成。一方面将宪法不作为法律看待，而是非常重视其具有的政治性，尤其是对宪法的强制性不能给予足够的重视，认识不到将法律的强制性由潜在转化为现实应该是由一定的国家机关借助于国家权力才能做得到，并非是人人都能实现。因而，将宪法的适用更多地视为政治行为而不是法律行为。二是将宪法学这门学科弄成了包括许多学科知识的大杂烩，其法学学科的色彩或属性则完全被淹没在其他学科知识所形成的话语和思维方式之中，自然也就不能以法学学科的视角来分析宪法监督概念的内涵。

改革开放之后，我国法学教育得到了恢复和发展，特别是 20 世纪 90 年代以后对苏联法学理论影响的反思，对英美等西方国家法学理论的引进和借鉴，法学研究中法学学科所特有的方法、思维方式逐渐地受到重视。在宪法学领域，规范方法的运用被特别强调，规范宪法学开始形成，在这样的背景下，对宪法学基本概念或范畴的理解开始逐渐摆脱政治思维，尤其是意识形态思维的影响，回归到法学思维的基本立场上来。这样的影响反映在宪法监督概念的理解上的表现就是，将宪法监督等同于违宪审查，已经成为我国宪法学界的通说。①

---

① 张明信：《宪法监督的理论基础探析》，《江海学刊》2001 年第 2 期。

## 一 宪法实施

在与“宪法监督”有关的概念中，宪法实施是一个使用得相对普遍的概念。至于“宪法实施”的确切含义是什么，这一概念的使用者并没有一致的认识。代表性的主张有：“宪法实施，又叫宪法适用，是指国家有权机关依照法定的方式和程序，从宪法规范的特点出发使其得以落实贯彻并发挥作用的专门活动。宪法实施具有两种方式，一是立法实施，二是解释实施。”① 这种理解，将宪法实施严格限定在宪法规范的正面落实层面上，即如何使宪法的规定加以落实，对现实的社会关系发生正面的引导、规范作用。“宪法实施是法律实施的一种具体形式，是指宪法规范在现实生活中的贯彻落实，即将宪法文字上的、抽象的权利义务转化为现实生活中生动的、具体的权利义务关系，并进而将宪法规范所体现的人民意志转化为具体社会关系中的人的行为。”“宪法实施主要由两部分构成：第一，宪法的适用。宪法适用是一定的国家机关对宪法实现所进行的有目的的干预。它一方面是指国家代议机关和行政机关对宪法实现的干预。另一方面则指国家司法机关在司法活动中对宪法实施的干预。第二，宪法的遵守。”② 这种理解，不仅将宪法的遵守包含在宪法的实施内容之中，宪法的实施不再是国家专门机关的专门活动；而且把司法机关对普通法律的适用也看做是宪法的实施活动，从而使宪法实施不仅仅局限于正面的对宪法规范的落实上。

关于宪法实施与宪法监督间的关系，以及宪法实施包括的具体环节，也有不同的主张。一种主张认为，宪法实施由宪法解释、宪法修改、宪法监督，或者由宪法适用、宪法的执行与遵守、宪法的制裁等环节组成，宪法监督属于宪法实施的一个方面或组成环节。③ 另一种主张认为，宪法监督不属于宪法实施的组成环节，或者说宪法监督是指的对宪法实施活动的监督。宪法监督外在于宪法实施，与宪法实施属于同一层次甚至是更高层次的概念。④ 还有的研究者认为，宪法实施包括宪法遵守、宪法执行和宪

---

① 董和平、韩大元、李树忠：《宪法学》，法律出版社2000年版，第143页。

② 周叶中：《宪法》，高等教育出版社、北京大学出版社2000年版，第349页。

③ 董和平、韩大元、李树忠：《宪法学》，法律出版社2000年版，第349—415页。李步云：《宪法比较研究》，法律出版社1998年版，第319—384页。

④ 莫纪宏：《宪政新论》，中国方正出版社1997年版，第1040页。朱国斌：《中国宪法与政治制度》，法律出版社1997年版，第31—64页。

法监督三个方面，宪法监督，亦即监督宪法的实施，也就是说宪法监督不是宪法实施本身，而是宪法实施的保障。①

笔者认为，从实施的含义上看，就是实现，也就是去积极地追求某一目标的实现。具体到宪法实施，表现为将宪法为社会关系确立的基本活动准则转化为现实的宪法关系，即将宪法规范要求的社会关系应当是什么转化为社会关系实际是什么，使制宪者表达在宪法规范中的愿望能够最大限度地实现，制宪者所期望的宪法规范对社会关系进行调整以后产生的影响和效果能够最大限度地转化为现实。这一目标的实现，除了从正面采取各种有效方法或措施加以促进以外，当然离不开反面的强制和制裁，而且这种强制和制裁是作为最后的手段加以使用的，即在正面的方法和措施不能奏效的情况下来运用，以弥补正面措施的不足。这是宪法强制性的最直接体现。否则，宪法实施和道德规范、宗教戒律的实施就没有区别了。

那种将宪法监督排除在宪法实施之外的主张，显然是缺乏充分理由的。虽然在现实之中，宪法的实施和其他法律的实施一样，应主要立足于国家机关、社会组织和公民个人的自觉遵守之上，不能完全依赖于国家权力作为坚强后盾的强制性上，也就是不能完全依赖于事后的惩罚与制裁。但如果没有这种强制性，尤其是当违反宪法的行为现实地发生以后，没有宪法监督机关运用国家权力去加以制裁，就会危及宪法的崇高权威，降低人们遵守宪法的自觉性，宪法的实现无疑会大打折扣。由此可见，宪法监督是宪法法律性实现的必须手段，属于宪法实施不可缺少的组成部分。

## 二　宪法适用

关于“宪法适用”的含义，代表性的理解有：“宪法适用是与遵守宪法的禁止性规定（禁令等）和行使宪法规定的权利、履行宪法规定义务并列的一种宪法实现的途径。当各种宪法主体遵守宪法的禁止性规定（表现为按照宪法的规定从事某种不作为）和行使宪法规定的基本权利、履行宪法设定的基本义务（表现为依照宪法规定从事某种积极行为）时，一般不存在宪法适用的问题。只有当宪法的禁止性规定得不到遵守和对宪法规定的权利义务产生了分歧以及违背宪法的禁止性规定和不履行宪法设

① 上官丕亮：《宪法文本中的“宪法实施”及其相关概念辨析》，《国家检察官学院学报》2012 年第 1 期。

定义务而应承担的宪法上的责任得不到落实时，才涉及宪法的适用问题。”①

宪法适用的内容包括：解释宪法、监督宪法、保证宪法在行使职权的区域内贯彻执行。不难看出，这里的宪法适用显然是指国家机关的职权行为，国家机关、社会组织、政党对宪法的自觉遵守是不包括在内的。其与宪法监督在所包括的内容上有很多重合之处，尤其是在宪法上的责任得不到落实的情况下，宪法适用与宪法监督的前提条件和追求的效果可以说是没有区别的。如果说有区别的话，最主要的就表现在宪法的适用仍然具有积极的一面，而不完全像宪法监督那样是消极的。如立法机关通过立法行为，将宪法的原则规定具体化，为社会关系的主体遵守宪法提供确切的根据，就是积极适用宪法的一种表现形式。

### 三　违宪审查

在我国的宪法学界，“违宪审查制”和“宪法监督”、“宪法实施”一样，是使用得比较广泛的一个概念，但对于“违宪审查制”与“宪法监督”的关系，则存在着认识上的差异。

有观点认为，宪法监督与违宪审查不能等同。有研究者将违宪审查的内涵概括为：第一，违宪审查只能由宪法明确规定的国家机关进行；第二，违宪审查具有特定的程序和方式；第三，违宪审查的对象是宪法行为；第四，违宪审查机关作违宪判断或合宪判断；第五，违宪审查机关如果认为构成违宪进行处理，即进行违宪制裁。在此基础上，指出了宪法监督与违宪审查之间存在的区别：“宪法监督具有两种含义：一种是作为制度形态和严格意义上的宪法监督，这一意义上的宪法监督与违宪审查的含义相同；二是作为政治意义上的宪法监督，这一意义上的宪法监督并不具有严格的制度形态。”②

就“宪法监督”与“违宪审查”两个概念的使用情形看，2001年可以作为一个分期点。此前，“宪法监督”概念的使用居于主流地位。但自

---

① 刘茂林：《宪法学》，中国人民公安大学出版社、人民法院出版社2003年版，第63页。

② 胡锦光：《宪法学原理与案例教程》，中国人民大学出版社2006年版，第111—114页。

2001 年之后，情况发生了明显的变化，“宪法监督”概念的使用则让位于“违宪审查”这一用语，“违宪审查”被采用率历年均高出“宪法监督”一语而居于主流地位。其间虽有“合宪性审查”一语采用，但其重要性迄今仍不如“违宪审查”和“宪法监督”。从形式上看，“宪法监督”与“违宪审查”概念使用的变化未必与中国宪法监督制度的变化形成对应关系，但这两个阶段主流用语的嬗变，在某种程度上，对应了现行宪法下该制度的艰难发展过程以及其所蕴含着的某种话语策略和实践动机。①

## 四　宪法保障

关于宪法保障的概念，在中国的宪法学研究中，虽然不像宪法监督、违宪审查的概念那样被经常使用，但却一直存在着。对宪法保障的内涵，研究者的界定也存在着差异。如有研究者认为，“宪法保障就是所有能够使宪法实施过程顺利进行、各类主体严守宪法，并使宪法规范落实实现的制度的总称。作为一种理论体系，宪法保障应该包括违宪审查制度、宪法监督制度、宪法诉讼制度和宪法意识。”② 有研究者指出，宪法保障的概念有广义和狭义的区别。广义的宪法保障是指一种国家保障，是为了排除损害国家法律秩序与制度的规则体系。狭义的宪法保障是指维护作为国家最高规范的宪法的地位与信任体系的制度，其基本宗旨是保障宪法的国家性，赋予宪法在社会生活中持续发展的基础。宪法保障可划分为三种类型，即社会的保障、政治的保障与法律的保障。具体到我们国家的宪法保障制度，由这样几个部分构成：一是宪法序言明确规定了宪法的根本法地位；二是宪法规定了宪法保障应遵循的基本原则；三是宪法保障机构体系包括权力机关的宪法保障、行政机关的宪法保障、审判机关的宪法保障、检察机关的宪法保障；四是建立了规范性文件的监督体系。③

由此可见，这里的宪法保障是包含宪法监督在内的，而宪法监督仅仅是宪法保障制度的组成部分。更有研究者对宪法保障的内涵做了非常宽泛

---

① 林来梵：《中国的“违宪审查”：特色及生成形态——从三个有关用语的变化策略来看》，《浙江社会科学》2010 年第 5 期。

② 董和平、韩大元、李树忠：《宪法学》，法律出版社 2000 年版，第 153 页。

③ 韩大元、林来梵、郑贤君：《宪法学专题研究》，中国人民大学出版社 2004 年版，第 230—246 页。

的界定，认为包括一切保障宪法实施的措施，主要有：（1）政治制度方面的保障措施；（2）经济制度方面的保障措施；（3）思想意识方面的保障措施；（4）法律制度方面的保障措施等。[①] 据此而论，宪法监督应该是属于宪法保障制度中的法律保障措施。

在中国的宪法文本以及宪法学研究中，之所以长期使用“宪法监督”的概念而不是“违宪审查”的用语，有研究者指出，“这种用语的内在逻辑构成，起初可能是肇始于‘社会主义制度的优越性’这样一种在当时相当普遍的惯性思维，或是一种透过中国式的概念去理解其他国家相关制度的话语策略，并在某种隐喻的意义上补强该制度的正当性。”其功能在于区分我国与西方意识形态的不同，并旨在借助这一概念凸显国家的社会主义本质。[②] 实际上，除了这个方面的原因之外，还在于宪法监督制度属于国家监督制度的组成部分，而在马克思、恩格斯，特别是列宁的思想中，为了防止出现西方国家的选举民主制度下，一旦选举完成以后，选民对自己选出的代表和公职人员没有办法控制的情形，也就是解决如何避免人民的公仆堕落而凌驾于人民之上的问题发生，提出了系统的监督的思想，宪法监督只是其中的一个方面。[③] 因此，我们要想从根源上理解“宪法监督”这一用语的真实含义，不能孤立地就宪法监督而谈论宪法监督，必须将其放在整个国家监督制度中，才能准确加以把握。

还有，在我国的宪法文本中，一直使用的是“宪法监督”而从未出现过“违宪审查”的用语，“违宪审查”的概念使用仅存在于学术界的话语之中。这种状况在一定程度上对“违宪审查”用语的广泛使用产生了限制作用。再者，违宪审查是基于法治的逻辑而使用的概念，无论是过去的苏联还是改革开放之前的中国，都是典型的人治制度，尤其是在阶级斗争观念支配下，宪法的国家统治，尤其是对被统治阶级专政的功能被过分强调，违宪审查所内含的对国家权力的控制、对人权的保障与救济的作用是不能够被彰显的，甚至可以说是不被认同的。加之在阶级分析观念和方

---

① 胡锦光：《宪法学原理与案例教程》，中国人民大学出版社 2006 年版，第 113 页。

② 林来梵：《中国的“违宪审查”：特色及生成实态——从三个有关用语的变化策略来看》，《浙江社会科学》2010 年第 5 期。

③ 陈力铭：《违宪审查与权力制衡》，人民法院出版社 2005 年版，第 162 页。

法的支配下，“违宪审查”被贴上了资产阶级的标签，属于资产阶级的东西，社会主义国家怎能去加以使用？所有这些方面，都决定了“违宪审查”概念没有使用的空间。更何况，与“违宪审查”基本上属于一种“事后监督”，相比之下，“宪法监督”更多地强调的是事前的预防，确实存在着不同之处。即便是不考虑这种差别，但也必须注意到它们各自所存在的权力结构的不同。实行“违宪审查”的国家，都是资本主义国家，国家权力之间是分权制衡的关系，违宪审查注重的是对立法权、行政权、司法权的制衡作用。而我们国家的权力结构与资本主义国家不同，不同国家权力之间不是相互制衡的关系，代表机关即人大是权力机关，位居其他机关之上，对其他机关有监督之责，因此，在宪法监督权由人大这一权力机关来行使的情形之下，或许能够比较恰当地表示出人大在上者的地位，显示出人大作为在上者对其他机关之间的监督与被监督的关系。

### 五　宪法司法化

“宪法司法化”这一用语，是在2000年才开始“横空出世”的，并在2001年最高法院有关“齐玉苓案”司法解释所诱发的关于“宪法司法化”讨论中迅速“蹿红”，媒体以及学术刊物中出现的频率曾一度超过“合宪性审查”、“宪法监督”、“违宪审查”等主流概念。然而，从总体上看，“宪法司法化”的重要性程度仍未超过“违宪审查”和“宪法监督”这两个用语，而且考虑到“宪法司法化”的理论探索和实践动向在新近的政法领域中受到了严厉的批判，以及2008年年底最高人民法院已公开废止了2001年“齐玉苓案”司法解释等因素，该用语的重要性，将可能倏然趋于式微。①

什么是宪法的司法化？较早研究宪法司法化问题的学者王磊，并没有对宪法司法化下一定义，仅仅指出宪法司法化是司法审查制度的共同点和提炼，司法审查制度是宪法司法化的具体体现。但同时又指出，宪法司法化与司法审查有不同之处，司法审查有事先审查和事后审查，而宪法司法化只有事后审查，适用不告不理的原则。② 另一种观点认为，宪法的司法

---

① 林来梵：《中国的“违宪审查”：特色及生成形态——从三个有关用语的变化策略来看》，《浙江社会科学》2010年第5期。

② 王磊：《宪法的司法化》，中国政法大学出版社2000年版，第148页。

化不是把宪法当普通法律来判案，而是根据宪法来审查法律是否违宪的违宪审查。① 把宪法司法化与违宪审查等同，或者认为宪法司法化包含违宪审查。

强世功在总结宪法司法化的不同观点时发现，所谓“宪法司法化”的概念隐含着两层不同的意义，他把它称为“违宪审查”（或司法审查）和“司法判断”。② 违宪审查是指传统意义上的解决法律与宪法相冲突的违宪问题，是涉及宪政中确立国家权力结构的根本问题；“司法判断”是指法院把宪法像普通法律一样作为司法判案的依据。这是非常重要的发现。蔡定剑认为，宪法司法化应具备三个条件：第一，宪法可以在法院适用于具体案件。这个法院可以是普通法院，也可以是专门的宪法法院。第二，公民有权作为当事人提起宪法诉愿。宪法司法化说明必须按一定的司法程序适用宪法，如必须有具体的当事人参与诉讼、程序有抗辩性等。第三，通过诉讼能为被侵害的宪法权利提供有效的法律救济，而不是解决一般的违宪问题。③

由此可见，所谓的“宪法司法化”强调的是宪法在司法机关的可适用性，具体是指宪法可以作为法院裁判案件的直接法律依据。这在当今世界许多国家而言，已经不是什么问题。该问题的提出并引起人们的高度关注，显然是针对当前我国的宪法不能在司法领域被直接适用而言的。对法院直接以宪法作为裁判案件的依据所指是何，又有两种清形：一种是将宪法直接适用于公民权利侵害的案件，包括政府侵害和私人侵害；另一种情形则是指法院直接依据宪法对有争议的事项进行司法审查，亦即违宪审查。

宪法何以需要司法化，有研究者提出的根据是：宪法的法律性是宪法司法化的前提；宪法至上是宪法司法化的逻辑基础；切实保障人权是宪法司法化的关键。④

对宪法司法化这一概念的使用，我国著名的宪法学家许崇德提出了质

① 乔新生：《评一则改变中国宪政的司法解释》，引自北大英华网。

② 强世功：《宪法司法化的悖论——兼论法学家在推动宪政中的困境》，《中国社会科学》2003 年第 2 期。

③ 蔡定剑：《中国宪法司法化路径探索》，《法学研究》2005 年第 5 期。

④ 谢维雁：《论宪法的司法化》，《西南民族学院学报》（哲学社会科学版）2000 年第 12 期。

疑：在其与郑贤君合作的一篇论文中，许崇德指出："宪法司法化"是宪法实践的理论误区；"宪法司法化"是宪法诉讼的理论误区；"宪法司法化"是宪法基本权利直接效力的理论误区。[①] 在有关中国宪法司法化第一案所引发的争论中，许崇德更是明确指出：首先，"宪法司法化"是一个不清晰的词语。"揣摩'宪法司法化'的推出，不外乎想表达两个意思：一曰宪法可以同一般法律一样，作为法院判案的依据；二曰法院可以就某种行为或者某规范性文件是否抵触宪法，作出解释。关于前一个意思，其实法律界早已有'宪法适用于审判过程'或者'宪法作为判案的准绳'等说法。关于后者，亦早已有'由法院进行违宪审查'之谓。法学界已有的说法显然比'宪法司法化'表述得更明白，更能为普通群众所理解。奈何弃之不用，偏要另造一种说法。实在令人费解。"其次，"宪法司法化"就是要建立美国式的由最高法院行使违宪审查权的体制，是不适宜的。[②]

更有研究者指出，围绕宪法司法化进行的论争，本质上是政体之争，因为宪法司法化必然要求确立等位且制衡的分权结构，违反我国的人民代表大会制度，等于是发动宪法革命。从实行宪法司法化的美国来看，其基础是对议会的不信任，限制代议机关是其主要目的；而我国的宪法不是限制代表机关的，因此缺乏宪法司法化的制度根基。若实行宪法司法化，在中国宪法大量的内容属于纲领性规定的情形下，必然会导致司法的政治化，不仅会使法院不堪重负，阻碍其司法独立，还会导致民主和人权的双重赤字。[③]

## 第二节　宪法监督制度运作研究

现行的1982年宪法，在宪法监督的规定上有所完善。一方面，将监督宪法实施的权力同时赋予了全国人大及其常委会，使原来仅规定全国人

① 许崇德、郑贤君：《"宪法司法化"是宪法学的理论误区》，《法学家》2001年第6期。

② 许崇德：《"宪法司法化"质疑》，《人大研究》2006年第11期。

③ 翟小波：《论我国的宪法实施制度》，中国法制出版社2009年版，第74—115页。

大监督宪法实施，导致在全国人大闭会期间监督宪法实施的权力客观上处于虚置状态的漏洞得以弥补，在规范层面解决了宪法监督权力行使的经常性和连续性问题。另一方面，规定全国人大有权撤销国务院的行政法规、地方人大制定的地方性法规以及民族自治地方制定的自治条例和单行条例，使行政法规、地方性法规以及自治条例和单行条例在合宪性争议的解决上，有了明确的依据。

2000 年，全国人大颁布了《中华人民共和国立法法》，除了对法律、法规等的立法权限、程序等作出规定外，还涉及了对法律、法规的合宪性争议的审查问题。

## 一 宪法监督制度的特点

根据《宪法》和《立法法》的规定，宪法学界对我国的宪法监督制度具有的特点进行了归纳概括。

### （一）宪法监督的总原则和类型

首先，我国宣告了宪法的最高法律效力，确立了宪法监督的总原则。宪法序言宣告，本宪法以法律的形式确认了中国各族人民奋斗的成果，规定了国家的根本制度和根本任务，是国家的根本法，具有最高的法律效力。这一宣告，确立了宪法的最高地位与最高效力，为宪法监督奠定了法律基础。① 同时，宪法总纲规定，一切法律、行政法规和地方性法规都不得同宪法相抵触；一切违反宪法和法律的行为都必须予以追究；一切组织和个人均不得有超越宪法和法律的特权。这些规定，实际上为宪法监督确立了总的原则②

其次，在类型上，我国采取的是代表机关监督的模式。③ 虽然我国的全国人大及其常委会行使国家的立法权，但根据宪法的规定以及人大与其他机关的关系看，全国人大及其常委会并非单纯的立法机关，而是权力机关，与西方国家的议会不同。但从形式上看，无论是西方国家作为立法机关的议会还是我国作为权力机关的人民代表大会，都是由人民选出的代表组成的代表人民行使权力的机关，因此，将其称为代表机关是没有问题

---

① 莫纪宏、李忠：《宪法学》，社会科学文献出版社 2004 年版，第 175 页。

② 周叶中、韩大元：《宪法》，法律出版社 2006 年版，第 537 页。

③ 同上。

的。这种制度的理论基础是“议会至上”和“国家一切权力属于人民”。代表机关代表人民行使国家主权，在国家机构中居于最高地位，享有立法权，因而就应该享有监督和保障宪法实施的权力。①

（二）宪法监督的内容与方式

在宪法监督的内容上，包括规范性文件的审查和行为审查两个方面。关于规范性文件的审查，宪法从两个方面进行了规定：第一个方面是，《宪法》第62条第（十一）项规定的全国人大改变或撤销全国人民代表大会常务委员会不适当的决定。首先，全国人大能够改变或撤销的是全国人大常委会的“决定”，而全国人大常委会能够决定的事项，从宪法规定全国人大常委会职权的第67条第（十四）至第（二十一）项看，是指决定战争状态的宣布，决定全国总动员或者局部动员；决定全国或个别省、自治区、直辖市进入紧急状态；规定军人、外交人员的衔级制度和其他专门的衔级制度；规定和决定授予国家的勋章和荣誉称号；决定批准和废除条约和重要协定；决定特赦。还有全国人大授予的其他事项决定权以及第67条第（九）至第（十三）项规定的人事任免决定权。这其中，有关军人与外交人员的衔级制度和其他专门的衔级制度、规定国家的勋章和荣誉称号、批准条约和重要协定等决定，才具有规范性文件的性质。其他事项的决定仅具有一次性的效力而不属于规范性文件的范畴。其次，全国人大能够改变或撤销的是全国人大常委会作出的“不适当”的决定，法学界比较普遍的看法是，“不适当”是对全国人大常委会作出的决定的最低限度要求，违宪的决定当然也是不适当的，② 因而被改变或撤销，是全国人大行使宪法监督权的具体表现。第二个方面是，《宪法》第67条第（七）、第（八）项规定的撤销国务院制定的同宪法、法律相抵触的行政法规、决定和命令；撤销省、自治区、直辖市国家权力机关制定的同宪法、法律和行政法规相抵触的地方性法规和决议。从这个规定可以看出，全国人大常委会对国务院制定的行政法规、决定、命令，以及对地方国家权力机关制定的地方性法规和决议的撤销，必须是它们与其上位法发生了抵触，达到了直接违反的程度，而不是适当与否的问题。其中，如果是国

① 董和平、韩大元、李树忠：《宪法学》，法律出版社2000年版，第158页。

② 吴家麟：《论设立宪法监督机构的必要性和可行性》，《法学评论》1991年第2期。

务院的行政法规、决定和命令及地方国家权力机关的地方性法规与决议同宪法相抵触，全国人大常委会对其行使撤销权，就是在履行宪法规定的监督宪法实施的职责。如果是因为国务院的行政法规、决定和命令抵触了法律（全国人大制定的基本法律或全国人大常委会制定的非基本法律），地方国家权力机关制定的地方性法规和决议抵触了法律或行政法规而被撤销，性质上应是全国人大常委会履行对其他国家机关的工作进行监督的职责。

2000 年颁布实施的《立法法》根据宪法的规定，对法规备案问题作出了具体的规定，即行政法规、地方性法规、自治条例和单行条例、规章应该在公布后的 30 日之内由其制定或批准机关报全国人大常委会备案。其具体内容是：行政法规由国务院报全国人大常委会备案；省、自治区、直辖市人大及其常委会的地方性法规由制定机关报全国人大常委会备案；省、自治区人民政府所在地的市以及经国务院批准的较大的市的人大及其常委会制定的地方性法规，由批准的省、自治区人大常委会报全国人大常委会备案；自治州、自治县的自治条例、单行条例由该自治州、自治县所在的省、自治区、直辖市人大常委会报全国人大常委会备案；国务院根据全国人大及全国人大常委会的授权制定的法规，由国务院报全国人大常委会备案。

在中国，法律、法规审查的启动有两种方式：主动审查和被动审查。所谓主动审查，是指宪法监督机关在没有其他机关或公民个人提出请求的情形下，自己采取宪法适用的行为，具体是指全国人大制定刑事的、民事的、国家机构的基本法律，全国人大常委会在制定基本法律以外的其他法律或对基本法律进行部分修改补充的时候，主动对所起草或审议的法律草案是否存在与宪法相抵触的问题而进行的合宪性审查。这一工作具体是由法律委员会和有关的专门委员会来完成的。《中华人民共和国全国人民代表大会组织法》第三十七条规定：法律委员会统一审议向全国人民代表大会或者全国人民代表大会常务委员会提出的法律草案。各专门委员会负责审议全国人民代表大会常务委员会交付的被认为同宪法、法律相抵触的国务院的行政法规、决定和命令以及省、自治区、直辖市的人民代表大会和它的常务委员会的地方性法规和决议。除此之外，主动审查还包括法律以外的规范性文件在其他机关制定出来并公布生效以后应报全国人大常委会备案，由全国人大常委会对其是否存在与宪法相抵触进行审查。为此。

2005 年 12 月 16 日十届全国人大常委会第四十次委员长会议完成了对《行政法规、地方性法规、自治条例和单行条例、经济特区法规备案审查工作程序》（简称《法规备案审查工作程序》）的修订，并通过了《司法解释备案审查工作程序》，来规范、健全法规和司法解释的备案审查制度。根据修订后《法规备案审查工作程序》的规定，专门委员会认为备案的法规同宪法或法律相抵触的，可以主动进行审查，会同法制工作委员会提出书面审查意见。法制工作委员会认为备案的法规同宪法或法律相抵触，需要主动进行审查的，可以提出书面的建议，报秘书长同意，送有关专门委员会进行审查。①

被动审查是指全国人大常委会根据国家机关、社会组织或公民个人提出的请求，而采取的宪法适用行为。根据《中华人民共和国立法法》第 90 条的规定，被动审查的启动有强制性和任意性两种程序，有研究者称之为“要求审查制”和“建议审查制”。② 国务院、中央军事委员会、最高人民法院、最高人民检察院和各省、自治区、直辖市的人民代表大会常务委员会认为行政法规、地方性法规、自治条例和单行条例同宪法或者法律相抵触的，可以向全国人民代表大会常务委员会书面提出进行审查的请求，常务委员会的工作机构应当将请求审查的法规送交有关的专门委员会进行审查，提出审查意见。也就是说，立法法规定的有关国家机关提出的合宪性审查请求，对全国人大常委会是否应启动审查程序具有强制性的效力，全国人大常委会不能拒绝或采取置之不理的态度对待，必须启动审查程序，开展审查活动。按照《法规备案审查工作程序》的规定，具体的程序是，由全国人大常委会办公厅有关部门接收和登记后，报秘书长批转有关专门委员会会同法制工作委员会进行审查。与之对应的是，除了立法法规定的国家机关之外，其他的国家机关和社会团体、企事业组织以及公民个人认为行政法规、地方性法规、自治条例和单行条例同宪法或者法律相抵触的，可以向全国人民代表大会常务委员会书面提出进行审查的建议，这一建议，对常务委员会是否启动审查程序不具有强制性，只有在常务委员会的工作机构进行研究以后，认为有必要的时候，才会将此建议送交有关的专门委员会进行审查，提出意见。具体的程序，依《法规备案

---

① 莫纪宏：《违宪审查的理论与实践》，法律出版社 2006 年版，第 404 页。

② 翟小波：《代议机关至上的人民宪政》，《清华法学》2007 年第 2 期。

审查工作程序》的规定是：全国人大常委会的法制工作委员会负责接收、登记，并进行研究。必要时报秘书长批准后，送有关专门委员会进行审查。

根据《立法法》第 91 条的规定，法规审查的程序是：全国人大专门委员会如在审议中认为行政法规、地方性法规、自治条例和单行条例存在同宪法或法律相抵触的嫌疑时，可以向制定机关提出书面意见，也可以由法律委员会与有关的专门委员会召开联合审查会，要求制定机关到会说明情况，再向制定机关书面提出审查意见。制定机关在接到书面意见后 2 个月内，必须向法律委员会和有关的专门委员会提出是否修改的意见。全国人大法律委员会或有关的专门委员会审查认为行政法规、地方性法规、自治条例和单行条例同宪法或法律相抵触而制定机关不予修改的，可以向委员长会议提出书面审查意见和予以撤销的议案，由委员长会议决定是否提请常务委员会会议审议决定。

对行为合宪性的审查，主要体现在对公职人员职务的罢免上。中国现行宪法不仅在序言中要求，全国各族人民、一切国家机关和武装力量、各政党和各社会团体、各企事业单位，都必须以宪法为根本的活动准则；而且在“总纲”第五条明确规定，一切国家机关和武装力量、各政党和各社会团体、各企事业组织，都必须遵守宪法和法律。一切违反宪法和法律的行为，必须予以追究。据此而论，国家机关、政党和社会组织的有关行为是否违反宪法，也需要由全国人大或全国人大常委会进行审查以后作出判断。但在中国现有的法律中，还未见对政党、社会组织的行为进行合宪性审查的规定。在国家机关遵守宪法和法律方面，则规定了罢免的制度，该制度可以用于对经由人大选举或决定、在履行职责过程中从事了违宪行为的国家公职人员进行惩罚。中国《宪法》第 63 条规定：“全国人民代表大会有权罢免下列人员：（一）中华人民共和国主席、副主席；（二）国务院总理、副总理、国务委员、各部部长、各委员会主任、审计长、秘书长；（三）中央军事委员会主席和中央军事委员其他组成人员；（四）最高人民法院院长；（五）最高人民检察院检察长。”需要说明的是，对上述公职人员的职务进行罢免，并不都具有宪法适用的性质。他们在履行职责的过程中有违法行为、失职行为时，也可以依法对其进行罢免。

在宪法监督的方式上，采取的是事先审查和事后审查相结合的方式。

事先审查表现为对有关地方性法规的备案、批准。事后审查表现为全国人大有权撤销全国人大常委会的违宪立法，全国人大常委会有权撤销国务院违反宪法的行政法规、决定和命令以及地方人大及其常委会制定的地方性法规和决议。①

（三）宪法监督的制裁措施

在宪法监督的制裁措施上，主要有撤销违宪法律、不批准违宪法案和罢免违宪者的职务。

1. 撤销违宪法律

撤销这种制裁措施主要适用于与宪法相冲突的法律、法规和决定。包括：全国人大有权改变或撤销全国人大常委会的违宪决定；全国人大常委会有权撤销国务院制定的同宪法相抵触的行政法规、决定和命令；全国人大常委会有权撤销省、自治区、直辖市国家权力机关指定的同宪法相抵触的地方性法规和决议。此外，地方各级人大有权撤销其常委会的不适当的决定、撤销本级人民政府不适当的决定和命令，以及地方各级人大常委会有权撤销下一级人大及其常委会的不适当的决议和撤销本级人民政府的不适当的决定和命令。

2. 不批准违宪法案

凡是以报上级批准作为法律制定必经程序，并影响该法律生效，那么，不批准可视为对“违宪”法案的一种制裁措施。按照宪法和有关法律的规定，“不批准”这种违宪制裁措施适用于这样两种情形：其一，全国人大常委会因自治区人民代表大会指定的自治条例和单行条例违宪而不予批准；省、自治区或直辖市人大常委会因自治州、自治县制定的自治条例和单行条例违宪而不予批准。其二，省、自治区的人民代表大会常务委员会寅生、自治区人民政府所在地的市和经国务院批准的较大的市的人民代表大会指定的地方性法规违宪而不批准。

3. 罢免违宪者的职务

虽然我国的宪法和法律对罢免的原因未作明确规定，但实施违宪行为毫无疑问应该是成为被罢免的理由。但是需要强调的是，不称职、违法也

---

① 刘茂林：《中国宪法导论》，北京大学出版社2005年版，第71页。

可以成为罢免领导者职务的根据，只有在因为违宪而被罢免的情形之下，才能成为违宪制裁的措施。①

## 二 宪法监督制度问题与现状

从理论上讲，受人有限的认识能力的限制，人们基于有限理性所设计出来的任何制度都不可能是十全十美、没有任何缺陷的。因此，我们这里所说的当前我国宪法监督制度存在的不足或缺陷不是在终极的意义上来讲的，而是指在我们的理性能力以及外部条件已经达到之下，通过我们的努力能够得到改善与发展的那方面，并不是要我们放弃进行制度建设和完善的努力。这种意义上的我国宪法监督制度的缺陷或不足，根据研究者的分析，可以概括为如下几个方面：

### （一）理论基础不完善

该主张认为，西方国家的违宪审查制度建立在对可能产生的“多数人暴政”的担心上，宪政如果使用来控制公权力的话，在法治的语境下首先应该控制的就是立法权。因为行使立法权的毕竟只是人民的代表，它们可能曲解民意，误导民意。因此，对立法权的约束和控制，就是违宪审查制度产生的理论基础。

在我国，立法权向来由权力机关专属，而民主集中制的组织原则要求其他的国家机关都应由权力机关产生，向权力机关负责。这就导致了权力机关的立法权具有至高无上的民意代表性，根本无法质疑。即使可以质疑，也不可能由权力机关以外的机关对权力机关进行监督。2000 年的《立法法》虽然规定了对行政法规、地方性法规的合宪性可以进行审查，但这种监督并非出于对立法权的约束，而是将行政法规的立法权视为行政权的组成部分，地方性法规的立法权属于地方国家机构的职权，需要受中央的领导与监督的结果。对于国家立法权的监督，在我国当前还缺乏有力的理论基础。②

### （二）缺乏专门的机关

虽然全国人大及其常委会是国家的最高权力机关，由其来行使宪法监

---

① 刘茂林：《中国宪法导论》，北京大学出版社 2005 年版，第 72 页。

② 胡锦光：《违宪审查比较研究》，中国人民大学出版社 2006 年版，第 348—350 页。

督权，可以借助于其高于其他机关的地位而具有权威性。但是，全国人大及其常委会毕竟不是专门从事宪法监督的机关，日常的工作和主要的职能是行使宪法赋予的作为权力机关的职权，主要有立法权、重要问题决定权、人事任免权和工作监督权，宪法监督并没有成为一种专门化和经常性的工作。①

无论是全国人大还是全国人大常委会，作为实行合议制的国家机关，主要是通过定期召开会议的方式来行使宪法法律赋予的职权。而在我们国家，无论是全国人大还是全国人大常委会，每年开会的时间都非常短。举行会议的时候，需要履行职责的事项又比较多，全国人大有 15 项、全国人大常委会有 21 项，议事日程安排得非常满，根本无法适应宪法监督的经常性需要，如何有时间和精力进行宪法监督的工作。② 更何况，违宪或合宪性争议并不一定都发生于全国人大或全国人大常委会举行会议期间，全国人大或全国人大常委会又如何能够去解决，特别是针对违宪进行处理制裁。根据《全国人民代表大会组织法》的规定，全国人大及其常委会领导下的各专门委员会，有权审议全国人大常委会交付的人为同宪法、法律相抵触地国务院的行政法规、决定和命令，各部委的命令、指示和规章，省级国家权力机关的地方性法规和决议以及省级人民政府的决定、命令和规章并提出报告。据此规定，全国人大及其常委会的下设的各专门委员会，只能审议全国人大常委会交付的规范性文件，如果全国人大常委会未曾发现有违宪之嫌疑，也就无从交付，更不存在审议的问题了。③ 这样一来，无论是全国人大还是全国人大常委会享有的监督宪法实施的职权，实际上处于虚置的状态。所谓的全国人大及其常委会是我国的宪法监督机关，只能说是聊胜于无，有其名而无其实。虽然在宪法上有明确规定，但在现实中又无法显现，像雾像雨又像风，让人难以捉摸，享有宪法监督权的主体客观上是模糊不清的。④

---

① 马凤翔：《对完善我国宪法监督制度的若干思考》，《人大研究》2003 年第 7 期。

② 高凛：《论我国宪法监督制度的健全和完善》，中国人民大学复印资料《宪法和行政法学》2000 年第 5 期。

③ 周叶中、韩大元：《宪法》，法律出版社 2006 年版，第 539 页。

④ 王克稳：《我国违宪审查制度建立的主要法律障碍》，《现代法学》2000 年第 2 期。

有研究者指出，我国现行的由全国人大及其常委会行使宪法监督权的模式，在理论上主要承袭了卢梭式的以普遍性公意来支配政府意志的思路。这种理论落实到具体制度安排上，是人民主权通常表现为议会本位，在我国则表现为议行合一制。在议行合一的原则下，适应宪法政治时代发展要求的宪法监督制度难以建立。①

还有研究者认为，自现行宪法颁布二十多年以来，我国并没有进行过实质性的违宪审查活动。其原因是，现行审查模式违背了普通程序法上的回避原则。②

（三）监督内容规定不全面

宪法序言规定，一切国家机关和武装力量、各政党和各社会团体、各企事业单位都有保障宪法实施，维护宪法尊严的职责。“总纲”第五条规定：“一切法律、行政法规和地方性法规都不能和宪法相抵触”，“一切违反宪法和法律的行为都必须予以追究。”有研究者认为，从宪法的这些规定看，我国宪法监督的审查对象非常庞大，潜在的违宪主体包括了所有的社会关系主体，因而存在监督对象模糊的问题。③

但是，在全国人大及其常委会宪法监督职权的规定中，基本上只涉及法规这类规范文件违宪审查的问题，对行为违宪审查以及处理未见明确规定。④ 至于在其他国家的违宪审查中包括的国际条约与协定、国家机关的职权行为、选举争议、国家机关之间的权限争端、政党行为的审查等，均未见规定。⑤ 即便是在规范文件的审查规定上，无论是宪法还是立法法，对全国人大制定的法律违宪审查的主体及程序，都没有作出规定，使全国人大的立法行为处于不受审查的状态。⑥

---

① 张锐智、丁鹏：《论我国宪法监督模式的选择》，《辽宁大学学报》（哲学社会科学版）2005 年第 3 期。

② 郭洪：《完善我国违宪审查制度刍议》，《四川行政学院学报》2008 年第 2 期。

③ 童之伟、殷啸虎、刘松山：《宪法学》，清华大学出版社 2008 年版，第 430 页。

④ 周叶中、韩大元：《宪法》，法律出版社 2006 年版，第 539 页。

⑤ 胡锦光：《违宪审查比较研究》，中国人民大学出版社 2006 年版，第 346—347 页。

⑥ 韦寒燕：《完善我国违宪审查制度的探讨》，《江西行政学院学报》2005 年第 1 期。

（四）违宪制裁措施的惩罚性不强

虽然如前所述，我国宪法和法律中规定的可以适用于对违宪进行制裁的措施有：撤销违宪的法律法规、不批准违宪的法规、罢免违宪者的职务等。但这些制裁的措施，除了罢免违宪者的职务具有一定的惩罚性之外，其他的制裁措施严格来讲都不具有惩罚性。特别是不批准违宪的法规，它只是在有关法规制定的过程中采取的一种纠正措施，以防止涉嫌违宪的法规发生法律效力而产生不良的影响，本身不具有让这些法规的制定者承担由此而带来的不利后果的性质。即便是罢免违宪者的职务，也不是一项专门的违宪制裁措施。因此，使得宪法监督缺乏应有的严肃性和强制性，降低了宪法监督的权威。①

（五）宪法监督权与宪法解释权的分离

宪法解释在逻辑上可分为抽象解释和具体解释。前者是指宪法解释机关对宪法中的规范含义作出的一般性的说明，不针对具体的案件或争议。具体解释是在处理有关宪法争议的过程中结合具体的案件，就有关的宪法规范在本案件中应如何理解和适用做出的说明。但从各国的宪法解释实践看，大量出现的是具体解释，抽象解释并不多。因为具体的宪法规范如果不与具体的案件情形相结合，在一般的意义上理解的时候发生争议的可能性比较小，人们往往不会去给予极大的关注。因此，宪法解释权往往是与宪法监督权联系在一起的，也就是宪法解释往往是在宪法监督的过程中发生的，由于具体案件或争议的发生，使得对宪法规范的理解直接影响到了该案件或争议的处理结果，相关当事人才会在案件或争议解决的过程中提出解释宪法的要求。因此，宪法解释实质上是对宪法规则的运用，是为了适用宪法才去解释宪法，决不会单纯为了去完善宪法或明确宪法含义而去解释宪法。②

根据我国宪法的规定，全国人大及其常委会都享有监督宪法实施的权力，但对宪法解释的权力，则仅在全国人大常委会的职权中加以规定。一方面，全国人大有权监督宪法实施，而在处理有关宪法争议的时候，如涉及对有关宪法规范理解上的分歧，而此分歧直接影响到

---

①　刘茂林：《中国宪法导论》，北京大学出版社 2005 年版，第 72 页。

②　苗连营：《宪法改由谁来解释——中国宪法解释体制反思》，见韩大元等著《现代宪法解释基本理论》，中国民主法制出版社 2006 年版，第 89 页。

该宪法争议的处理结果，全国人大能否进行解释？如果不能解释，这个争议怎么解决？如果能够解释，但宪法并没有赋予全国人大享有解释宪法的权力，岂不存在越位行使全国人大常委会权力的嫌疑。更何况，全国人大在处理有关宪法争议的时候，不可避免会涉及对有关的宪法规范本身的含义进行说明，以作为解决该宪法争议的根据或理由。① 那么，这种说明很难说不具有宪法解释的性质，否则，全国人大将无法履行监督宪法实施的职责。

就全国人大常委会而言，宪法虽然明确规定其享有解释宪法的权力，但该权力并不包含在监督宪法实施的职权之中，而是与其并列规定。这样的结构安排可以从逻辑上推论出宪法监督的权力之中不包含解释宪法的权力，其结果便形成了吊诡：全国人大常委会在履行宪法监督职责过程中，对相关宪法规范进行的说明，不具有宪法解释的性质；而进行宪法解释的时候倘若是伴随着具体的宪法性争议，即与解决具体的宪法纠纷不可分割，则实际上是在进行宪法监督，而不是行使宪法解释的权力。

（六）缺乏实效性

现行宪法颁布至今，中国社会发生了巨大的变化，在经济体制上，由计划经济转变为市场经济；在治国模式上，由人治转变为法治。这些转变不仅导致了中国的社会结构发生了很大的改变，也引起了人们的思想意识和价值观念的变化。然而，没有改变的是我国的宪法监督制度，其实际上仍然处于休眠的状态，与社会对宪法权威的强烈诉求形成了非常大的反差。

具体而言，在中国社会的变革过程中，由于人们利益主体地位的确立和利益诉求的正当化，加之法制的加强与完善，社会大众的权利意识开始树立并呈现出日益强烈的趋势，由此而对宪法的权威开始认同，不再将宪法视为橡皮图章，没有牙齿的老虎。因而对社会现象中的很多问题，开始去运用宪法进行审视，思考其是否符合宪法，是否存在违宪的嫌疑。这在诸如房屋拆迁、征地补偿等社会热点问题上，在财产权、言论自由、人身自由、宗教信仰自由、平等权等基本权利的保障上，可以非常明显地反映

① 屠振宇：《论我国宪法解释的主体》，见韩大元等著《现代宪法解释基本理论》，中国民主法制出版社2006年版，第72页。

出来。特别是2003年的"孙志刚事件"中，3名法学博士向全国人大常委会书面提出审查国务院颁布的《城市流浪乞讨人员收容遣送办法》的合宪性的请求，为全国人大常委会启动宪法监督程序创造了一个非常好的契机。但全国人大常委会却没有抓住这个难得的契机，让宪法的权威充分显现一次，而是由国务院以《城市生活无着的流浪乞讨人员救助管理办法》来取代《城市流浪乞讨人员收容遣送办法》收场。虽然客观的效果是一样的，但由宪法监督机关启动宪法监督程序，对国务院颁布的《城市流浪乞讨人员收容遣送办法》进行审查后，基于违宪的判断而由国务院进行修改或重新制定行政法规，与国务院自行将原来的行政法规废除而制定新的行政法规相比较，对宪法权威的彰显效果显然是不一样的。人们不免会思考，国务院原来颁布的《城市流浪乞讨人员收容遣送办法》这一行政法规是否违宪？如果不违宪，国务院何以要将其废止而颁布《城市生活无着的流浪乞讨人员救助管理办法》这一明显是取代《城市流浪乞讨人员收容遣送办法》的行政法规？如果违宪，全国人大常委会为何不启动宪法监督程序对其合宪性进行审查？全国人大常委会在此问题上，是否存在放弃宪法赋予的监督宪法实施的职责而不作为的问题？同样的问题，在城市国有土地上房屋的拆迁补偿的立法问题上再次上演。还有，关于劳动教养制度的合宪性质疑，自2000年《立法法》颁布以来，不断有人向全国人大常委会提出请求，要求对其合宪性进行审查，但至今仍然没有得到任何回应和结果。

由此可以看出，当前的中国，与改革开放之前相比，社会对宪法监督的有效运行是存在强烈期待的，现实中也确实存在着很多涉及合宪性争议的问题。宪法监督机关履行宪法监督的职责有很好的社会氛围，更有很多的历史机遇可以利用和把握。但现实的状况却是，我们的宪法监督并没有真正启动过，宪法监督缺乏实效性。①

## 三 宪法监督研究争议的焦点

### （一）地方人大常委会是否享有宪法监督权

在代表机关监督这种体制下，宪法明确规定了全国人大及其常委会享

---

① 王祯军：《论我国公民违宪审查建议权的意义及其完善》，《河北法学》2009年第11期。

有监督宪法实施的权力，对此是非常明确的。现在的问题是，除了全国人大及其常委会之外，其他机关，主要是指地方人大及其常委会、国务院和省级人民政府是否也享有宪法监督的权力，或者说在宪法监督上发挥其作用。我国的代表机关即权力机关是由全国人大及其常委会与地方各级人大及县级以上地方人大常委会构成的，地方人大是否享有宪法监督的权力，或者说是否是宪法监督的责任主体，宪法学界是存在着不同的认识的。

在地方人大及其常委会是否享有宪法监督权的问题上，有研究者根据宪法关于地方人大及其常委会有保障宪法在本行政区域内的实施之职责的规定，认为“我国宪法监督制度形成了以全国人大及其常委会为核心，包括地方各级人民代表大会及其常委会在内的宪法监督机关网络，共同履行着宪法监督的职责”。①

《中华人民共和国宪法》第 99 条规定：地方各级人大在本行政区域内，保证宪法、法律、行政法规的遵守和执行；县级以上的地方各级人大有权改变、撤销本级人大常委会不适当的决定；县级以上地方各级人大常委会有权撤销本级人民政府的不适当的决定和命令，撤销下级人民代表大会的不适当决议。有研究者认为，宪法的这一规定实际上赋予了地方人大及其常委会宪法监督之权。其主要的根据就是，保证宪法的遵守和执行，除了采取各种措施促使国家机关、社会组织、公民个人严格的遵守宪法之外，当然也包括对违宪的行为进行处理和制裁。当地方人大按照宪法的规定对违反宪法的行为进行处理和制裁时，明显地就是在适用宪法。再者，宪法规定县级以上的地方各级人大有权改变、撤销本级人大常委会不适当的决定；县级以上地方各级人大常委会有权撤销本级人民政府的不适当的决定和命令，撤销下级人大不适当的决议。违反宪法的决议和命令，毫无疑问应属于“不适当”之列，对其的改变或撤销，难以否认其具有宪法监督，也就是宪法适用的性质。②

有学者进一步指出，宪法并没有规定全国人大及其常委会是监督宪法实施、审查裁决违宪的唯一机关，更没有明确禁止地方人大行使宪法监督的权力。宪法规定的地方人大撤销本级政府和下一级人大不适当的决议，

---

① 刘茂林：《中国宪法导论》，北京大学出版社 2005 年版，第 70 页。

② 王世茹：《我国违宪审查制度初探》，《山西大学学报》1991 年第 4 期。苗连营：《关于设立宪法专责机构的设想》，《法商研究》1998 年第 4 期。

应包括违宪的决议，这是不言而喻的，实际上具有宪法监督的性质。[①] 从另一方面看，违宪行为除了可以发生于中央机关外，同样也可以发生在地方的机关、组织。所有的违宪案件都由全国人大或全国人大常委会来处理，事实上做不到，即便能做到，也会使其及时性受到影响。[②]

反对将地方人大以及县级以上人大常委会作为宪法适用机关的学者认为，宪法监督和宪法解释是紧密结合在一起而不能分开的。为了维护社会主义法制的统一和尊严，对宪法必须有统一的解释，以消除人们对宪法认识和理解上存在的分歧，保证人们对宪法遵守上的一致。根据我国宪法的规定，宪法解释权仅被赋予了全国人大常委会，没有规定地方人大及其常委会有权解释宪法，事实上也不可能将宪法解释权赋予地方人大常委会行使。因此，只有全国人大及其常委会，才能对宪法的实施进行监督。[③]

我们认为，如何理解宪法关于“地方各级人民代表大会在本行政区域内，保证宪法、法律、行政法规的遵守和执行”的规定，实质就是如何理解“保证”这一概念在宪法规范中的意义问题。对“保证”这一概念含义的理解，显然不能泛泛而论，应区别对待。如果在“担保”的意义上使用“保证”的概念，它所表示的是行为者向他人做出的承诺。如果是在“要求”的意义上使用“保证”的概念，则表示的是上级对下级的命令。就我国宪法的规定来看，显然应对“保证”作后一种的理解。宪法关于地方人大在本行政区域内，保证宪法、法律、行政法规的遵守和执行，是作为地方人大的职权来规定的。作为国家机关的职权，指的是职责范围，即可以在什么事项上行使权力的意思。在某一方面事项上行使权力，也就是要采取积极的作为，采用各种可以采用的办法和措施，来保障一定目的或目标的实现。

具体而言，宪法关于“地方各级人民代表大会在本行政区域内，保证宪法、法律、行政法规的遵守和执行”的规定，实质上是宪法对地方国家权力机关提出的要求。一方面，宪法、法律和行政法规的制定机关是

---

① 王汝嘉、宁乃如：《试谈地方各级国家权力机关保障宪法实施的作用》，《宪法与改革》，群众出版社 1986 年版，第 272 页。

② 杨明泉：《关于加强我国宪法监督的几个问题》，《政治学研究》1988 年第 6 期。

③ 王叔文：《我国宪法实施中的几个认识问题》，《中国社会科学院研究生学报》1988 年第 5 期。

中央的国家机关，地方人大是地方或一定区域范围内的国家机关，一般而言，地方机关应服从中央机关；另外，宪法、法律和行政法规体现的意志具有普遍性，地方人大代表的意志只是一定区域范围内的人民的意志，只有在保证普遍意志得到充分实现的前提下，个别的或特殊的意志才能有实现的保障。因此，宪法关于地方人大在本行政区域内，保证国家的宪法、法律、行政法规的遵守和执行的要求，实质是命令地方人大应采取有效的办法和措施，使宪法、法律、行政法规的规定，能够在本行政区域得到充分的实现，否则就是失职，就应当承担相应的责任。这种意义上的“保证”，是从正面提出的要求，目的是使地方各级人大通过自己积极的作为，使国家的宪法、法律和国务院的行政法规所规定的内容，能够在其所管辖的行政区域内得到有效的落实，不包括赋予地方人大享有监督宪法实施权力的意思在内。如果将该规定理解为包括行使适用宪法的权力在内，各个地方都去根据自己的理解，对自己认为违宪的行为进行制裁，到头来，会引发各地方自行其是，宪法和国家法制的统一将成为一句空话。

人们或许会问，宪法关于地方人大保证宪法在本行政区域内的遵守和执行的规定，如果不包括适用宪法的话，那么发生在地方上的所有违宪都由全国人大及其常委会来处理，全国人大及其常委会能否胜任。有这种担心是可以理解的，但必须看到，虽然地方的国家机关、社会组织也有发生违宪的可能性，但从现实性上讲，不会大量发生，自然也就不需要担心发生全国人大及其常委会无力或无暇处理的问题。因为违宪应当是对宪法上承担的直接义务的违反，地方机关所承担的多是直接的事务性管理工作，且对这些事务性工作的管理又直接依据普通的法律来进行，因而直接违反的往往是这些普通的法律，性质是违法而不是违宪。这一点也就降低了地方机关发生违宪的可能性，决定了地方国家机关的违宪不会大量地、经常性地发生。如果真是经常性地大量发生的话，其缘由与结果恐怕就值得我们深思了。另外，对宪法遵守给予保证，并不意味着一定要享有对违宪进行处理和制裁的权力，这二者是可以分离的。将宪法监督权力集中于中央机关来行使，可以使对违宪的处理制裁更具有权威，更显示出宪法的威严来。不能认为离开了对违宪的处理制裁，也就不享有宪法监督的权力，就不能保证宪法在本行政区域的贯彻实施。这实际上就是将宪法权威的实现完全地建立在制裁的基础之上，完全是靠外在的强制而不是人们内心的自觉。试想一想，不要说宪法，就是普通的法律，如果没有人们对其的自觉遵守，而是纯粹地依赖强制来实现其权威，那么一旦这种强制不能有效地发挥作用时，其权威也就荡然无存了。

关于地方人大改变或撤销同级人大常委会、人民政府和下级人民代表大会不适当决定决议的性质，笔者认为，那不是严格意义上的宪法适用，不具有宪法监督权力的性质，而是在行使上级人大对下级人大、对同级人大常委会和同级人民政府的工作监督权。虽然我们不排除存在着因这些决定、决议违宪而被地方人大撤销或加以改变的可能性，但在地方机关主要行使的是对具体事务性工作管理的权力的情况下，这种情形实际发生的可能性是不大的。至于说，认为享有违宪审查权的机构必然享有宪法解释权，因而将是否享有宪法解释权作为判断是否为宪法监督机关、享有宪法监督权的根据，① 显然也是不充分的，因为中国宪法明确规定全国人大享有宪法监督权，但并没有规定全国人大有宪法解释权。

（二）对规章的撤销权是否属于宪法监督权

还有的研究者不仅认为地方人大享有宪法监督权，就连国务院和各级行政机关对行政规章进行的审查，也具有违宪审查的性质。因为根据《规章制定程序条例》规定，“国家机关、社会团体、企事业组织、公民认为规章同法律、行政法规相抵触的，可以向国务院书面提出审查的建议，由国务院法制机构研究处理。国家机关、社会团体、企事业组织、公民认为较大的市的人民政府制定的规章同法律、行政法规相抵触或者违反其他上位法的规定的，也可以向本省、自治区人民政府书面提出审查的建议，由省、自治区人民政府法制机构研究处理”。《法规规章备案审查条例》第9条规定：“国家机关、社会团体、企事业组织、公民认为地方性法规同行政法规相抵触的，或者认为规章以及国务院各部门、省、自治区、直辖市和较大的市的人民政府发布的其他具有普遍约束力的行政决定、命令，同法律、行政法规相抵触的，可以向国务院书面提出审查的建议，由国务院法制机构研究并提出处理意见，按照规定程序处理。”由此便推论出，这些规定不仅赋予了国家机关以提起对法规规章进行审查的权利，而且赋予了社会组织和公民个人向国务院和省级人民政府提出对法规和规章进行“违宪审查”的建议权。②

---

① 胡锦光：《中国宪法问题研究》，新华出版社1998年版，第221—222页。

② 王振民：《中国违宪审查制度》，中国政法大学出版社2004年版，第131页。

但上述观点在实际上，就是将国务院和省级人民政府对法规、规章的审查权，也看做是宪法监督权，并与全国人大及其常委会的宪法法监督权不存在差别。且不说这样的认识有泛化宪法监督权的嫌疑，单纯就所依据的《规章制定程序条例》和《法规规章备案审查条例》的规定看，国家机关、社会团体、企事业组织提出审查请求的理由，是地方性法规、规章同法律、行政法规相抵触，而不是与宪法相抵触。这样的请求行为显然不具有宪法监督的性质，国务院和省级人民政府据此而进行的审查行为，当然也不是在行使宪法监督权，而是对行政立法工作的监督权。

（三）全国人大及其常委会的立法是否需要纳入宪法监督的对象之中

在我国的宪法监督制度中，全国人大及其常委会的立法没有被纳入到监督的对象之中，因而不可以对其合宪性进行审查。因此，在众多关于我国宪法监督制度应如何完善的主张中，都将这一点作为存在的制度缺陷进行分析，并基于这一分析而提出由全国人大之外的机关行使宪法监督权的建议，以避免全国人大对自己的立法进行审查而陷入自我审查的尴尬境地。

但是问题在于，要将全国人大的立法纳入宪法监督的对象之中，前提必须是承认全国人大的立法有违宪的可能性。对此问题的回答，从宪政主义的原理看，结论应当是肯定的。然而，早在现行宪法修改之时，著名的宪法学家张友渔就指出："有人提出，全国人大常委会违宪怎么办？不应该有这个问题。还可进一步问，全国人大违宪怎么办？这是绝不可能的。这是对我们国家根本制度的怀疑。如果真的出现，那就是说整个国家出问题了。"① 而对于全国人大的立法何以不需要纳入违宪审查的范围，有研究者基于我国人民代表大会制所遵循的民主集中制原则，以及《立法法》对全国人大及其常委会的立法是否受违宪审查保持沉默，进而认为，全国人大的立法无所谓合宪不合宪。其理由是，在全国人大既享有立法权，又享有修宪权的情形下，假如全国人大决意制定任何与现行宪法明显抵触的法律，可以直接求助于修宪，而大可不必绕弯路先制定法律再作违宪审查。按照宪法的规定，全国人大对宪法的修改，须有全国人大全体代表的三分之二以上通过。而从立法实践看，迄今所有全国人大制定的法律都有

---

① 张友渔：《加强宪法理论的研究》，载《宪法论文选》，法律出版社 1983 年版，第 14 页。

三分之二以上的支持率，如此高票率通过的法律，在某种意义上和宪法具备同等合法性和正当性，我们姑且称之为“等宪法”的法律。在这样的情形下，全国人大作为立法者除了受自我约束之外，没有其他势力阻止他们换用宪法表达同样的立法意愿。违宪审查制度的理论前提是认为人民的立法主权不是绝对的，应该受约于作为根本法的宪法。我国当前实践的民主集中制不接受这一理论，我国宪法实质上是基于人民拥有绝对立法主权的理论，而不是用根本法限制人民立法主权的理论，因而既不容忍也不需要对法律作合宪性审查。因此，无论是《宪法》还是《立法法》，对全国人大的立法是否可以进行合宪性审查，都没有做出明确的规定，这样的沉默就不是什么疏忽所致而是有意为之了。①

有研究者对全国人大及其常委会的立法为何不纳入违宪审查的范围，做出了更加具体的分析。首先，就全国人大制定的基本法律而言，如果和宪法的通常含义公然且明显抵触，那就表明宪法被基本法律赋予了新的含义；若该基本法律还获得了全国人大代表2/3多数的通过，该基本法律就修改了宪法，因此，在实在法秩序的逻辑内，对全国人大的立法进行合宪性质疑是没有意义的。就全国人大常委会的立法而言，全国人大可以以“不适当”为理由加以改变或撤销，学界的普遍认识是，“违宪”自然属于“不适当”的性质。然而，宪法关于法源正当性的评价标准，在法律之下的行政法规、地方性法规使用的是同宪法相抵触即“违宪”的标准，而在授权国务院及省级政府以及各级人大以修改及撤销本系统下级单位的规范的权力时，使用的是“不适当”标准。这表明“不适当”和“违宪”是不同的。具体就现行宪法而言，它对法律内容并没有实体的命令和禁止性条款，如果全国人大常委会的立法符合宪法，自然不需要从是否违宪的角度进行评判，但可作出是否合理或适当的判断。加之全国人大常委会是全国人大的常设机关，全国人大对全国人大常委会立法的评判，不受“违宪”的限制，即使不违宪，只要对其不满意，自然也可以改变或撤销。另外，宪法的修改实际上是在全国人大常委会的主导下进行的，它若要制定某些违反宪法的法律，可以通过提议修改宪法的办法来实现。即便是已经进行的立法有违宪的嫌疑，则可以通过享有的宪法解释权来使之

---

① 洪世宏：《无所谓合不合宪法——论民主集中制和违宪审查制的矛盾及解决》，《中外法学》2000年第5期。

符合宪法。由此可以得出的结论是，纯粹从法秩序的逻辑来说，在中国宪法上，全国人大及其常委会不可能违宪。①

上述的各种分析，在其各自的逻辑范围内，确实有其一定的合理性。但是，从宪法实践的层面看，若将全国人大这一最高权力机关排除在宪法监督的范围之外，还是存在着以下几个方面的问题。

首先，违背近代以来世界宪法政治发展过程中形成的普遍共识。近代以降的宪法政治以主权在民为原理，以规范国家权力为内容。主权在民表明的是国家权力在本源上属于人民，国家机关和国家公职人员运用的权力都来自人民的转让。人民并没有将自己拥有的全部权力转让给国家，国家的权力自然是有限的。在整个国家权力都是有限的前提下，具体的国家机关所掌握的权力自然也应该是有限的，这构成了对国家权力进行规范的前提。所谓的规范，就是遵循法治主义的原理，将国家权力纳入法制化的轨道，使其运用符合法律规定的条件和程序，以避免滥用造成对个人权利的侵犯。因此，在宪政的国家中，任何机关的权力都应该是有限的，任何权力的运用都必须遵循法律的规定。而在法治的国家中，宪法构成一国法律体系的基础，所有的法律都必须符合宪法，因而，国家权力的运用自然也必须受宪法的约束，不能存在不受宪法约束的国家机关，而不管这个机关所行使的权力在性质上是立法权、行政权还是司法权。而宪法监督就是用宪法去衡量某种行为或某个法律是否符合宪法，倘若某个机关被排除在外，也就意味着其不受宪法的约束，可以凌驾于宪法之上，那么，宪法的最高权威将无法树立和维持，宪法的最高法律效力也难以实现。

其次，从我国宪法的相关规定看，也找不到全国人大作为最高权力机关不受监督的依据。我国宪法明确规定，宪法具有最高法律效力。我们的宪法理论普遍认为，宪法的最高法律效力不仅表现为普通法律不能和宪法相违背的方面，还体现在作为最高的行为准则之上，即无论是个人、社会组织还是国家机关的行为，都不能违背宪法，必须和宪法的要求相一致。不仅如此，我国的宪法在总纲中还明确规定，一切法律、行政法规和地方性法规都不得同宪法相抵触，这里的“法律”当然包括全国人大制定的法律。因此在我国的宪法制度与理论上，找不到任何的理由能够将全国人

---

① 翟小波：《论我国的宪法实施制度》，中国法制出版社2009年版，第55—63页。

大制定的法律排除在外。这也就意味着，全国人大制定的法律也要受宪法的约束，宪法监督机关当然能够根据宪法对全国人大制定的法律的合宪性进行审查，如果有违背宪法的情形也要被撤销。同时，我国宪法在序言中规定，一切国家机关都必须遵守宪法，负有维护宪法尊严，保证宪法实施的职责。这里的"一切国家机关"当然也包括最高权力机关。更何况，包括全国人大在内的一切国家机关要维护宪法尊严，保证宪法实施，前提是自己必须遵守宪法，所采取的任何行为符合宪法的要求。如果自己被排除在宪法监督的范围之外，那就意味着其所采取的行为是否合乎宪法根本不受宪法监督机关的审查。如果连自己的行为是否合乎宪法都不受审查的话，又如何去承担起宪法规定的维护宪法尊严、保证宪法实施的职责。非但如此，宪法总纲还明确规定，一切违反宪法和法律的行为，都必须予以追究。根据这一规定，倘若全国人大采取了违反宪法和法律的行为，当然也应该受到追究。只有这样，宪法的最高权威才能竖立起来，法治国家才有可能建成。

最后，将全国人大排除在宪法监督的范围之外这样的论证，遵循的主要是民主的逻辑，强调的是人民代表大会制度的民主性。① 现在，我们已经实行市场经济、治国的方略也由过去的人治转变为法治，由此而导致社会关系的结构发生了巨大的变化。在此情形下，不能再坚持单纯的民主逻辑，对我国宪法监督制度发展和完善的思考，自然就必须据此而发生转变，将市场经济、法治、人权保障等因素吸纳进来，方能适应新的历史时期的需要，展示我们的相关制度在社会发展过程中所具有的时代精神。更何况，所谓全国人大及其常委会的立法不受合宪性质疑，仅仅是根据民主的逻辑所作的理论演绎结果，并没有宪法上的直接根据。反倒是将全国人大及其常委会的立法纳入宪法监督的范围之中，却能从宪法的明确规定中找到依据。退一步讲，即便是在民主的逻辑话语中，全国人大由于居于最高地位而认为其立法不应受合宪性审查，但在今天，我们已经在宪法中明确实行依法治国的情形下，任何的法律都不能凌驾于宪法之上，已经是法治内涵的应有之义。从世界范围内看，历史上的法国受卢梭思想的影响，坚持代议机关的至高无上，但今天不是也建立了宪法委员会，议会的立法

---

① 陈端洪：《立法的民主合法性与立法至上——中国立法批评》，《中外法学》1998 年第 6 期。

也要受宪法委员会的审查吗?[①] 由此可见，民主的逻辑并不具有绝对性。

更为关键的是，倘若遵循民主的逻辑，不将全国人大及其常委会纳入宪法监督的范围之中，与此同时，又坚持由全国人大及其常委会行使宪法监督权，则目前存在的宪法监督制度不能有效运转的状况则永远无法改变，从而形成其他机关不享有宪法监督权，享有宪法监督权的机关又不去真正履行其职责的尴尬局面。从这个意义上讲，我国宪法监督制度不能有效运转的根本原因，与所采行的代表机关监督体制，有着不可分割的关系。

从世界范围内来看，代表机关监督宪法实施的体制主要是实行“议会至上”原则的国家采用。在这些国家，议会的地位高于其他机关，因而不会将审查议会立法合宪性的权力赋予地位上低于议会的其他机关来行使，以免发生类似于“以下犯上”的问题。但必须看到的是，资本主义国家中，奉行议会至上原则的国家以英国为典型，而英国又是一个不成文宪法的国家，不存在一个高高在上的宪法典，现实上很难发生议会的立法与宪法相违背的问题。特别是在英国的“议会主权”原则下，议会不受其前任的约束，并且可以通过后来的立法修正或废除以前的任何立法。[②] 就这个意义上来讲，英国的制度有其特殊性，虽然典型，但不具有普遍的借鉴意义。

实行代表机关审查制的国家主要是社会主义国家。一方面，在现存的其他社会主义国家中，没有哪一个国家的宪法监督制度真正运转起来，基本上都停留于宪法文本的一纸规定上，没有落实为现实中有效发挥作用的制度。更何况，原先苏联、东欧等社会主义国家实行的代表机关监督体制，在后期也发生了改变，如南斯拉夫在1963年设立了宪法法院，匈牙利在1984年建立了专门的宪法委员会，波兰在1982年建立了宪法裁判所担负违宪审查的职能，苏联在1988年增设了苏联宪法监督委员会等。[③] 这些国家在20世纪80年代后期发生转

---

① 吴天昊:《法国违宪审查制度》，中国政法大学出版社2011年版，第159—162页。

② 童建华:《英国违宪审查》，中国政法大学出版社2011年版，第125页。

③ 王卫明:《东欧国家违宪审查制度比较研究》，中国政法大学出版社2008年版，第52—60页。

型以后，都放弃了代表机关监督宪法实施的体制，转而采用司法审查制或专门机关的监督体制。[①] 由此表明的是，由代议机关行使宪法监督权，虽然被作为当今世界的一种宪法监督制度模式，但与司法审查制和专门机关监督制相比较，不仅过去实行的国家不多，而且总的来看，在发展过程中呈现出的是衰落的趋势，并不能代表当今世界宪法监督制度的潮流。这一历史现象及其引发的问题，值得我们深思。当然，对宪法监督体制进行这样的评判，并不意味着一定要实行司法审查制或专门机关监督制。这里只想说明的是，代表机关监督体制要想存在下去，必须解决其有效运行的问题，否则，令其仅仅停留于宪法文本的规定中，不能在现实中加以落实，尤其是不能面对现实发生的宪法争议而发挥应有的应对作用，从而形成合理的机制，宪法的权威就没有办法得到维护，法制的统一就无法实现，法治国家的建设就会因根基不牢而难以为继。

在我国，要想继续维持目前的由全国人大这个权力机关行使宪法监督权力的体制，就必须思考这一体制所具有的合理性问题。过去我们反对司法审查制和专门机关监督体制的一个非常重要的理由，就是因为它们是资本主义制度的组成部分，是建立在分权制衡的基础上。而我们国家不实行分权制衡的制度，因而作为这种制度组成部分的司法审查制或专门机关监督体制，当然也就不能采取。这样的逻辑显然是简单化的阶级分析方法下的产物，具有很单调而强烈的意识形态色彩。需要明确的是，现在的社会与法治情况已经发生了巨大的变化，虽然仍然认为资本主义制度和社会主义制度在根本性质上不同，在很多的方面存在着根本性对立，但一定的具体制度层面尤其是法技术措施层面，并非水火不容的关系，相互之间仍存在着借鉴的可能与必要。资本主义制度中的许多内容，实质上是人类社会发展过程中形成的文明成果，属于人类共同所有，而不专属于资本主义国家。因此，我国宪法规定的建设富强、民主、文明的社会主义国家这一目标中，文明的方面既包括我们自己创造的文明，也包括对人类共同文明成果的借鉴和吸收，其中当然也包括存在于资本主义国家中的人类文明成果。比如说，作为精神文明成果的民主、法治、人权等基本价值，作为政

---

① 王卫明：《东欧国家违宪审查制度比较研究》，中国政法大学出版社2008年版，第78页。

治文明成果的权力制约制度、选举制度、诉讼制度、司法独立制度等。特别是我们过去认为只存在于资本主义国家的市场经济制度，我们现在不是已经实行了吗？由此可见，将司法审查制和专门机关监督体制简单化地视为资本主义国家专有的制度的观点，已经不合时宜了。在当前，宪法监督的司法审查制和专门机关监督体制是存在于资本主义国家，但并不因此而专属于资本主义国家；它形成于资本主义制度的发展过程中，但并非与资本主义制度不可分割，也绝非仅能依附于资本主义制度而存在。

从根本上讲，无论采取什么样的宪法监督体制，目的只有一个，那就是通过解决宪法上的争议来彰显宪法的规范性，特别是通过对违宪行为和立法的处理，使宪法作为法律应该具有的强制性由潜在转化为现实，最终达到维护宪法权威的效果。我们既不否认宪法是法律，更不否认宪法的最高法律地位和效力而具有的最大权威，对宪法的强制性和最大权威，需要借助于一定的制度来保障，这也是被广泛认同的，这毫无疑问构成了不同宪法监督体制之间相互借鉴的基础。当然，我们也认为，在不同宪法监督体制的相互借鉴上，不能采取拿来主义的立场，进行简单地照搬和复制。因为这些不同的宪法监督体制生成于不同的制度和文化环境之中，在其制度根本目标一致的前提下，具体的制度构成和运作机制有其特殊性，简单地照搬和复制会产生水土不服的问题，无法达到人们所期望的目标，反而会阻碍人们所追求目标的实现。

#### （四）全国人大及其常委会对法规的撤销权是违宪审查权还是立法监督权

目前的宪法学界，对我国宪法监督制度的内容，在认识上比较一致的看法是，全国人大及其常委会是宪法监督机关，享有监督宪法实施的职权。对于这一点，宪法有明确的规定。至于说宪法监督的内容，也就是监督的对象是什么，在认识上尚存在着一定的分歧。

首先，在论述我国宪法监督制度内容上，几乎都将《宪法》第 62 条关于全国人大有权改变或撤销全国人大常委会的不适当决定的规定，以及第 67 条关于全国人大常委会有权撤销国务院制定的同宪法、法律相抵触的行政法规、决定和命令，以及撤销省、自治区、直辖市国家权力机关制定的同宪法、法律和行政法规相抵触的地方性法规和决议的规定，认为是全国人大以及全国人大常委会享有的宪法监督权的具体内容。实际上，宪法的这两款规定，在严格的意义上讲，应该是对全国人大以及全国人大常委会享有的立法工作监督权的规定，而不是至少不完全是宪法监督权的性质。

从宪法关于全国人大及其常委会职权内容的规定看，有关全国人大有权改变或撤销全国人大常委会的不适当决定的规定，全国人大常委会有权撤销国务院制定的同宪法、法律相抵触的行政法规、决定和命令以及撤销省、自治区、直辖市国家权力机关制定的同宪法、法律和行政法规相抵触的地方性法规和决议的规定，如果属于宪法监督内容的话，应该规定在全国人大及其常委会“监督宪法的实施”之下，属于包含和被包含的关系，不应该处于并列的关系。但是我国的宪法文本却将二者并列规定，这从逻辑上讲存在问题。如果从宪法监督的内容上看，涉及的范围应该非常广泛，而不是仅仅限于对规范性文件的合宪性审查，尽管其是宪法监督的重要内容，但无论如何不能是宪法监督的全部。如果将宪法的这两款规定视为是宪法监督的内容，也就意味着其他本应包含其中的内容被排除出去了。因为在国家权力的享有和行使上，应遵循“法无授权既无权”的原则。虽然国家权力的范围不可能绝对列举清楚，但在宪法监督权力涉及的事项范围上，大致列举清楚是没有问题的，至少不会是仅仅涉及对立法的合宪性的监督，国家机关的行为、政党和社会组织的行为这些各国在宪法监督上普遍涉及的事项，均应该包含其中。因此，倘若将宪法的这些规定理解为是对宪法监督权内容的列举，客观上会导致宪法监督权内容的缩小。如果将其理解为立法工作监督权，则在逻辑上理由更充分。

在我国，全国人大及其常委会对同级的其他国家机关以及对下级人大及其常委会享有监督的权力，监督的内容自然也包括立法方面的事项，以保证所有的法律、法规等规范性文件的制定和内容，都在最终的意义上不违背宪法。但在运用宪法对其合宪性进行判断之前，有一个按照法律的效力等级，运用下位法不能违背上位法的原则进行判断的问题，也就是首先解决其合法性的问题。如果能够根据上位法解决下位法存在的合法性问题，就不需要将其直接转化为合宪性争议，不必运用宪法监督的方式来寻求问题的解决。

从国外的违宪审查实践看，需要遵循“穷尽其他法律救济”的原则，以避免将所有的法律上争议直接转变为宪法性争议，从而导致宪法审查机关不堪重负的问题发生。我国《立法法》关于有关机关对法律、行政法规、地方性法规、自治条例和单行条例、规章予以改变或者撤销的法定情形是：超越权限的；下位法违反上位法规定的；规章之间对同一事项的规定不一致，经裁决应当改变或者撤销一方的规定的；规章的规定被认为不适当，应当予以改变或者撤销的；违背法定程序的。这些情形中，大多不具有宪法性争议的性质，或者说不直接涉及合宪与否的争议。例如，“下位法违反上位法规定的”这种情形，只有涉及全国人大及其常委会制定的法律时，才会有合宪性争议的可能，其他的法规最直接的应该是合法性的问题。① 如果将这些情形都认为是宪法监督的性质，势必就要将国务院、地方人大及其常委会、省级人民政府行使撤销权的行为，都视为在行使宪法监督的权力。那么，我们的宪法监督机关就不是像宪法规定的那样只是全国人大及其常委会了。即便是行政法规、地方性法规、民族自治地方的自治条例和单行条例向全国人大常委会进行的备案，在一般情况下，也主要是审查其是否与国家的立法相违背，而不会是直接审查其合宪与否。

## 四　完善我国的宪法监督制度的构想

在已经成为过去的“文革”中，宪法不要说作为根本法的权威，就是作为一般法律的权威都无法实现。为此，现行宪法在起草的过程中，对宪法监督制度进行了必要的完善。但是，有关的完善措施与人们的期望之间，还是存在着比较大的落差，因而，现行宪法生效至今，如何完善我国的宪法监督制度，仍是一个持续受到社会高度关注的热点问题。法学界对此更是给予了极大的关注，进行了大量的研究，提出了各种有价值的建议和主张。特别是在 1993 年宪法修正案增加了“依法治国，建设社会主义法治国家”的规定以后，宪法监督的完善与有效运行成为法治国家建设的核心问题。因为依法治国在根本上讲就是依宪治国，没有宪法权威的确立和保障，普通法律的正当性，也就是到底是良法还是恶法的问题，就没有办法彻底解决，国家法制的统一就没有保障。由此更激发了人们，特别是理论研究者，对如何完善我国的宪法监督制度进行思考的激情，并日益感觉到了这一问题的重要性与迫切性。

概括而言，从现行宪法实施以来，至 2000 年之前，理论界对我国宪

---

① 马岭：《孙志刚案的启示：违宪审查还是违法审查》，《国家行政学院学报》2005 年第 1 期。

法监督制度完善的思考与研究，主要集中在建立和实行什么样的宪法监督体制问题上，即到底是继续保留现行的代表机关监督体制，还是实行宪法法院这样的专门机关监督体制，抑或是实行美国式的司法审查体制。当然还有研究者主张实行所谓的复合制监督模式。[①] 围绕这一问题提出的各种主张，都有其合理性的论证，其中既有对他国经验借鉴的成分，也有注意到中国的制度有其特殊性的因素。

2000 年前后至今，在如何完善我国的宪法监督制度问题的研究上，选择什么样的监督体制的思考依然在延续。因为无论是制度设计还是运行效果上，代表机关监督体制确实存在着很多的问题，难以适应建设社会主义法治国家的需要。因为体制不同，在监督的内容、遵循的程序、产生的效果上，确实又存在一定的差别，并非是一个可以不加重视的问题。与此同时，也有一些研究上的变化，主要表现为：首先，在选择专门机关监督体制短时间内无法实现，而宪法监督的运行又显得非常迫切、无法等待的情形下，比较多的研究者开始转向在现行的体制框架内寻求问题的解决与突破之道，具体而言，就是不改变现行的由全国人大及其常委会行使宪法监督权的制度设计，只是主张在全国人大或全国人大常委会内建立专门机构，具体承担宪法监督的工作；并以此为基础，对这一专门机构到底是设在全国人大还是全国人大常委会之内，其组成人员如何产生，应具备什么样的资格条件，解决哪些方面的合宪性争议等问题进行了分析。其次，对国外宪法监督中有关审查启动要件、遵循的原则、采取的审查方法等问题，展开系统研究，虽然不是针对中国的宪法监督制度的。但因为这些研究实际上是对宪法审查实践经验的概括和总结，而中国缺乏这样的实践，不能为这样的研究提供丰富的且可供探寻其中的某种规律性东西的素材，但其用意在引起人们在关注体制选择的同时，也要注意方法的采用。[②] 最后，是对我国人民法院是否应该以及从现行法律的规定看能否享有适用宪法、解决宪法性争议的权力进行了探讨，而不是像过去那样简单地以采用司法审查制为目标，寻求问题的一揽子解决方案。

---

① 王广辉：《通向宪政之路——宪法监督的理论和实践研究》，法律出版社 2002 年版，第 421—429 页。

② 在此方面的典型表现就是林来梵教授策划主编的系列丛书。当然还有其他研究者也在关注这一问题，发表了重要的研究成果。

（一）维持代表机关监督体制

如何坚持现行的代表机关监督体制，研究者的主张之间也是存在差别的。有的主张，在我国现行以人大为核心的宪法监督体制下，要想使其发挥实际的效果，现有的制度资源足以支撑，需要的是对现有的制度资源进行必要的完善，融合预防型、释疑型和救济型三者为一体的混合型，可能是最具可能性的选项：即完善备案审查程序，以形成预防型宪法监督程序；完善释宪制度，以形成释疑型宪法监督程序；完善抽象性审查制度，以形成救济型宪法监督程序。在程序的具体设计中，可大胆借鉴世界各种宪法监督模式下运行程序的科学合理成分，推进宪法监督的切实有效运行。①

该主张中，更多的人倾向于设立具体的工作机构，所基于的立场仍然是，在我国的人民代表大会制的权力结构中，全国人大是最高的国家权力机关，享有比较大的权威，由其来行使宪法监督权，可以维持现行的权力机构不会发生比较大的改变。还有另外一个缘由，就是持这样主张者的潜意识中，是认为我国宪法监督不能有效运转的原因，不是体制本身的问题，而是缺乏具体的机构来承担人大享有的宪法监督职责。因此，只要在人大之下设立相应的机构，具体负责对发生的宪法性争议进行受理和审查即可。关于专门机构的名称，该主张的提出者基本上同意称其为“宪法委员会”。

对“宪法委员会”是一个什么性质的机构，该主张的提出者认为，应该是属于人大内部的工作机构即专门委员会的性质，承担宪法监督权运用所涉及的具体工作，定期向人大汇报有关的工作情况，而不是一个独立的国家机关。由此决定了“宪法委员会”对所涉及的宪法性争议，只有在审查的基础上，向全国人大或全国人大常委会提出处理意见和建议的权力，而自己不能对该争议进行裁决，更不能对违宪行为给予制裁。因此，宪法委员会拥有的职权是专门负责调查、研究宪法实施的状况，并就宪法实施中需解决的问题，及时提出意见和建议；对法律、行政性法规等规范性文件进行初步审查，确定其是否与宪法或法律相一致，并向全国人大及其常委会提出正式的报告意见；监督国务院及其所属机关，最高人民法院

① 陈冬：《宪法监督程序论纲》，《国家检察官学院学报》2008年第3期。

和最高人民检察院的活动是否合宪。通过以上工作的开展，充分发挥宪法监督的效用。①

有研究者主张，宪法委员会有权对全国人大及其常委会的法律及法律性决议进行合宪性审查，发现有违宪性问题的提出处理意见；对国务院的行政法规、决定和命令，最高人民法院和最高人民检察院的司法解释，省级国家权力机关的地方性法规和决议，自治区的自治条例和单行条例是否违宪进行审查，并可以独立作出决定；审查中央国家机关及其组成人员直接行使宪法权力的职务行为是否合宪；审查国家机关之间的权限争议；接受有关宪法方面的咨询。②

还有的研究者主张，在全国人大之下设立宪法裁判委员会，这个委员会不是司法机关，而是一个政治机构，因此它只对法律文件进行抽象审查，不行使司法机关的职权审判具体的宪法争讼案件。对行政法规、地方性法规、自治条例及单行条例等法律文件，宪法裁判委员会可以直接作出其违宪与不违宪的裁决。对于全国人大及其常委会制定的法律文件，宪法裁判委员会在认为其合宪时，有权直接作出合宪决定；而当宪法裁判委员会认为其违宪时，无权自行作出违宪决定，只能报请全国人大，由全国人大审议法律是否违宪，并只有其才有权作出法律违宪的决定。③ 但是，该主张的可质疑之处是，这样的宪法委员会是什么性质的机构，是独立的机关还是人大内部的工作机构。如果不是独立的机关，何以能够对国务院的行政法规、决定和命令，最高人民法院和最高人民检察院的司法解释，省级国家权力机关的地方性法规和决议，自治区的自治条例和单行条例是否违宪进行审查，并独立作出决定？又何以不能对全国人大及其常委会的立法在审查以后作出决定，而仅仅是提出建议？

为了避免宪法委员会处于上述的尴尬境地，有研究者提出，宪法委员会仅享有对行政法规及以下位阶的有普遍约束力的规范性文件进行合宪性审查之权、审理宪法控诉案件之权和相应的解释宪法之权。④ 也就是不能

---

① 林沛华：《刍议我国的宪法监督制度》，《法制与社会》2007 年第 5 期。

② 冯永军：《健全和完善我国宪法监督制度的模式选择》，《河南师范大学学报》(哲学社会科学版) 2003 年第 1 期。

③ 赵勇：《构建中国式的违宪审查制度——代议机关至上为前提》，《黑龙江省政法管理干部学院学报》2009 年第 1 期。

④ 童之伟：《宪法司法适用研究中的几个问题》，《法学》2001 年第 11 期。

对全国人大及其常委会的立法进行审查。

由于我国的最高权力机关包括全国人大和全国人大常委会两个层级，要在人大内部设立“宪法委员会”，当然不能超越全国人大之上或与全国人大平行，但会涉及它与全国人大常委会之间的关系。对此，有研究者主张，人大内部设立的宪法委员会，位阶低于全国人大及其常委会。宪法委员会拥有的职权是专门负责调查、研究宪法实施的状况，并就宪法实施中需解决的问题，及时提出意见和建议；对法律、行政性法规等规范性文件进行初步审查，确定其是否与宪法或法律相一致，并向全国人大及其常委会提出正式的报告意见；监督国务院及其所属机关，最高人民法院和最高人民检察院的活动是否合宪。通过以上工作的开展，充分发挥宪法监督的效用。这样的设置既适应我国的政权建构模式，也能保证宪法监督工作的专门性，能及时有效的处理各类违宪案件，解决违宪争议。①

但有研究者主张，宪法委员会应与全国人大常委会平行，宪法委员会可分为两级：中央一级设立中央宪法委员会，省级行政区域设立地方宪法委员会。宪法委员会从属于人大，向人大报告工作，与人大常委会平行。② 该委员会由全国人大产生，直接对全国人大负责，专司宪法监督职责，可以独立作出具有约束力的违宪裁决。③ 在性质上，宪法委员会是最高国家权力机关的特设机构，其地位必高于国家行政机关、检察机关、审判机关，同时也不受常设机关即全国人大常委会的制约，宪法委员会行使宪法赋予全国人大的“监督宪法实施”的职权，对除全国人大以外的一切国家机关、政党、武装力量、社会团体、企事业组织、公民的行为是否合宪予以监督，因此行政机关、检察机关、审判机关，包括全国人大的常设机关的行为，都要受其监督。④

在全国人大之下、与全国人大常委会平行的宪法委员会，专门负责宪法监督工作，全国人大常委会不再行使宪法监督的权力。宪法委员会的职

---

① 林沛华：《刍议我国的宪法监督制度》，《法制与社会》2007 年第 5 期。

② 申亚东：《我国宪法监督模式的构想》，《学术论坛》2002 年第 1 期。

③ 冯永军：《健全和完善我国宪法监督制度的模式选择》，《河南师范大学学报》（哲学社会科学版）2003 年第 1 期。

④ 陈丹频：《论我国建立宪法监督专门机构的必要性与可行性》，《湖南社会科学》2003 年第 2 期。

责是：（1）对全国人大及其常委会制定的法律及法律性决议进行合宪性审查，发现有违宪问题的提出处理意见。（2）对国务院及其部委制定的行政法规和部门规章，中央军委制定的军事法规、规章，最高人民法院和最高人民检察院制定的司法解释，省级国家权力机关制定的地方性法规、自治条例、单行条例，省级人民政府制定的政府规章等，进行合宪性审查。（3）审查国家机关及其组成人员直接行使宪法权力的职务行为是否合法。（4）审查国家机关之间的权限争议。（5）解释宪法。宪法解释与宪法监督是不可分割的，宪法委员会实施宪法审查当然也应具有宪法解释权。

宪法委员会根据有关组织和人员的提议和申请，受理宪法争议案件。有权提出宪法争议案的组织和人员，包括全国人大会议主席团；全国人大常委会委员长会议；十分之一以上全国人大代表联名提出；全国人大常委会组成人员30名以上联名提出；国务院、最高人民法院、最高人民检察院以及地方的省级人民代表大会及其常委会。公民、法人应有权提出违宪控告，赋予公民、法人以宪法控诉权，使得他们在权利受到法律、法规等侵害时能够得到救济，这样也有利于公民宪法意识的培养和提高。但是，从我国的人民代表大会制度的权力运行体制出发，宪法委员会作出的裁决效力分为两种：其一，宪法委员会作出全国人大及其常委会制定的法律违宪的裁决，不应立即生效，可由全国人大或全国人大常委会在法定期间对其制定的法律进行修改，如果全国人民代表大会以全体代表的2/3以上多数通过决议，可推翻宪法委员会作出的裁决。其二，宪法委员会作出的法律合宪的裁决，以及行政法规、地方性法规和规章等规范性文件违宪的裁决，一经作出即发生法律效力。该主张者认为，独立的宪法委员会监督模式不仅具有反映违宪审查机构专门化趋势、能够将事先审查与事后审查的方式结合起来、体现了违宪审查的司法性与政治性相结合等优点，而且还与我国的政治体制具有兼容性，有利于在坚持人民代表大会制的基础上，发展和完善我国的政治制度。①

宪法委员会与全国人大常委会平行，固然解决了对全国人大常委会的立法及行为的监督问题，但能否监督全国人大，特别是全国人大的立法，

---

① 吴玉英：《建立我国违宪审查制度的设想》，《贵州社会科学》2005年第3期。

始终是一个绕不开的问题。对此，有研究者建议，它虽然名义上列于全国人大之下，并由全国人大产生，但却是相对独立的国家最高机关，可以对全国人大行使违宪审查权。一则宪法赋予了它专门的宪法监督权，二则宪法可规定它不对全国人大负责，而只对宪法负责，对全国人民负责。况且，将其列入全国人大之下，也只能是暂时的。待条件成熟，即并不科学的“议行合一”制能够或已经被打破之时，宪法监督委员会便脱离全国人大，取得完全独立的宪法地位。①

实际上，如果设立的宪法委员会是一种独立的机关，且处于与全国人大常委会平行的地位，享有实际的宪法监督权力，就已经改变了现行宪法规定的权力结构，不再是全国人大自己而是另外一个机关在行使宪法监督权力了。尽管这个独立的机关在地位上低于全国人大，向全国人大负责，但毕竟与全国人大自己行使宪法监督权不同。因此，这个所谓的独立的宪法委员会，已经具有了专门机关的性质，由此而形成的宪法监督体制更应该归入到专门机关的范围内之内。只是这个宪法委员会与宪法法院相比较，司法性比较弱，政治性比较强而已。

对维持现行的代表机关监督体制的主张，有研究者提出了质疑：第一，最高权力机关能否绝对代表人民的意志。卢梭说，正如主权是不能转让的，主权也是不可代表的。而且，人民代表同普通人一样，其智力、道德也并非是完美无缺的，由代表组成的权力机关背离人民的意志和利益的可能性是存在的。而且，我国宪法明确规定了人大代表接受人民监督的义务，因此，由人民另外委托一个机关代表人民对权力机关的立法进行监督，也是有其宪法依据的。此外，根据孟德斯鸠的分权学说，在立法、行政和司法三权之间，正义的天平倾斜于任何一方都会使其退化为专权与邪恶。于是就要超越议会、政府和普通法院三权之外，去寻找新的制衡力量，肩负起监督各种公共权力，确保其在宪法规定的限度内运行。因此，脱离现有的立法机关模式不但在理论上有据，而且在实践上也是可行的。第二，在最高权力之下设立监督机构，能不能使违宪审查产生实效？这样的宪法监督机构如何能树立起自己的权威？而没有权威如何能独立行使审查权？在坚持全国人大的最高权威的前提下，实施这一制度设计，无异于

---

① 邢述宇：《关于宪法监督委员会的设立及其可行性分析》，《哈尔滨市委党校学报》2003 年第 2 期。

用手监督大脑，最终必将流于形式。①

（二）实行专门机关监督体制

在完善我国宪法监督制度的主张和建议中，也有不少的研究者认为，无论是从国外宪法监督的实践效果以及我国建设社会主义法治国家的需要看，现行的代表机关监督体制都难以达到预期的效果，因而主张实行专门机关的监督体制。

有研究者从分析代表机关监督体制存在的缺陷为切入点，认为由代表机关行使宪法监督权具有的弊端是：立宪权和立法权的合二为一，导致了全国人大的权力中心主义，全国人大及其常委会的立法无法纳入宪法监督的范围之中；人大作为权力机关，行使宪法监督权只能进行抽象审查，不涉及具体的法律是否适用以及宪法诉讼问题；从实践的效果看，代表机关的监督难以落实，且不说 1954 年宪法的不宣而废，即便是现行宪法至生效以来，宪法监督也从未真正被启动过。由此说明它不可能担任宪法监督的重任，唯一可行的办法就是顺应人类政治文明发展的趋势，设立专门的宪法监督机关。②

还有的研究者从区分人大监督和宪法监督的角度，来论证设立专门宪法监督机关的必要性。指出目前在理论与实践中，人们一谈到宪法监督往往将其与人大监督混为一谈。其实，人大监督是人大及其常委会依据法定的职权对其他的国家机关是否遵守宪法和法律所进行的监督。而宪法监督是一种专门性活动，是特定的国家机关为保障宪法的实施，对国家的根本性活动（主要是立法活动）是否合宪进行审查，并对违反宪法的行为予以纠正和必要制裁。二者不仅在性质上存在差异，人大监督是领导者对被领导者的监督，宪法监督是一种专门的司法活动。二者在范围上也有不同，人大监督的范围既可以针对其他国家机关，又可以针对社会团体、企事业组织、公民个人进行监督，在内容上涉及违宪、违法以及其他不当行为。宪法监督中，公民个人一般不作为宪法监督的对象。人大监督与宪法监督在方式上也存在着差异。人大监督的方式有：听取和审查“一府两

① 杨汉国、范光杰：《论复合型违宪审查模式》，《成都行政学院学报》2008 年第 6 期。

② 高宝琴：《对我国宪法监督模式的反思》，《中国特色社会主义研究》2007 年第 1 期。

院”的工作报告和专题报告、质询、罢免、组织特定问题的调查、组织代表视察、接受公民以及其他组织的来信来访、执法检查和述职评议。宪法监督的方式是“受理”、“审查”、“裁判”、“处理”，其行为模式存在于一个法律程序之中。在此基础上，考虑到我国的法律文化在很大程度上更类似大陆法系国家，借鉴其设立专门宪法监督机关的成功经验并结合我国的具体实际情况加以改造，可以说是一种较合理的选择。①

关于专门宪法监督机关的名称，有研究者主张使用“宪法委员会”，有研究者则建议使用“宪法法院”。关于专门宪法监督机关如何组成，这种主张的建议者提出了各种的方案。

有研究者还对宪法委员会的组成方式及委员的任职条件，做了十分系统的建议。具体而言，宪法委员会作为全国人大的特设机关，其产生和组织应由全国人大专门通过法律予以规定。一是宪法委员会应由全国人大选举产生。担任宪法委员会的委员一般应有必要的条件：如年满三十五周岁以上，必须从高等政法院系毕业，有丰富的阅历、经验，长期从事法律教学研究、法庭审判或从事律师职业，而且必须德高望重、公正无私等。只有这样，宪法委员会行使职权才能具有权威性。二是关于任期，以6—12年为宜，不宜与全国人大每届改选相重合。三是关于宪法委员会人数，以20—30人为宜，另外还可以有4—5个在全国各地的巡视小组，监督地方区域内的宪法实施情况，保证宪法确实得到贯彻实施。②

还有的研究者主张，宪法委员会的成员应由全国人大提名，由国家主席亲自任命，并且其委员的组成应包括一定数量宪法学界的权威专家和理论学者。另外，宪法委员会的成员们不得再担任其他各项工作，以保证宪法监督工作开展的及时有效性和公正性。委员会成员的任期应长于全国人大代表的五年任期，以使宪法监督不受外界干扰和权力的压制，从而保持宪法监督的有效性和持续性。③

另有研究者认为，宪法监督委员会的组成人员应由国家主席与各方面

---

① 刘嗣元：《宪法监督司法化若干问题的理论探讨》，《法商研究》2002年第3期。

② 陈丹频：《论我国建立宪法监督专门机构的必要性与可行性》，《湖南社会科学》2003年第2期。

③ 林沛华：《刍议我国的宪法监督制度·法学研究》，《法制与社会》2007年第5期。

协商后提名，经全国人大设立的资格审查委员会审查合格后任职，不再由全国人大选举产生。①

更有研究者对宪法委员会或宪法法院的组成，进行了非常具体的构想：宪法委员会设在全国人大之下，由15—19名法官组成，任期10年，得连任一次。宪法法院法官的产生办法是：由国家主席任命一个独立的宪法法院法官推荐委员会，在全国范围内甄别挑选法学界和法律界资深精英人士作为候选人，推荐给国家主席。由国家主席将名单提交给全国人大或者全国人大常委会讨论批准。宪法法院法官中互相推选一名资深人士担任首席法官，享受类似于国务院总理的工资待遇，一般法官的待遇相当于部长。担任宪法法院法官者应具备下列资格条件之一：担任最高法院业务审判庭大法官10年以上；曾经担任国际法庭大法官；从事法学主要科目（主要是公法学）教学与研究工作10年以上；从事法律或者相关政治实际工作10年以上，社会声誉卓著。②

关于宪法专门监督机关的职权，有的研究者的主张，宪法法院履行的主要职责是：第一，接受其他国家机关包括最高法院的申请，解释宪法。普通法院在审理一般民事刑事案件时，如果遇到要解释宪法的情况，必须向宪法法院提出申请，然后根据宪法法院的解释再继续审理案件。如果各机关对法律的解释有争议，由宪法法院作出最终的解释。第二，对全国人大及其常委会的立法是否违宪进行审查，对国务院和中央军事委员会制定的法规、地方人大制定的地方性法规和行政机关制定的规章是否违宪进行审查。第三，接受并处理国家机关之间发生的权限争议。第四，接受公民提出的宪法控诉案件，在处理这些案件的时候，任何立法和行政行为一旦被宪法法院宣布违宪，立即失效。③

作为全国人大特设机关的宪法委员会以行使“监督宪法实施”为唯一的职权。具体包括以下几方面：一是解释宪法。我国宪法把“解释宪法”的权力赋予全国人大常委会，这样有时会导致一方面宪法解释的工

① 王英津：《论我国专门宪法监督机构建立的模式及路径》，《学术探索》2009年第1期。

② 陈丹频：《论我国建立宪法监督专门机构的必要性与可行性》，《湖南社会科学》2003年第2期。

③ 王振民：《中国违宪审查制度》，中国政法大学出版社2004年版，第386—387页。

作开展太少，另一方面有时宪法解释与立法原意不尽相符。而把解释宪法的权力赋予全国人大的特设机关——宪法委员会则是恰当的，这样会使宪法解释权得到充分有效的行使，同时又有较高的权威性。国家行政机关、检察机关、审判机关，以及全国人大常设机关或一定数量的公民、政党团体，可以就宪法某一条文的含义及适用时的疑义提请宪法委员会作出专门的解释。二是违宪审查权。宪法委员会有权审查全国人大常委会通过的法律法规、国务院通过的行政法规、国家主席发布的命令、人民法院和人民检察院的司法解释，对其是否合宪予以裁决。三是接受有关宪法实施中的控诉并对此进行裁决。一般来说，国家机关在依法执行职务、行使职权时往往会与当事人（包括公民、法人）发生一定的关于法律理解的冲突和纠纷。当这种冲突、纠纷直接涉及对宪法的具体理解时，当事者双方应可以直接向宪法委员会控诉。宪法委员会认为依法可以受理时，应受理并作出裁决。四是其他的与宪法实施紧密相连、应由宪法委员会实施的权力，如监督各国家机关领导人的选举，审查各国家机关的权限争议等。在此前提下，专门的宪法监督机关不宜干扰其他国家机关由宪法规定的固有职权；对其他国家机关的行为以及国家主要领导人的行为是否合宪的监督，应由法律明确规定，不宜过多的干预。宪法委员会不是司法机关，没有审判权和审判监督权，因此它不能干扰、限制最高司法机关的最高审判权和最高法律监督权。①

应当设立宪法法院审理全部宪法诉讼案，在政治体制改革进行到相当程度的前提下，全面修改现行宪法并制定《宪法诉讼法》，在宪法审判庭和宪法监督委员会的基础上，设立与国务院、最高人民法院等中央国家机关并列的宪法法院。宪法法院不仅受理侵犯公民基本权利的宪法诉讼案件，更重要的是受理法律文件违宪纠纷、国家机关行为违宪纠纷、特定公职人员违宪纠纷、政党违宪纠纷、国家机关权限争议以及选举纠纷等违宪审查案件。②

有研究者提出，宪法法院设置立法审查庭和宪事裁判庭。立法审查庭的职权是：（1）基本法律表决前修正权。全国人大法律草案在付之于表

---

① 陈丹频：《论我国建立宪法监督专门机构的必要性与可行性》，《湖南社会科学》2003 年第 2 期。

② 上官丕亮：《再探宪法诉讼的建构之路》，《法商研究》2003 年第 4 期。

决前15日内交宪法法院立法审查庭予以审查，对违宪条款立法审查庭以宪法法院名义提出修正意见，法制工作委员会和其他专门委员会根据此意见修正后方可付之于表决，若人大主席团和宪法法院发生意见分歧，法律草案交全国人大表决时应同时公布宪法法院修正意见。（2）一般法律表决前修正权。全国人大常委会通过法律前7日内送宪法法院审查，宪法法院有权提出修正意见，全国人大常委会应当采纳，否则，法律草案交付表决时应同时公布宪法法院修正意见并先对修正意见表决，2/3多数票反对始能否决。（3）行政法规、地方性法规、行政规章生效前修正权。行政法规、地方性法规、行政规章在表决通过后7日内，送交立法审查庭审查，违宪者，制定机关必须按立法审查庭意见进行修正，否则不得公布，公布亦无效。

宪事裁判庭的职权是：（1）各国家机关、人民团体、政党、利益集团认为已生效的法律、法规、规章违宪的，均可提请宪事裁判庭予以审查。经审查认为法规、规章违宪的，宪事裁判庭宣布无效并予以撤销。宪事裁判庭认为基本法律违宪的，向全国人大提出修正意见，由全国人大自行修正，否则，全国人大应将修正意见付之于表决，半数反对始能否决。对一般法律经审查认为违宪的，宣布中止其效力，并向全国人大常委会提出修正意见，全国人大常委会应予以采纳，否则2/3多数始能否决。（2）普通法院在审理具体案件中，认为有关法律、法规、规章违宪或对其是否违宪存有异议的应当停止审理，直接向宪事裁判庭提出裁决申请，公民个人因有关法律文件是否违宪和法院发生争议，公民有权向宪事裁判庭提出裁决申请。（3）公民宪法诉愿审判权，采取用尽其他救济原则。（4）全国人大根据以后国家法治发展状况，适时授予的选举案、弹劾案、权限争议、政党活动合宪性裁判权。①

（三）采用司法机关监督体制

有研究者以宪法的法律性为立足点，分析了宪法监督司法化的必然性，认为宪法的法律性是科学完整的宪法观的组成部分。我们强调宪法是最高法律，强调宪法与普通法律的不同之处，但却忽略了高高在上的宪法与普通法律的共同之点，忽略了宪法作为法律所应具备的一般性质，进而

---

① 董兴佩：《全国人大“一院二庭”宪法法院模式构想》，《哈尔滨市委党校学报》2004年第3期。

影响了合理有效的宪法监督制度的建立。我国宪法确立了由最高国家权力机关监督宪法实施的模式，实践证明，这是一个失效的制度设计。失效的根本原因不在于宪法监督程序不完善，而在于这一模式背离了宪法监督的本质。宪法监督是多数民主的“制动器”，唯有司法化的监督才能担此重任。宪法是法律，然后才是最高法律，宪法的法律性也意味着宪法可以而且应当由司法化的机关加以适用。由司法机关适用宪法，进行宪法监督，是宪法法律性的必然要求。因为司法化的监督在客观上用法律的程序和用语掩饰了代表机关监督的政治功能，在一定程度上抑制了或者说至少是掩饰了监督机关的政治判断力，因而其裁决容易为争端各方所接受。宪法监督变得更合法、更有效了。①

从性质上讲，宪法监督权，尤其是在违宪审查权性质上理解的宪法监督权，本质上属于司法权的范畴，因此，宪法法院也应当属于司法机关。但前面已经将宪法法院的监督体制归入专门机关之列，这里的司法机关也就仅指普通法院而言。

普通法院行使宪法监督权实质上就是宪法的司法适用，包括两个方面的含义：其一，将宪法规范作为判断当事人之间权利义务纠纷的直接规范依据；其二，将宪法作为判断当事人之间权利纠纷的直接法规规范依据的依据，这种意义上的宪法司法适用，实际上是普通司法机关享有违宪审查权。②

由最高人民法院来实施宪法监督。法院作为当代社会中权力的监测器和权利的卫士，没有理由对大量的违宪案件置若罔闻。诉讼监督被认为是最公正，也是最有监督力量的方式，因此，将违宪审查权赋予最高法院是符合法治原则的。法院在审理具体案件中，认为有法律、法规、规章违宪的，应当停止审理，直接向违宪审查庭提出裁决。即使社会团体、公民个人等认为有关法律、法规、规章违宪侵犯其合法权益的，也可以通过有关程序向违宪审查庭提出控诉。这是一种最直接、最有效的救济途径。③

---

① 李树忠：《论宪法监督的司法化》，《政法论坛》2003 年第 2 期。

② 王族臻：《宪法诉讼研究》，中国政法大学 2003 年硕士学位论文，第 22 页，指导教师：焦洪昌教授。

③ 肖红：《关于完善我国宪法监督的设想》，《西南民族大学学报》（人文社科版）2003 年第 8 期。

要改变长期以来公民基本权利受侵害无法救济的状况，必然要在公民的基本权利无具体法律法规加以保护时，赋予法院宪法解释权和适用权，允许法院直接引用宪法进行判案。这一权力需要通过宪法来授予，必然要涉及对现行宪法的修改。①

在中国，要实行美国式的司法机关的监督模式，就必须指出现行的监督体制存在的无法克服的弊端，同时又要论证宪法法院这种专门机关体制在中国的不可行性。为此，有研究者指出，宪法法院在我国的不可行性，原因有两个方面：从外部来看，欧洲大陆国家实行宪法法院体制是出于对议会的怀疑和对法院的信任，且这些国家存在多元的司法机构，这些在中国均不存在。从内部看，我国人口众多、法治传统缺乏、法治意识淡薄，违宪行为肯定相当多，宪法法院只有一个，宪法法院法官的人数也十分有限，一个宪法法院根本应付不了这么多的案件，这势必造成案件的大量积压，而使其解决宪法性纠纷的作用十分有限。而选择司法审查模式，有助于培养司法权威，是启动宪法实施、树立宪法权威的需要。另外，选择司法审查模式，可以减少频繁修宪对宪法权威的损害，发现宪法权威的需要。②

还有的研究者提出，考虑到在中国建立专门机关的监督体制需要一个过程，在短时间内不能一步到位，可以采取分步实现的办法。第一步，由行政审判庭审理少数“准宪法诉讼”案。第二步，在人民法院内部设立宪法审判庭，审理部分宪法诉讼案。由最高人民法院颁布一项司法解释（若全国人大能制定一部《宪法诉讼法》则最好），在各省、自治区、直辖市高级人民法院以及最高人民法院的内部设立宪法审判庭（高级人民法院负责一审、最高人民法院负责二审），专门负责审理侵犯公民基本权利的宪法诉讼案件。第三步，设立宪法法院审理全部宪法诉讼案。③

（四）建立复合型的监督体制

所谓复合型宪法监督体制，实际上就是将不同的宪法监督体制嫁接在

---

① 徐丽红：《试论目前我国宪法司法化的实现形式》，《理论与改革》2003 年第 5 期。

② 舒小庆、何日开：《司法审查：中国违宪审查模式的必由选择》，《江苏行政学院学报》2007 年第 2 期。

③ 上官丕亮：《再探宪法诉讼的建构之路》，《法商研究》2003 年第 4 期。

一起。这种主张最早是由中国社会科学院法学研究所的研究人员李忠提出的。① 至于代表机关、专门机关和司法机关的监督体制之间如何嫁接，研究者的主张也是不同的。

一种主张是代表机关监督体制与司法机关监督体制的复合。这种主张的建议者认为，在当下中国的权力架构与制度环境下，无论是采取美国式的司法审查制还是奥地利式的宪法法院模式，都缺乏可行性，至少是在可以预期的将来还难以实现。选择代表机关和司法机关并行行使违宪审查权的复合型模式，当是我国的必然选择。②

有研究者建议，我国普通法院违宪审查的对象应限于行政机关的抽象行政行为，包括行政立法行为和其他抽象行政行为；而对权力机关立法的合宪性审查，则由宪法委员会来进行。宪法委员会的职权包括违宪审查权及其相关权力。违宪审查权包括事前审查和事后审查，全国宪法委员会的事前审查包括：对纳入立法计划的全国人大制定的基本法律，全国人大常委会的法律草案进行审议，提出意见，即将原来由全国人大及其常委会负责审议法律草案的专门委员会的职权吸收过来；对自治区人大制定的自治条例、单行条例的批准权。事后审查主要包括：接受行政法规、地方性法规、规章等的备案，对不合宪的予以撤销；撤销全国人大及其常委会不合宪的决定、决议和解释等；接受有权申请审查的机关和个人的对立法文件的合宪审查申请，其中包括普通法院诉讼中遇到的合宪性问题，而由最高法院转交的审查申请。与违宪审查权相配套，全国宪法委员会的职权还应当包括解释宪法权、修宪提议权、处理国家机关之间的权限争议权。

普通法院受理宪法诉讼，与宪法委员会分工行使违宪审查权。公民如果认为自己的宪法权利受到了侵害，可向法院起诉，并可附带提起对立法文件的合宪性审查申请，法院在其职权范围内进行审查处理，无权处理的，由法院分别报高级法院交省级宪法委员会或报最高法院报全国宪法委员会处理，在此期间，中止诉讼。公民对法院依宪法委员会的意见作出的裁判不服，可向上一级法院上诉，但宪法委员

① 李忠：《宪法监督论》，社会科学文献出版社 1999 年版，第 275—277 页。

② 张洪峰、翟朝阳、王志峰：《关于建立复合型违宪审查制的几点设想》，《湖北社会科学》2004 年第 6 期。

会的意见有终局性，上级法院裁判必须以此为基础。公民不能直接就立法文件的合宪性问题向宪法委员会提出，只能向法院或其他有权提出合宪性审查的国家机关或代表提出，由他们按法定程序向宪法委员会提出申请。①

还有研究者主张，在全国人大及其常委会下设立宪法委员会，宪法委员会的地位高于其他各专门委员会。由宪法委员会专门行使对规范性文件的违宪审查权；在最高人民法院内设立宪法法庭，由它专门行使对具体违宪案件的司宪权。这种宪法监督制度最大限度地吸收了宪法法院型与普通法院型的优点，给我国单纯的代表机关宪法监督制度注入了司法的成分，实为我国现行宪法政治体制下最为可行的方案。

宪法委员会的成员由全国人大选举产生，其中人大代表和法律专家各占多数；对于入选该委员会的法律专家应当严格限制其职称、工作资历、年龄等条件，以保证法律专家的质量。宪法委员会的职权主要是：（1）对全国人大、全国人大常委会、国务院（包括国务院各部、委员会）、最高人民法院、最高人民检察院制定的规范性文件是否违宪，具有审查权和强制性建议权；（2）对上述国家机关以外的其他国家机关制定的规范性文件是否违宪，具有独立的决定权；（3）协助解释宪法，但全国人大及其常委会有权撤销或变更其解释性决定；（4）检查宪法执行情况，向全国人大常委会报告。

宪法法庭的成员应当由全国人民代表大会或者全国人大常委会按照一定的比例和严格的条件，从权力机关、司法机关、法学界通过选举和任命的方式选定。对宪法法庭的成员实行专职和限任制，其人身、地位等权利应由法律给予特殊保障。宪法法庭的职权应当由全国人大授予。鉴于宪法诉讼的特定性，笔者认为：（1）宪法法庭的首要职权是适用宪法的权力，即宪法法庭对于规范性文件以外的权限争议，宪法控诉和选举诉讼等具体违宪案件的裁决权，宪法法庭在行使裁决权时，只依据宪法，不受任何干涉；（2）宪法法庭享有建议权，建议权的主要内容是指，宪法法庭在审理过程中，发现法律、行政法规、地方性法规和宪法相抵触时，有权向宪法委员会建议修改或废除。对于宪法法庭的建议，宪法委员会必须在一定

---

① 杨汉国、范光杰：《论复合型违宪审查模式》，《成都行政学院学报》2008 年第 6 期。

期限内给予明确答复。①

还有的研究者提出，宪法赋予全国人大及其常委会以解释宪法、监督宪法实施之权，但宪法没有任何条款明示或暗示它本身不得进入诉讼，这就为最高人民法院的司宪权留下了余地；特别是宪法强调自身最高的法律效力，规定任何组织都“负有维护宪法尊严，保证宪法实施的职责”，更为最高人民法院行使保障宪法实施的职权留下了切入口。《人民法院组织法》第 33 条、《行政诉讼法》第 53 条、《立法法》第 90 条，或明示或暗示了人民法院具有对法律的解释权，对行政规章的参照权，对行政法规、地方性法规、自治条例、单行条例的审查建议权。“解释”、“参照”、“建议”，均含有“审查”之意，而宪法无疑是这种审查的最重要依据。因此，最高人民法院当然可以在司法审判中适用宪法，包括对法律、法规的合宪性进行审查，只是这种审查是有限的，最高人民法院涉宪判决的效力，应由无条件性变成附条件性：报全国人大常委会审批。审批的命运可能有三种，一是批准判决，二是否定判决，三是人大常委会不闻不问。有鉴于全国人大常委会每两个月召开一次会议的情况，应规定：经过三个月若无异议则生效。②

与此类似的方案还有，宪法委员会从属于全国人大但与全国人大常委会平行，向全国人大负责，受全国人大监督，其职权包括：（1）解释宪法、监督宪法的实施；（2）对提交全国人大审议的宪法修正案和基本法律草案，事先进行合宪性审查；（3）对全国人大常委会的立法活动进行监督；（4）对国务院的行政立法进行监督；（5）受理国务院各部委以及省、自治区、直辖市职权划分或争执的案件；（6）对最高人民法院、最高人民检察院的司法解释活动行使审查权；（7）审理罢免部长级以上国家官员的渎职案、失职案。在人民法院内部设置宪法法庭，主要处理国家机关公职人员在行使宪法赋予的权力的过程中直接违反宪法的具体职务行为，即具体违宪行为。③

---

① 王族臻：《宪法诉讼研究》，中国政法大学 2003 年硕士学位论文，第 40—41 页，指导教师：焦洪昌教授。

② 郑琼现：《论中国宪法司法适用的出路》，《江汉论坛》2002 年 7 月。

③ 林广华：《违宪审查制度比较研究》，社会科学文献出版社 2004 年版，第 214—220 页。

第二种主张是普通法院与宪法法院的复合。有研究者建议，设立独立的宪法法院，直接对全国人大负责并报告工作，承担涉及人权保障宪法案件的审判工作，并在各高级人民法院设宪法审判庭，作为宪法法院的下一级审判机构，受理一审宪法案件，宪法案件实行二审终审制。与人权保障不直接相关的法律、法规、国家机关行为的违宪审查，可由特定国家机关、政党及社会团体等提出申请，而不由公民个人提出，但公民个人有向这些机构提出建议的权利。这类违宪案件的审查由全国人大设立的专门委员会或宪法委员会进行，无须提交法院。①

有研究者建议，设立宪法法院，它是全国人民代表大会之外独立自主地实施宪法监督和进行违宪审查的专门机构，不对全国人大及其常委会负责。宪法法院分为两个审判庭，各 8 名法官。一个叫做基本权利庭，一个叫做国家法庭，每一庭中至少有 3 名前最高法院的资深法官。全国人民代表大会主席团在全国人大代表中的高级政府官员、高级法官和法律专家中提名，名额比例为 3∶3∶4，由全国人民代表大会以出席大会代表的 2/3 多数赞成票通过。名额以 16 人为宜，任期 10 年，不得连任，实行专职制。宪法法院的职权包括：（1）全国人大在表决法律草案的 30 天前，把该草案提交宪法法院进行合宪性审查，宪法法院在人大开会前 15 天提出书面审查决定。全国人大对此应当接受。宪法法院对全国人大已颁布生效的法律，认为与宪法相抵触的，有权向全国人大主席团提出修正意见，主席团应当把该修正意见提交大会表决。非有 3/4 以上的代表多数通过，该法案即为无效，由宪法法院予以宣告，丧失其效力。（2）全国人大常委会必须在通过法律和决议之后的 7 天内，提交宪法法院审查，后者在 15 天内作出审查决定。合宪者，予以公布施行；认为与宪法相抵触的，全国人大常委会必须对审查结论进行表决，非有 3/4 的多数通过，不得否决宪法法院的决定。（3）对最高法院违宪审查庭移交法律的违宪性与否，在 15 日内作出裁决并加以公告。（4）对最高法院违宪审查庭移交的无法通过具体法律之规定予以救济的案件作出裁决，并在公告后将该裁决的内容转交全国人大常委会研究，并由其推动相关立法程序，在两年内通过立法予以规定。该裁决于两年内，具有个案效力。

① 谢维雁：《论宪法的司法化》，《西南民族学院学报》（哲学社会科学版）2000 年第 12 期。

在最高人民法院设立违宪审查庭，属于受最高人民法院领导的专门的违宪审查机构，由院长、副院长和部分大法官组成。院长兼任庭长，任期5年，连续任期不得超过两届。除副院长外，其他组成人员由院长在大法官中任命，实行专职制，无过失应长期任职。违宪审查庭的职权是：（1）最高法院各审判庭在审理诉讼案件的过程中，认为有关法律和规章违反宪法的，提交违宪审查庭审查或裁决；违宪审查庭有权宣布违宪的地方性法规、行政法规和规章无效。认为全国人大及其常委会制定的法律违宪的，应向宪法法院提交并由其作出裁决。（2）各级法院在审理具体案件中，认为有关法律、规章违宪的，应当停止审查，通过相应的高级法院向违宪审查庭提出裁决申请，后者自己或转由宪法法院在1个月内答复，并且公布该条款是否违宪。（3）公民个人认为有关法律和法规与宪法相抵触而侵犯了宪法所保障的基本权利，有权通过相应的高级法院向违宪审查庭提出控诉，后者自己或转由宪法法院在2个月内答复，并公布该条款是否违宪。（4）接受各级法院通过相应的高级法院报送的无法通过具体法律予以救济的案件，一并由违宪审查庭提交宪法法院审判。所有经宪法法院宣布违宪的法律和经最高法院违宪审查庭宣布违宪的行政法规、地方性法规、自治条例和单行条例，在法院审判中将不再具有司法适用力。①

上述对如何完善我国宪法监督制度研究成果的梳理只能是大概的，并不能涵盖所有的方面，特别是关于完善我国宪法监督制度的设想类型的归类更是相对的。实际上，不仅各种主张之间在具体建议内容方面有交叉，而且在如何实现上也存在着差别。如关于建立宪法法院的主张，就存在着全职式宪法法院、多职式宪法法院、少职式宪法法院的不同。关于我国宪法监督制度完善的进程，很多的主张实际上是希望能够一步到位，但也有渐进式的建议，具体是由现实改革方案的宪法委员会、经中间改革方案的普通法院型违宪审查制，最终达到超前型改革方案的宪法法院。②

① 刘志刚：《中国宪法诉讼机制的模式设计及其民主性论证》，《武汉大学学报》（社会科学版）2003年第4期。

② 林广华：《违宪审查制度比较研究》，社会科学文献出版社2004年版，第204—207页。

## 第三节 宪法监督理论评析与展望

如何完善我国的宪法监督制度，这是一个持续受到人们关注但又非常令人纠结的问题，研究的成果虽然不能说达到了汗牛充栋的程度，但至少在宪法学所涉及问题的领域中是最多的。各种各样的观点和主张都有自己可以成立的根据，但也都存在这样或那样的问题。

### 一 宪法监督权是什么性质的国家权力?

首先是现有的各种有关完善我国宪法监督制度的主张或建议，都缺乏对一些基本问题进行法理性的思考，其中最典型的就是宪法监督权本身的性质问题。所有的国家权力都来自人民，国家机关行使的权力在根本上都来自人民的委托。但人民在将权力委托给国家行使的时候，会根据国家权力的性质与功能的不同，将其划分为不同的部分，分别设立相应的机关来行使，使各种国家机关在行使人民委托的权力的过程中，既能够有自己的相对确定的职责范围，以免发生职责权限不清、互相争权或推诿扯皮的问题，影响国家作用的发挥。同时又要相互配合，形成合力，共同完成国家所承担任务的实现。因此，对某种国家权力的性质和功能进行准确的定位，然后决定设立什么机关来行使，就显得非常重要了。

宪法监督权存在着由不同的国家机关行使的情形。有的国家由立法机关来行使，有的国家由普通法院来行使，还有的国家设立专门的机关——比较多的国家称之为宪法法院——来行使。面对此种情形，人们难免会产生疑问，宪法监督权力到底是一种什么性质的权力，能否以行使其的机关性质作为判断的根据，即由立法机关行使的就具有立法权的性质，由普通的法院行使就具有司法权的属性。如果不是的话，其基本的属性是什么?对宪法监督权性质的判定，不仅是要在理论上给宪法监督权一个恰当的定位，更重要的是它直接地影响着由哪一个国家机关来行使宪法监督权。

对宪法监督权性质的判定，有两种基本的方法：一是就宪法监督权本身进行分析，从其担负的职能、作用和地位等来认识其属性；二是从宪法监督权与其他权力进行比较的角度，看一看它与哪种国家权力具有的属性最接近，就可将其归入相应的国家权力之中，决定应由何种机关来行使。这样，才能使宪法监督机构的设立、运行与宪法监督权的内在性质相适应，充分且有效地发挥宪法监督制度的作用。

笔者认为，宪法监督权在本质上应属于司法权，作为司法权就应当由具有司法性质的机关来行使。司法是一个与立法、行政相对应的概念，对司法概念的界定，在理论上虽然存在分歧，但学者们都承认，司法活动是一种裁判活动，司法权在本质上是裁判权。而“裁判”的基本含义是：“裁”是一刀两断地解决，“判”是做出辨别是非黑白的评价、判断。判断的前提是关于真假、是非、曲直所引发的争端的存在。司法判断是针对真与假、是与非、曲与直等问题，根据特定的证据所证明的事实与既定的法律规则，按照一定的程序进行的判断。司法权所具有的这些特征，宪法监督活动和宪法监督权也都基本具备。

（一）宪法监督权是判断权

对于司法权作为判断权，并非今天的人们才认识到，历史上有不少的思想家对此早有论述。美国历史上著名的联邦党人汉密尔顿就明确指出过：“行政部门不仅具有荣誉、地位的分配权，而且执掌社会的武力。立法机关不仅掌握财权，且制定公民权利义务的准则。与此相反，司法部门既无军权，又无财权，不能支配社会的力量与财富，不能采取任何主动的行动。故可正确断言：司法部门既无强制，又无意志，而只有判断。”① 马克思也曾说过：“法律是普遍的。应当根据法律来确定的案件是单一的。要把单一的现象归结为普遍的现象就需要判断。”因而法律适用的过程实际上就是一个判断的过程。② 虽然按照功能主义的观点来看，司法权和行政权在大的方面都是一种执行权，即执行立法机关制定的具有普遍效力的规则的权力，但司法权作为判断权在性质上是一种“认识”，与行政权是一种“活动”及其所具有的管理性质，两者之间存在着严格的区别。

（二）宪法监督权是裁判权

裁判权的行使和裁判活动的进行是以纠纷的实际存在为前提的。纠纷发生以后，基于当事人的起诉，法院以既定有效的法律规则为标准，对法律关系主体之间的争议做出裁判。

如果仅仅认识到司法权是一种判断权，还不能真正揭示司法权的实

---

① ［美］汉密尔顿·杰伊·麦迪逊著：《联邦党人文集》，程逢如等译，商务印书馆1982年版，第391页。

② 《马克思恩格斯全集》第1卷，人民出版社1956年版，第76页。

质，也无法真正将司法权与其他的权力区别开来。试想一想，哪一种权力的行使不需要进行判断。离开了判断，任何权力的行使都会增加其盲目性。问题的关键在于，其他权力的行使者在进行判断时，并不以纠纷的存在为前提，更不以裁决或解决这一纠纷为目的。判断以后，可以根据这一判断从事某种行为，也可以不从事某种行为。但司法机关进行的判断，必须以纠纷的发生或存在为前提。更为主要的是，司法机关面对现实存在的纠纷在做出判断以后，必须根据自己的判断做出相应的裁决，使发生纠纷的权益争执得到解决，尤其是明确其归属。不能存在任何的含糊不清之处，更不能不进行判断或判断以后不做出裁决。

就宪法监督而言，有关的机关或组织之所以向宪法监督机关提出某项法律违宪或某一机关、公职人员采取的行为违宪的主张，目的就是让宪法监督机关通过运用宪法赋予的宪法监督权，来判断涉讼的法律或行为是否存在违宪之处。如果违宪，就要根据宪法的规定做出相应的处理和制裁。在这个过程中，向宪法监督机关提出某一法律或行为违宪的主张者，当然是根据自己的理解，判断这一法律或行为存在着违宪之处。唯因其没有裁判权，才会向宪法监督机关提出请求，请求宪法监督机关对自己所做出的判断加以裁决。如果它自己享有裁判权的话，它就不需要向宪法监督机关提出这种请求。但从现实性上讲，任何的国家，都不会将作为司法权核心的裁判权赋予个人或国家机关以外的组织来享有，其目的当然是维护国家法制的统一和司法权的统一性与严肃性，以便形成一个统一的法律秩序。

### （三）宪法监督权的被动性

司法权的被动性是指司法机关对于已经发生的纠纷，无论是什么性质，也不论争执达到什么程度，都不会主动地去加以处理。既不会主动地去保护一方当事人受到侵犯的合法权益，也不会主动地去追究违法者的责任，而是遵循“不告不理”的原则。只有有关的机关、组织或个人以“起诉”的方式向司法机关提出了请求，法院才会根据这种请求来裁决纠纷，追究犯罪人的法律责任。这一点是司法机关的中立地位所决定的。如果司法机关主动地去解决人们之间发生的法律权益纠纷，会侵犯纠纷当事人对自己享有的“诉权”进行处分的权利。更为重要的是，未经起诉，法院主动去解决人们之间发生的纠纷，容易导致法院中立地位的丧失，造成国家权力对个人生活的不当干预，难以在人们的心目中树立起公正的形象。

值得说明的是，在宪法监督的方式中，有一种抽象的审查方式，一般为立法机关监督和专门机关监督的体制所采用。这种审查方式在理论上，多认为是一种主动的审查方式。那么，这里所说的主动审查与作为司法权性质的宪法监督权所具有的被动性，相互之间是否矛盾呢？要知道，所谓的主动审查是相对于司法审查制之下的被动审查而言的。在实行司法审查制的国家，法院对法律、法规合宪性的审查，只能在审理具体的案件中进行，而且只能对涉及该案件所要适用的法律的合宪性进行审查。若没有案件的发生，或该法律与审理的案件无关，法院是不能进行审查的。所谓的主动审查，实际上指的是对法律法规合宪性的审查，不以该法律法规适用引起案件为前提，而是在法律制定的过程中或颁布生效后的一定时间内，由宪法监督机关对该法律的原则及其具体规定所做的普遍性审查，因而又叫抽象审查。称其为主动审查，并不意味着宪法监督机关可以随时随地来审查这些法律的合宪性。从采用抽象审查的国家的法律规定来看，宪法监督机关对法律合宪性的审查，在绝大多数情况下，也是根据法律规定的国家机关或人员的提交、申请或公民提起的宪法控诉来进行。从这点上看，宪法监督权作为司法权仍然是被动的。

（四）宪法监督机关只服从法律

德国学者拉德布鲁赫曾指出：“司法的任务是通过判决确定是非曲直，判决为一种‘认识’，不容许在是非真假问题上用命令插手干预。因此法院没有义务，甚至没有资格去服从行政机关及其首脑即政府的指示。”① 为了保证法院在行使司法权时做到只服从法律，而不受个别命令的干扰，近代各国普遍以“司法独立”作为司法制度建立和活动应遵循的原理。法院在外部独立于行政机关和立法机关；法院系统内部，上下级之间是监督和被监督的关系；法院的法官之间相互独立，不存在行政的隶属关系，并建立诸如法官终身制、法官高薪制、法官专职制等来保障法官的独立地位。如果法院及法官对案件的裁判除了服从法律外，还要服从个别的命令的话，当这些个别命令与法律相一致时，不会产生什么问题。但即便是这样，由于个别命令不像法律那样是事先制定的，并具有公开性、普遍适用性，往往针对具体的事项而发布，特殊性有余而普遍性不足，因

---

① ［德］拉德布鲁赫著：《法学导论》，米健等译，中国大百科全书出版社 1997 年版，第 101 页。

而容易导致普遍正义受到侵害。如果说个别命令与法律的规定，或者与法律体现的价值相违背，但却加以执行的话，必然会导致法律所具有的公平、正义、自由、人权的价值难以实现。

由于宪法监督的特殊性，宪法监督机关往往只设有一级，至少是不像普通法院那样设有多级。在这样的情况下，宪法监督机关更需要独立于其他的机关，否则，国家整个的宪法监督制度将难以有效地发挥作用。①

还有，司法机关在审理并裁决各种纠纷的过程中，所依据的法律有不同的形式和效力等级。但对宪法监督机关而言，由于其审查的对象中本身就包括了法律、法规的合宪性争议，所以，宪法监督机关只服从的那个法律只能是国家的宪法，而不能包括宪法以下的法律规范。这是由宪法的最高法律地位和效力决定的，是宪法监督权力所具有的特殊性的表现，但在根本上，并不违背宪法监督权作为司法权所遵循的只服从法律的原则。

## 二　代表机关监督体制的合理性

中国为什么采取代表机关来监督宪法实施的体制？这其中不可避免地存在着苏联影响的因素。1924 年的苏联宪法关于最高权力机关职权的规定中，第二十三项是："废除各加盟共和国苏维埃代表大会及中央执行委员会与本宪法相抵触的各项决定。"1936 年的苏联宪法第十四条第（4）项更是明确规定："监督苏联宪法遵行情形，保证加盟共和国宪法与苏联宪法适合。"在当时社会主义阵营中，苏联处于老大哥的地位，其他社会主义国家的体制程度不约而同地都具有模仿苏联的制度的成分，再加上中国 1954 年宪法本身就是根据斯大林的建议制定出来的，苏联所采取的由代表机关来适用宪法的体制，无疑会成为中国制宪的时候重要的借鉴对象。这一点，在刘少奇所作的宪法草案报告中有明确的说明："宪法起草委员会在从事起草工作的时候，参考了苏联的先后几个宪法和各人民民主国家的宪法。显然，以苏联为首的社会主义先进国家的经验，对我们有很大的帮助。"② 毛泽东也指出："我们是以自己的经验为主，也参考了苏联

---

① 王广辉：《通向宪政之路——宪法监督的理论与实践研究》，法律出版社 2002 年版，第 46—52 页。

② 刘少奇：《关于中华人民共和国宪法草案的报告》，转引自王培英主编《中国宪法文献通编》，中国民主法制出版社 2004 年版，第 235 页。

和各人民民主国家宪法中好的东西。"①

然而，苏联体制的影响只能说是外部因素，中国之所以采取代表机关适用宪法的体制，决定性的因素是人民代表大会制的权力结构。中国的主流宪法理论认为，在人民代表大会制之下，全国人大为最高国家权力机关，宪法由它来制定和修改，一切重要的国家权力由它来行使，其他机关的权力都被认为来自于人民通过人民代表大会的委托，这些机关在行使人民委托的权力的时候，还必须受人民代表大会的监督。由于宪法具有最高的法律效力，构成国家法律体系的基础，适用宪法无疑应当是国家中的重要权力，由最高国家权力机关来行使，方能显示出这种权力的重要性来。诚如著名宪法学家许崇德所言："由全国人民代表大会行使监督宪法实施之权，这是最高层次也是最高权威的监督了。"② 更何况，在全国人民代表大会为最高国家权力机关、位居其他国家机关之上的情形下，无论是由最高人民法院还是专门设立的机关来适用宪法，行使宪法监督权，既违反民主集中制的原则，又难以真正有效地去监督最高国家权力机关，达不到促使宪法实施的效果和目的。③

也有研究者指出，我国的人民代表大会作为权力机关是绝对的民意代表机关，又是制宪机关、修宪机关和立法机关，使得法律在某种意义上和宪法具有同等的合法性与正当性，法律的合宪性只是宪法最高法律效力条款在形式上的约束力，如果人大认为法律有违反宪法的情形，可以通过修改的方式来纠正，没有必要启动违宪审查程序。因此，我国的民主理论推导出来的违宪审查，实质上是基于国家立法机关拥有绝对主权的理论，而不是用根本法来限制立法机关的立法主权的理论。④

当前有关如何完善我国的宪法监督制度的建议中，主张在现行的代表机关监督体制框架内去寻求解决办法的观点，仍然是强有力的，并且还有进一步加强的趋势。这种主张单纯从形式上看，其合理之处就是不改变现存的权力架构，对现行的体制冲击不大，不会遭遇损害全国人大最高地位

---

① 毛泽东：《关于中华人民共和国宪法草案》，转引自王培英主编《中国宪法文献通编》，中国民主法制出版社 2004 年版，第 264 页。

② 许崇德：《中华人民共和国宪法史》，福建人民出版社 2003 年版，第 312 页。

③ 许崇德、胡锦光：《宪法学》（中国部分），高等教育出版社 2000 年版，第 101 页。

④ 朱福惠、郑琼现：《宪法学原理》，中信出版社 2005 年版，第 254 页。

和权威的质疑，因而更能够为当权者所接受或认同。但是，这样的主张也并非是最合理的。因为在如何完善我国宪法监督制度这一问题上，问题的焦点就是现行的代表机关监督体制不能有效运行，也就是说，我国宪法监督制度存在的诸多问题都与这种体制有关，在不改变这种体制的情形下，现在暴露出来的问题是否能够得到解决，是大有存疑必要的。因为即便是在全国人大或全国人大常委会之下，设立了具体承担宪法监督工作的机构，但这个机构在性质上必然是人大内部的常设工作机构，不具有权力机关的性质，更不是独立的国家机关，而是在权力机关领导下担负某种专门任务的机构。根据目前我国法律的规定，专门委员会作为人大内部的工作机构，由全国人民代表大会产生，受全国人民代表大会领导，对全国人民代表大会负责。在全国人民代表大会闭会期间，各专门委员会受全国人大常委会领导。其主要职责是在全国人大及其常委会的领导下，受全国人大或全国人大常委会的委托，研究、审议和拟定有关议案。

在涉及宪法性争议时，专门机构仅仅是利用其专业化知识，提出有关的建议，最终还要由全国人大或全国人大常委会来进行决定。因此，这样的体制仍然没有解决将立法权与司法权相混同的问题。更为关键的是，这样的体制在涉及人大立法的合宪性争议的解决上，属于自我审查，违背了“自己不能做自己案件法官”的法治主义的基本精神。①

在何以要实行代表机关监督体制的问题上，我们显然是以人民代表大会制下遵循的“议行合一”原则为立论基础的。根据这一原则，社会主义国家的代表机关不是立法机关，而是权力机关的性质。作为权力机关，意味着它不仅行使国家的立法权，更关键的是还要负责所制定法律的执行，以保证人民的意志在代表机关的监督之下得到真正的实现。因此，社会主义国家的权力架构中，代表机关在地位上高于其他机关，其他机关则向代表机关负责，受代表机关的监督。而宪法被认为是人民根本意志的集中体现，由代表机关制定或修改，倘若由其他机关负责监督其实施，就会发生地位低者监督地位高者的问题，形成所谓的反向监督，违背人民代表大会制度下代表机关与其他机关之间的监督与被监督关系，客观上形成制衡的关系。这样的话，全国人大的最高权力机关地位将无法确保，人民代

① 周永坤:《政治文明与中国宪法发展》,《法学》2003 年第 1 期。

表大会制下的金字塔式的权力结构将会被打破。

上述的分析表明，我们之所以采取代表机关的宪法监督体制，归结到一点，就是为了维持全国人大的最高地位，维持权力机关对其他机关的单向监督关系，而最高权力机关不受任何监督，具体地说是不受法律上所设置机关的监督。这实际上隐含的意思是，全国人大作为最高国家权力机关，是无所不在和无所不能的，是全能性的机关。它的意志就等同于人民的意志，它的行为就是人民的行为。也就是将人民的代表者等同于人民本身了。因为在人民主权也就是国家一切权力属于人民的理念之下，人民作为主权者的意志是至高无上的，是不受任何限制和约束的，当然不能由人民中的一部分，特别是人民组织的机关，来对其进行审查。

但问题在于，人民是由一个个具体的人组成的，但人民主权中的人民是在整体的意义上讲的，是不可分割的，不能等同于现实中的具体的人，即便是其中的绝大多数，也不能等同于人民本身，仍然是人民中的一部分。从这个意义上讲，作为主权者的人民仅仅是一个逻辑上存在的主体，而不是现实中可以显现的主体。这类似于西方文化中的上帝，信奉者都承认其存在，也都认同其享有至上的权威，但却无法与之面对，因而才具有神圣性与超越性，才会不为尘世的诸多问题所困扰而保持其至高无上的地位，才能成为现实中的人所信奉的基本价值的源泉。居于上帝之位的人民在道德上是没有恶的，代表的是绝对的善，所以它的意志才是至高无上的，是不需要受到任何约束或限制的，才能成为主权者。因为善还需要限制吗？至善至美不是我们所追求或向往的最美好境界吗？我们要约束和限制的只能是恶，而抑恶的目的不过是扬善。政治宪法学的主张者提出了“人民也会堕落”的命题，[①] 如果这个命题能够成立的话，岂不等同于尼采哲学宣告“上帝已经死亡”那样，造成我们所信奉的基本价值根基的坍塌。

人民是至高无上的，但绝不意味着代表人民的个人或机关是至高无上的；人民是善的，同样不意味着代表人民的个人或机关一定都是善的，不会做出违背人民意志的恶行来。有学者指出，我们之所以对权力机关以外的机关行使违宪审查权不能加以接受，其根本的原因，是将人民代表大会

---

① 高全喜等：《人民也会腐化堕落——政治宪法学对话第4场实录》，北大公法网，2010年7月6日。

的最高性理解为不受牵制，这种观念是中世纪集权思想的变种。[①] 因此，现实中的任何个人、组织和机关，无论是否具有人民代表者的身份，都不能不受制约和限制，特别是享有和行使国家权力的机关，必须在法律的范围之内去运用所掌握的权力，而不能居于至高无上的地位。

同样地，在宪法政治制度之下，宪法被假定为是人民意志的直接表达，而人民的意志是至高无上的，宪法才能够居于最高的地位，享有最高的法律效力。既然宪法的地位和法律效力最高，也就意味着任何个人、组织和机关都必须臣服于宪法之下，服从宪法的权威，遵守宪法的规定，因而也就可以逻辑地得出结论，在宪法之下，是没有所谓的至高无上机关的。至于说全国人大的最高权力机关地位，在宪法政治的话语中，就不能在绝对的意义上来理解，只能是在国家机构体系中，不同国家机关之间的关系下来认识。[②]

对于全国人大的最高地位，在国家机构体系中，可以从两个方面来看待：一是在权力机关的体系中，全国人大的地位最高，这是全国人大最高权力机关地位的本意。因为《宪法》第 57 条的规定是："中华人民共和国全国人民代表大会是最高国家权力机关。"其中"最高"是对"国家权力机关"进行的修饰或限定；二是在由国务院、最高人民法院、最高人民检察院以及中央军事委员会这些在各自的系统内居于最高地位的机关所构成的中央国家机关中，全国人大的地位也高于其他机关，因而才成为最高的机关。由此可见，全国人大的最高地位是在与其他机关相比较的意义上来讲的，就像国务院为最高行政机关是在行政机关系统内部而言一样，因为我们不能根据这一规定认为国务院的最高地位具有决定性。倘若这样来理解，那么困惑我们的问题就有可能得到化解，全国人大是否应当受到监督，特别是在宪法监督中应否将全国人大的行为，特别是立法行为以及由此行为产生的法律纳入其中，就不应该成为什么不可破解的难题了，也就为我们思考选择什么样的宪法监督体制找到了突破口或支撑点。即便是在全国人大之外设立一个机构来行使宪法监督的权力，也并非是什么不可能的事情了。诚如有学者所指出：政治文明不允许超越宪法和法律之上的主体。人民代表大会是立法者，本身也要遵守法律，特别是遵守宪法，这

---

① 周永坤：《政治文明与中国宪法发展》，《法学》2003 年第 1 期。

② 胡锦光：《违宪审查比较研究》，中国人民大学出版社 2006 年版，第 350 页。

是不言而喻的。既然它有遵守宪法和法律的义务，就必须接受它在的主体的评价，即接受法院的合法性与合宪性评价，否则，人民代表大会遵守宪法就没有制度上的保障，而停留在道德上的要求上。政治文明也不允许存在不受牵制的权力，人民代表大会的立法接受司法评价，是维护人民主权的需要，更是对人民代表大会进行牵制的体现。①

至于说在全国人大之外设立专门机关行使宪法监督权，是否会威胁到全国人大的最高权力机关地位，损害全国人大的权威，只要我们不将全国人大的地位和权威在绝对的意义上来理解，这样的疑问就不应该出现。坚持由全国人大行使宪法监督权，担心在全国人大之外设立宪法监督机关会损害人大的权威的主张，实际上是对全国人大最高权力关的性质作了绝对化的理解，似乎只要是重要的国家权力，都应该由全国人大来行使，否则，就会削弱全国人大的权威。问题的关键在于，所谓重要的国家权力如何去判断，有绝对重要的国家权力吗？国家权力是否重要，恐怕也只能在相对的意义上来理解。

所有的国家权力，都担负着实现某种国家职能的作用，缺乏任何一个，都会导致国家作用的完整发挥受到损害。我们能够说行政权或司法权不重要吗？是否因此需要将行政权和司法权都集中到人大的手中来行使。那样的话，国家权力的合理分工将不复存在，建立在这种分工基础上的国家职能的实现也就得不到保障。笔者的理解是，作为权力机关行使的重要权力，应该是需要人民通过其代表来表达意愿，在此基础上作出决断的事项的权力，以便为其他机关的执行提供依据和标准。凡是属于执行事项的权力，都可以设立其他机关来运用，不需要划归人大来行使。监督宪法实施的权力显然属于执行的权力，前面已经对宪法监督权的司法权性质作了充分的分析，在全国人大之外设立专门机关，实质上也就是同设立法院来行使审判权、设立行政机关来行使行政权一样，与我们目前的权力机构并不相违背，实际上仍然是坚持了我们的根本政治制度——人民代表大会制。②

试想一下，全国人大的最高地位既然不是绝对的，作为现实存在的机关，其如何组成，享有哪些职权，如何进行活动，都必须遵照宪法的规

① 周永坤：《政治文明与中国宪法发展》，《法学》2003 年第 1 期。

② 王振民：《中国违宪审查制度》，中国政法大学出版社 2004 年版，第 385 页。

定，这也就意味着全国人大也在宪法之下，不能凌驾于宪法之上，其最高权威是在遵守宪法的前提下获得的。我们不能说，因为全国人大是最高权力机关，即便是从事了违反宪法的行为，制定了违反宪法的法律，这种所谓的最高权威也应该维护。如果是这样的话，宪法的最高权威何以能够存在？宪法的最高法律效力又何以能够实现？更何况，我国的宪法明确规定，一切法律、行政法规和地方性法规都不得同宪法相抵触，既然是一切的法律，当然也包括全国人大制定的法律，全国人大的立法没有游离于宪法监督对象之外的理由。宪法的这一规定所表明的是，全国人大制定的法律也有发生违反宪法的可能性，如果没有可能性的话，宪法的这一规定岂不成了画蛇添足？另外，宪法还规定，一切违反宪法和法律的行为都必须追究，自然也包括全国人大有可能采取的违反宪法的行为，不能说全国人大是最高权力机关，就不会违反宪法，这样的判断在法理上是不成立的。因此，以全国人大是最高权力机关为理由，将其排除在宪法监督的对象之外，本身就是不符合宪法精神的。

在承认全国人大也不能违反宪法，否则也应承担相应的法律责任的前提下，就需要去思考在全国人大之外建立专门的宪法监督机关，或者由司法机关行使宪法监督权，是否会损害全国人大的最高权力机关地位与权威的问题。

所谓损害，应当是指对某种正当利益的侵犯而造成的利益主体无法去获得该利益，或者导致获得的程度降低、数量减少。因此，被认定为受损害者必须是其本应获得的利益是正当的。就宪法监督而言，如果是在人大之外设立专门的机构履行宪法监督的职责，是否必然产生损害全国人大权威的结果，需要进行理性的分析，而不是仅凭主观上的臆想与猜测。

只要在全国人大之外设立专门机关行使宪法监督权，必然会损害全国人大最高权威的前提是，凡是涉及的合宪性争议，都与全国人大有关，而且无论全国人大的行为或立法是否合乎宪法，都会被专门机关认定为违宪，导致全国人大不能正常履行其职责。这样的情形是否会发生？我们认为是根本不会的。

首先，并非任何的合宪性争议都涉及全国人大。在可能发生的合宪性争议中，其大部分应该说与全国人大无关，如全国人大常委会的立法与作出的决定、国务院制定的行政法规、地方人大制定的地方性法规、民族自治地方制定的自治条例与单行条例等，这些规范性文件的合宪性争议就与全国人大无关，对这些合宪性争议作出的处理，不会损害全国人大的权威。

其次，专门的宪法监督机关会依法慎重的处理合宪性争议。倘若发生的合宪性争议是由全国人大的立法或行为引起的，专门的宪法监督机关受理以后会根据宪法的规定和精神，在缜密分析的基础上来作出判断，既不会不分青红皂白一律认定全国人大违宪，也不会在理由不充分的情形下，就轻易地采信认为全国人大违宪主张者提出的根据，并毫无原则地支持其主张而判定全国人大的立法或行为违反宪法。

再次，专门的宪法监督机关在处理合宪性争议时，要遵循“合宪性推定”原则。从国外的宪法审查实践看，在合宪性争议发生以后，宪法监督机关在处理该争议的时候，需要遵循“合宪性推定”的原则。① 要作出违反宪法的判断，必须有十分充分的理由，而且要达到几乎没有怀疑余地的程度。倘若认定违反宪法和合乎宪法的理由都存在，那就只能推定受争议的立法或行为是合乎宪法的，而不能作出违宪的判断。平心而论，全国人大有可能采取违宪的行为或进行违宪的立法，但这种可能绝非经常发生，也不会简单到让人一看就非常清晰和确定的程度。既然是争议，双方各自会有支持自己主张的理由，宪法监督机关所要做的，就是去分析争议双方所提出的支持自己主张的理由，结合自己对宪法精神的理解，然后基于“合宪性推定”的原则来作出判断。

最后，无论专门机关处理合宪性争议的结果如何，都会使全国人大的权威建立在更为稳固的宪法基础上。专门的宪法监督机关处理合宪性争议的结果，如果是认定全国人大没有违反宪法，反倒是维护或支持了全国人大的权威，根本不会存在损害全国人大权威的问题；如果是认定全国人大违反宪法，那么这样的结论也不构成对全国人大权威的侵犯，因为全国人大的权威是建立在遵守宪法的基础上的，没有人会认同存在全国人大违反宪法的权威这样的主张。

## 三 宪法监督制度完善及发挥作用的外部环境

根据前面的介绍可以看出，目前宪法学界甚至是其他学科领域的研究

---

① 欧爱民：《宪法实践的技术路径研究——以违宪审查为中心》，法律出版社2007年版，第83—98页。

者，都在关注中国宪法监督制度如何完善的问题，并针对这一问题，提出了许多有价值的建议，并对这些建议具有的合理性以及实行的必要性，进行了一定的论证。单纯从应然的意义上来看，倘若实行这些宪法监督制度建议的话，确实有助于我国宪法监督工作的有效落实，使法的权威得到充分的实现。与此同时，我们也应当看到，任何的理论设想都具有其局限性，那就是不可能将有关的因素都完全考虑进去，往往选择的方案与因素都是研究者自认为比较重要的方面。即便是这些所谓的重要影响因素，实际产生的效果，也无法像自然科学那样通过一定的试验来进行验证，以得出可靠的结论。因此也就不可避免会受到研究者认识能力与水平的影响，造成设计的方案与实施的效果之间存在难以消除的差距。

另外，各种有关我国宪法监督制度完善的主张，都围绕着宪法监督体制这一核心问题而展开，各种的建议多为在对各国宪法审查模式比较分析基础上，对中国宪法监督机构，包括人员的配备、资格条件、受理案件的范围等技术性问题的建构。① 这给人造成的印象是，我国宪法监督制度所存在的诸多问题，都是因为没有专门的机构来运用宪法监督权所导致，似乎只要是按照这样的方案实施，中国目前的宪法监督不力问题就会迎刃而解。

但从根本上讲，我国宪法监督制度的症结所在，不是采用什么监督体制的问题，更不是人员如何配备的问题，而是宪法监督机制发挥作用的外部环境是否适宜的问题。

宪法监督制度的有效运行，本身就是法治的组成部分，也就是以国家法治的实行与成熟为前提。因为只有在法治的国家中，法律的权威才会树立起来，宪法的最高权威才有实现的可能，才需要通过宪法监督制度的有效运行来维护宪法权威，特别是对破坏宪法的行为给予处理和制裁，宪法监督制度的运转才会变得迫切与必要。

具体而言，宪法监督制度的有效运行所需要的制度环境是：将所有发生的纷争，无论是政治方面的，还是经济方面、社会方面的，都尽可能地转化为法律性的，然后运用法律的技术去解决，有学者称之为“政治问题法律化，法律问题技术化”。那么，中国当前是否已经达到了这样的程

① 林来梵：《宪法审查的原理与技术》，法律出版社2009年版，第5页。

度呢？应该说还没有。虽然我们的宪法在 1999 年的修正案中明确规定了建设法治国家的目标，但写在宪法文本中是一回事，现实中是否能够实现以及实现的程度如何又是另一回事。因为通过一定的法律程序将其写入到宪法以及相关的法律文本之中相对比较简单，而要落实到现实之中，对于我们这样一个有着悠久的人治传统的国家而言，绝非一件容易的事情，必须通过巨大的社会变革才能逐步地实现。改革开放以来，我国社会已经发生了很大的变化，特别是在经济建设方面取得了巨大的成就，法制建设的成就也可圈可点，社会主义法律体系的基本框架已经搭建起来，过去那种无法可依的局面已经得到改变。然而现实的情况却是，法律数量上的巨大增加与对法律的严格遵守之间，还存在着非常大的紧张关系，在某种程度上可以说，是由过去的无法可依转变为今天的有法不依。在当前，法律的权威并没有真正地树立起来，遵守法律还没有内化在人们的思想意识中成为自觉的行为，特别是国家的公权力并没有真正地臣服于法律的权威之下，国家机关在行使公权力的过程中不依法办事、严重侵犯个人权利的情况还比较普遍。这使得我们在国家治理和社会管理方面，还不能够做到将有关的社会矛盾和纠纷转化为法律上的争议，然后运用法律的技术去解决，更多的时候是采取政治的、人治的办法，甚至是违反法律的方式去处理。即便是很多非常典型的、单纯法律上的纠纷，在某些政治思维、政治观念的支配下，也不去采取法律的办法解决，形成了典型的政治司法而不是法律司法的现象。这样的做法，无疑对人们本来就比较脆弱的法律意识的树立起到了消解的作用，使得人们在纠纷的解决上，不去寻求法律上的诉讼渠道，而是采取信访、找关系等渠道去寻求解决，这就为某些人在诉讼中无法实现其不正当诉求时，意图通过其他“非法律渠道”得以实现的机会主义，提供了可能之门、可乘之机，这更加削弱了法律在纠纷的解决上应有的权威性。

因此，在中国当前的社会中，虽然法治已经成为我们追求的目标，但无论是法治国家还是法治社会，都与我们之间还存在着需要艰苦努力才能接近的距离。在治国的方式与风格上，还无法做到将“政治问题法律化，法律问题技术化”的程度。如果说在法治的国家中是尽可能地讲政治问题法律化的话，当下的中国仍然处于尽可能将法律问题政治化的状态，不要说政治问题我们还不能够将其转变为法律问题，就连典型的法律问题，我们也有意无意地将其政治化。当然，对于宪法而言，其政治色彩本身就比较浓厚，宪法争议的很多方面都不可能是单纯的法律问题，往往是与政治问题杂糅在一起。而宪法监督实际上就是尽可能地将夹杂政治问题的宪法争议运用法律的办法去解决，避免政治解决办法具有的不确定性和缺乏权威性。而在我们还无法做到“政治问题法律化，法律问题技术化”的情形下，对宪法上争议解决的法律化需求是存在严重不足的，这就在客观上使得宪法登场的机会大大减少。再加上全国人大及其常委会作为宪法监督机关本身，对宪法监督权的运用缺乏内在的动力，是否启动对法律、法规的合宪性审查程序，几乎完全取决于全国人大及其常委会是否自愿，《立法法》规定的特定机关以外的国家机关、社会组织、公民个人提出的审查请求，对全国人大及其常委会是否启动审查程序不具有约束力，从而造成了宪法监督机制实际运行上的疲软甚至是不具有实效性。

如果上述这些方面的问题不能得到有效地解决，也就是不能为宪法监督营造一个良好的法治环境，那么所有关于如何完善我国宪法监督制度的建议方案，最终都可能是纸上谈兵。不要说有关的宪法监督机构无法建立起来，即便是建立起来，也可能只是一个形式化的东西，不能真正发挥其作用。

除了法治环境之外，中国的宪法监督要想真正得到落实和取得实效，还有一个政治体制的改革问题。在我们这样的一个党的权力和国家权力共存的体制下，而且是党的领导权力掌控着国家权力，很多的决策实际上是由党作出的，国家机关只起一个将其合法化的作用。在此情形下，一些公权力行为、相关立法发生的合宪性争议，表面上看起来是有关的国家机关所为，但党实际上是决策者，国家机关实际上则是执行者。对这样的合宪性争议的解决，不可避免会涉及党的行为的合宪性问题。如果最后认定并不违反宪法，则不会有什么问题。倘若认定为违反宪法，到底应该如何承担责任，应当是表面上做出行为的国家机关还是实际上做出决策的党的组织。对此，需要认真的研究和妥当的处置。我国的宪法在序言中规定，一切政党都负有维护宪法尊严，保障宪法实施的职责，其中当然也包括中国共产党；宪法总纲规定，一切违反宪法和法律的行为必须予以追究，自然不能将党组织的行为排除在外。中国共产党的章程更是明确规定，党也必须在宪法和法律的范围内活动。有了这样的宪法制度基础和政党政治理念，我们总会设计出符合中国国情的宪法监督体制与运作机制，当然，这需要艰苦的制度建设努力和广为凝聚的党和国家共识。

基于上面的分析，可以得出的结论是，在中国，影响宪法监督制度的完善与有效发挥作用的，既有宪法监督体制本身的，也有宪法监督体制之外的因素，特别是政治体制方面的制约与影响。因此，宪法监督制度中存在的问题要想得到比较圆满的解决，仅仅从宪法监督制度本身着手是不够的，因为没有找到问题的症结所在，没有抓住问题的实质。这样的制度设计方案所能够解决的，基本上属于皮毛的问题。正因为如此，有研究者在分析我国的宪法监督制度问题时，将其与政治体制的改革相联系，应该说是相当有针对性的。为此而提出的建议是，除了设立宪法法院专门负责宪法监督工作之外，还需要配套进行的政治体制改革。例如一些改革建议措施的内容是：对全国人大进行改革，减少全国人大代表的名额，以 3000 人左右为适宜，5 年召开一次全体会议，主要负责修改宪法、组织其他的国家机关，不再行使立法权和宪法监督权。对全国人大常委会进行改革，主要的措施是国家的立法权完全由其行使，原来由全国人大行使的重大事项决定权、批准权也划归全国人大常委会；但宪法监督权在设立宪法法院的情形下，全国人大常委会也不再享有。这样就将修改宪法、制定法律和宪法监督三项事务区别开来，分别由三个不同的机关行使，避免了现行体制下存在的频繁修宪、利益冲突、违宪审查无法启动的矛盾。①

诸如此类体制环节的理顺，要求进行政治体制的改革。政治体制改革首先就需要对过去我们所遵循和坚持的一些理念进行必要的反思，消除这些思想对人们观念造成的禁锢或阻碍。现今的中国社会，市场经济的实行和建设法治国家目标的确立，使得原来立足于计划经济和人治基础上的社会结构发生了巨大的转变，我们现在的重要制度，如人民代表大会制度毕竟是在过去的环境下建立和运行的，不可避免会留下这些环境所遗留下的痕迹，需要我们在新的历史背景下进行改造与变革，方能使其适应新的环境，发挥出更大的效用。就宪法监督而言，在过去的人治模式之下，国家为治理上的需要而采取的重要政策，包括立法由全国人大这个最高权力机关来作出，并对其合宪性不发生质疑当然是可以的。但现在则不同了，法

---

① 王振民：《中国违宪审查制度》，中国政法大学出版社 2004 年版，第 388—391 页。

治国家所要求的是国家的治理在形式上要体现为有法可依，在实质上则要求所依据的法律不能侵犯人权，当立法机关制定的法律发生合宪性争议的时候，要由一定的专门机关依据宪法进行审查。这样的情形之下，代表机关立法的合宪性审查，就是一个需要直接面对的问题。

基于上述的分析，在我国宪法监督制度的完善和发展方面，我们就不能以宪法规定的全国人大最高权力机关的地位为依据，拒斥代表机关监督体制之外的其他监督模式的选择与考量，更不能据此而将全国人大及其常委会作为不受监督的机关而排斥在宪法监督的范围之外。当然，考虑到上面已经指出的宪法监督制度的完善与发展必须与政治体制的改革相匹配，在当前政治体制改革还没有取得实质性进展的前提下，特别是在国家治理的风格上，人治的色彩依然非常浓烈，对治理过程中面临的各种问题，还不能做到“政治问题法律化、法律问题技术化”的情形下，贸然采取代表机关以外的监督体制，同样不能收到我们所期望的效果。还有，当前我国宪法监督中面临的核心问题，还不是全国人大立法的合宪性争议，而是行政法规、地方性法规的合宪性问题。有鉴于此，笔者的建议是，在当前可以维持由全国人大及其常委会行使宪法监督权的体制，但要加强和完善对规范性文件进行审查的有关机制，特别是对一些受到高度关注的合宪性争议问题，要及时启动审查的程序，以此来增强人们对宪法监督作用的感受，满足社会对宪法监督作用发挥的期盼。

除了对行政法规、地方性法规等规范性文件的合宪性审查之外，还有一个重要的方面，那就是对宪法规定的基本权利发生纠纷或争议时的救济。这方面的工作由全国人大或全国人大常委会开展显然不切实际，可以考虑由法院来进行。法院可在两种情形之下，开展基本权利受到侵犯时的救济工作。一是利用普通法律中的权利，来对基本权利进行救济。因为很多的基本权利是在普通法律中被具体化的，法院可以利用其外壳，实质性地开展基本权利救济的工作。二是对没有被普通法律具体化的基本权利，也就是没有普通法律权利这一外壳可以借用的时候，在没有将法院的审判权扩大到包括宪法性争议案件的情形下，可以考虑由最高人民法院向全国人大常委会提出请示，由全国人大常委会批复同意，或者由全国人大常委会做出决定，授权最高人民法院对基本权利案件进行审判的方式，解决目前存在的制度漏洞。

# 关键词索引

# 参 考 文 献

**著作类**

1. ［奥］凯尔森：《法与国家的一般理论》，沈宗灵译，中国政治大百科全书出版社 1996 年版。
2. ［德］G. 拉德布鲁赫：《法哲学》，王朴译，法律出版社 2005 年版。
3. ［德］弗里德里希·卡尔·冯·萨维尼：《法律冲突与法律规则的地域和时间范围》，李双元等译，法律出版社 1999 年版。
4. ［德］哈贝马斯：《在事实与规范之间》，童世骏译，生活·读书·新知三联书店 2003 年版。
5. ［德］考夫曼：《法律哲学》，刘幸义等译，法律出版社 2004 年版。
6. ［美］P. S. 阿蒂亚、R. S. 萨默斯：《英美法中的形式与实质》，金敏等译，中国政法大学出版社 2005 年版。
7. ［美］保罗·布莱斯斯特等编著：《宪法决策的过程：案例与材料》，张千帆、范亚峰、孙雯译，中国政法大学出版社 2002 年版。
8. ［美］本杰明·卡多佐：《司法过程的性质》，苏力译，商务印书馆 1998 年版。
9. ［美］波斯纳：《联邦法院：挑战与改革》，邓海平译，中国政法大学出版社 2002 年版。
10. ［美］伯纳德·施瓦茨：《美国最高法院史》，毕洪海等译，中国政法大学出版社 2005 年版。
11. ［美］汉密尔顿、杰伊、麦迪逊：《联邦党人文集》，程逢如等译，商务印书馆 1980 年版。
12. ［美］路易·法沃勒：《欧洲的违宪审查》，郑戈、赵晓力、强世功译，载《宪政与权利》，三联书店 1996 年版。
13. ［美］路易斯·亨金、阿尔伯特·J. 罗森塔尔编：《宪政与权利》，郑戈等译，生活·读书·新知三联书店 1996 年版。
14. ［美］罗尔斯：《政治自由主义》，万俊人译，译林出版社 2000 年版。
15. ［美］罗斯科·庞德：《普通法的精神》，夏登峻译，法律出版社 2001 年版。
16. ［美］迈尔文·艾隆·艾森伯格：《普通法的本质》，张曙光等译，法律出版社 2004 年版。
17. ［日］阿部照哉等编著：《宪法》（上册），周宗宪译，中国政法大学出版社 2006 年版。
18. ［日］宫泽俊义：《日本国宪法精解》，董璠舆译，中国民主法制出版社 1990 年版。
19. ［日］谷口安平：《程序的正义与诉讼》，王亚新译，中国政法大学出版社 2002 年版。
20. ［日］芦部信喜原著，高桥和之增订：《宪法》（第三版），林来梵、凌维慈、龙绚丽译，北京大学出版社 2006 年版。
21. ［意］卡佩莱蒂：《比较法视野中的司法程序》，徐昕、王奕译，清华大学出版社 2005 年版。
22. ［英］阿克顿：《自由与权力》，侯健、范亚峰译，商务印书馆 2001 年版。
23. ［英］约翰·密尔：《论自由》，许宝骙译，商务印书馆 1959 年版。
24. 《毛泽东著作选读》（下册），人民出版社 1986 年版。
25. 薄贵利：《集权分权与国家兴衰》，经济科学出版社 2001 年版。
26. 北京大学法学院司法研究中心编：《宪法的精神——美国联邦最高法院 200 年经典判例选读》，中国方正出版社 2003 年版。
27. 蔡定剑：《宪法精解》，法律出版社 2006 年第 2 版。
28. 陈嘉陵主编：《各国地方政府比较研究》，武汉出版社 1991 年版。
29. 陈力铭：《违宪审查与权力制衡》，人民法院出版社 2005 年版。
30. 陈云生：《宪法学原理》，北京师范大学出版社 2009 年版。
31. 陈云生：《中国民族区域自治制度》，经济管理出版社 2001 年版。
32. 程洁：《宪法、社会多元与特别行政区制度——中央与特别行政区关系法治化探讨》，法律出版社 2012 年版。

33. 戴小明：《民族区域自治制度的宪政分析》，北京大学出版社 2008 年版。
34. 董和平、韩大元、李树忠：《宪法学》，法律出版社 2000 年版。
35. 董和平主编：《宪法》，中国人民大学出版社 2004 年版。
36. 郭道晖编：《当代中国立法》，中国民主法制出版社 1998 年版。
37. 郭殊：《中央与地方关系的司法调控研究》，北京师范大学出版社 2010 年版。
38. 国务院发展研究中心港澳研究所编写：《香港基本法读本》，商务印书馆 2009 年版。
39. 韩大元、林来梵、郑贤君：《宪法学专题研究》，中国人民大学出版社 2004 年版。
40. 韩大元主编：《比较宪法学》（第二版），高等教育出版社 2008 年版。
41. 胡锦光、韩大元：《中国宪法》，法律出版社 2010 年版。
42. 胡锦光：《宪法学原理与案例教程》，中国人民大学出版社 2006 年版。
43. 胡锦光：《中国宪法问题研究》，新华出版社 1998 年版。
44. 胡锦光主编：《违宪审查比较研究》，中国人民大学出版社 2006 年版。
45. 焦洪昌主编：《港澳基本法》，北京大学出版社 2007 年版。
46. 李步云：《宪法比较研究》，法律出版社 1998 年版。
47. 李步云编：《立法学研究》，湖南人民出版社 1998 年版。
48. 李元起主编：《中国宪法学专题研究》（21 世纪法学系列教材法学研究生用书），中国人民大学出版社 2009 年版。
49. 李忠：《宪法监督论》，社会科学文献出版社 1999 年版。
50. 林广华：《违宪审查制度比较研究》，社会科学文献出版社 2004 年版。
51. 林来梵：《宪法审查的原理与技术》，法律出版社 2009 年版。
52. 林来梵：《从宪法到宪法规范》，法律出版社 2001 年版。
53. 刘茂林：《宪法学》，中国人民公安大学出版社、人民法院出版社 2003 年版。
54. 刘茂林：《中国宪法导论》，北京大学出版社 2005 年版。
55. 刘向文：《俄国政府与政治》，五南图书出版股份有限公司 2002 年版。
56. 刘兆兴：《德国联邦宪法法院总论》，法律出版社 1998 年版。
57. 芦部信喜：《宪法》（第三版），林来梵、凌维慈、龙绚丽译，北京大学出版社 2006 年版。

58. 骆伟建：《“一国两制”与澳门特别行政区基本法的实施》，广东人民出版社 2009 年版。
59. 莫纪宏、李忠：《宪法学》，社会科学文献出版社 2004 年版。
60. 莫纪宏：《宪政新论》，中国方正出版社 1997 年版。
61. 莫纪宏主编：《违宪审查的理论与实践》，法律出版社 2006 年版。
62. 莫纪宏：《宪法审判制度概要》，中国人民公安大学出版社 1998 年版。
63. 欧爱民：《宪法实践的技术路径研究——以违宪审查为中心》，法律出版社 2007 年版。
64. 任进：《比较地方政府与制度》，北京大学出版社 2008 年版。
65. 任进：《和谐社会视野下中央与地方关系研究》，法律出版社 2012 年版。
66. 施启扬：《西德联邦宪法法院论》，台湾商务印书馆 1996 年版。
67. 宋小庄：《论“一国两制”下中央和香港特区的关系》，中国人民大学出版社 2003 年版。
68. 孙柏瑛：《当代地方治理》，中国人民大学出版社 2004 年版。
69. 孙笑侠：《程序的法理》，商务印书馆 2005 年版。
70. 童建华：《英国违宪审查》，中国政法大学出版社 2011 年版。
71. 童之伟、殷啸虎、刘松山：《宪法学》，清华大学出版社 2008 年版。
72. 王广辉：《通向宪政之路——宪法监督的理论和实践研究》，法律出版社 2002 年版。
73. 王广辉主编：《通向宪政之路——宪法监督的理论和实践研究》，法律出版社 2002 年版。
74. 王磊：《宪法的司法化》，中国政法大学出版社 2000 年版。
75. 王叔文主编：《香港行特别行政区基本法导论》（第三版），中国民主法制出版社、中共中央党校出版社 2006 年版。
76. 王卫明：《东欧国家违宪审查制度比较研究》，中国政法大学出版社 2008 年版。
77. 王振民：《中央与特别行政区关系》，清华大学出版社 2002 年版。
78. 王振民：《中国违宪审查制度》，中国政法大学出版社 2004 年版。
79. 《宪法学》编写组：《宪法学》（马克思主义理论研究和建设工程重点教材），高等教育出版社、人民出版社 2011 年版。
80. 肖蔚云主笔：《香港基本法讲座》，中国广播电影电视出版社 1996

年版。
81. 辛向阳：《大国诸侯：中国中央与地方关系之结》，中国社会出版社 2008 年版。
82. 熊文钊主编：《大国地方：中国与地方关系法治化研究》，中国政法大学出版社 2012 年版。
83. 许崇德：《中华人民共和国宪法史》，福建人民出版社 2003 年版。
84. 许崇德主编，胡锦光副主编：《宪法》（21 世纪法学系列教材）（第四版），中国人民大学出版社 2009 年版。
85. 许崇德主编：《中国宪法》（第四版），中国人民大学出版社 2010 年版。
86. 薛刚凌主编：《行政体制改革研究》，北京大学出版社 2006 年版。
87. 姚国建：《违宪责任论》，知识产权出版社 2006 年版。
88. 殷啸虎、王月明、朱应平：《宪法学专论》，北京大学出版社 2009 年版。
89. 翟国强：《宪法判断的方法》，法律出版社 2009 年版。
90. 张千帆、肖泽晟：《宪法学》，法律出版社 2004 年版。
91. 张千帆：《西方宪政体系（下册·欧洲宪法）》，中国政法大学出版社 2001 年版。
92. 张千帆主编：《中央与地方关系的法治化》，译林出版社 2009 年版。
93. 张千帆：《宪法学导论》，法律出版社 2004 年版。
94. 张志红：《当代中国政府间纵向关系研究》，天津人民出版社 2005 年版。
95. 中国人民大学宪政与行政法治研究中心编：《宪政与行政法治发展报告》（2005—2006 年卷），中国人民大学出版社 2007 年版。
96. 周旺生主编：《立法学教程》，法律出版社 1995 年版。
97. 周叶中、韩大元：《宪法》，法律出版社 2006 年版。
98. 朱福惠、郑琼现：《宪法学原理》，中信出版社 2005 年版。
99. 朱福惠主编：《社会转型时期的宪法课题》（中国宪法学研究会年会论文集 2007 年卷），厦门大学出版社 2008 年版。
100. 朱国斌：《中国宪法与政治制度》（第二版），法律出版社 2006 年版。

## 论文类

1.《正确处理社会主义现代化建设中的若干重大关系》，载《江泽民文选》（第一卷），人民出版社 2006 年版。
2. 蔡定剑：《中国宪法司法化路径探索》，《法学研究》2005 年第 5 期。
3. 常安：《统一多民族国家的宪制建构——新中国成立初期民族区域自治制度的奠基历程》，载《现代法学》2012 年第 1 期。
4. 陈世润、彭文龙：《民族区域自治：中国特色社会主义民族理论的伟大实践》，载《当代世界和社会主义》2009 年第 4 期。
5. 陈小京：《地方政府管理体制发展趋势探讨》，载《中国机构》2002 年第 6 期。
6. 程洁：《中央管治权与特区高度自治——以基本法规定的授权关系为框架》，载《法学》2007 年第 8 期。
7. 程乃胜：《中央与地方利益调整的宪法机制研究》，载《宪法研究》（第 13 卷），社会科学文献出版社 2012 年版。
8. 法言：《符合中国国情和实际的立法体制》，载《中国人大》2011 年第 16 期。
9. 弗朗兹·肖斯伯格：《欧洲治理的地区与地方维度》，载《社会治理创新——第二届中欧政府高层论坛文集》，国家行政学院出版社 2006 年版。
10. 韩大元：《在宪法的基础上理解和适用香港基本法》，载《港澳研究》2008 年秋季号。
11. 韩大元：《中华人民共和国宪法与香港特别行政区基本法共同构成香港宪制的基础》，载全国人大常委会香港基本法委员会办公室编《纪念香港基本法实施十周年文集》，中国民主法制出版社 2007 年版。
12. 郝铁川：《论中央和地方职能与权限的划分》，载《浙江社会科学》2003 年第 6 期。
13. 洪世宏：《无所谓合不合宪法——论民主集中制和违宪审查制的矛盾及解决》，《中外法学》2000 年第 5 期。
14. 阚珂：《人民代表大会制度中需要研究的若干问题》，《中国人大》2004 年第 1 期。
15. 李昌道：《“一国两制”是香港基本法的法理核心》，载《复旦学报》

2004 年第 6 期。
16. 李海亮、任进：《中央与地方关系的宪法文化解析》，载《国家行政学院学报》2012 年第 2 期。
17. 李林：《香港基本法规定的“高度自治”及其实践》，载《纪念香港基本法实施十周年文集》，中国民主法制出版社 2007 年版。
18. 李琦：《特别行政区基本法之性质：宪法的特别法》，载《厦门大学学报》2002 年第 5 期。
19. 李树忠：《论宪法监督的司法化》，《政法论坛》2003 年第 2 期。
20. 林来梵：《中国的“违宪审查”：特色及生成实态——从三个有关用语的变化策略来看》，《浙江社会科学》2010 年第 5 期。
21. 刘承礼：《理解当代中国的中央与地方关系》，载《当代经济科学》2008 年第 5 期。
22. 刘海波：《中央与地方政府间关系的司法调节》，载《法学研究》2004 年第 5 期。
23. 刘茂林：《香港基本法是宪法性法律》，载《法学家》2007 年第 3 期。
24. 刘少奇：《关于中华人民共和国宪法草案的报告》，见王培英主编《中国宪法文献通编》，中国民主法制出版社 2004 年版。
25. 刘嗣元：《宪法监督司法化若干问题的理论探讨》，《法商研究》2002 年第 3 期。
26. 刘小兵：《中央与地方关系的法律思考》，载《中国法学》1995 年第 2 期。
27. 马岭：《地方立法权的范围》，载《中国延安干部学院学报》2012 年第 3 期。
28. 毛泽东：《关于中华人民共和国宪法草案》，见王培英主编《中国宪法文献通编》，中国民主法制出版社 2004 年版。
29. 莫纪宏：《法治与小康社会》，《中国法学》2013 年第 1 期。
30. 苗连营：《关于设立宪法专责机构的设想》，《法商研究》1998 年第 4 期。
31. 苗连营：《宪法该由谁来解释——中国宪法解释体制反思》，见韩大元等著《现代宪法解释基本理论》，中国民主法制出版社 2006 年版。
32. 潘弘祥、戴小明：《中央与民族自治地方政治关系的制约因素》，载《中南民族大学学报》（人文社会科学版）2004 年第 4 期。

33. 强世功:《宪法司法化的悖论——兼论法学家在推动宪政中的困境》,《中国社会科学》2003 年第 2 期。
34. 乔晓阳:《关于香港基本法的几个主要问题》,载《中央有关部门发言人及负责人关于基本法问题的谈话和演讲》,中国民主法制出版社 2011 年版。
35. 乔晓阳:《如何正确理解和处理好“一国两制”下中央与香港特别行政区的关系》,载《中央有关部门发言人及负责人关于基本法问题的谈话和演讲》,中国民主法制出版社 2011 年版。
36. 乔晓阳:《中央对香港的宪制权力及其实践》,载《中央有关部门发言人及负责人关于基本法问题的谈话和演讲》,中国民主法制出版社 2011 年版。
37. 秦前红:《简评宪法文本关于中央与地方关系的制度安排》,载《河南财经政法大学学报》2007 年第 6 期。
38. 任剑涛:《宪政分权视野中的央地关系》,载《学海》2007 年第 1 期。
39. 任进:《从食品安全法看部门与地方的关系》,载《学习时报》2009 年 4 月 7 日。
40. 任进:《大部制视阈下的中外政府机构:比较与启示》,载《行政管理改革》2011 年第 3 期。
41. 任进:《地方参与全国性事务的宪法分析》,载《哈尔滨工业大学学报》(社科版)2012 年第 6 期。
42. 任进:《进一步推动行政区划改革》,载《学习时报》2011 年 10 月 31 日。
43. 任进:《我国中央与地方的关系及其科学化、法定化》,载《中国法学》(特刊)2002 年 12 月。
44. 任进:《学习毛泽东关于中央与地方关系的论述》,载《科学社会主义研究》1993 年第 12 期。
45. 任进:《依法规范垂直管理机构与地方政府的关系》,载《国家行政学院学报》2009 年第 3 期。
46. 任进:《依法规范地方人大常委会与垂直管理机构的关系》,载《法学杂志》2010 年第 6 期。
47. 任进:《中外地方制度改革的新动向及未来展望》,载《上海行政学院学报》2003 年第 1 期。

48. 上官丕亮：《再探宪法诉讼的建构之路》，《法商研究》2003 年第 4 期。
49. 上官丕亮：《中央与地方关系法治化的宪法文化思考》，载《云南大学学报》（社会科学版）2011 年第 5 期。
50. 沈春耀：《合理划分中央和地方经济社会事务的管理责权》，载《法制日报》2003 年 10 月 30 日。
51. 沈荣华：《纵向行政体制改革：重点领域和思路选择》，载《行政管理改革》2010 年第 5 期。
52. 苏力：《当代中国的中央与地方分权——重读毛泽东论十大关系第五节》，载《中国社会科学》2004 年第 2 期。
53. 孙波：《论地方性事务——我国中央与地方关系法治化的新进展》，载《法制与社会发展》2008 年第 5 期。
54. 唐晓峰：《区域与国家》，载《读书》2011 年第 12 期。
55. 童之伟：《宪法司法适用研究中的几个问题》，《法学》2001 年第 11 期。
56. 屠振宇：《论我国宪法解释的主体》，见韩大元等著《现代宪法解释基本理论》，中国民主法制出版社 2006 年版。
57. 王贵松：《法院：国家的还是地方的》，载韩大元主编《中国宪法事例研究（一）》，法律出版社 2005 年版。
58. 王建学：《论近代中国地方立法的试验及其现代启示》，载《宪法研究》（第 13 卷），社会科学文献出版社 2012 年版。
59. 王建学：《论我国地方试验制度的法治化》，载《宪法研究》（第 10 卷），四川大学出版社 2009 年版。
60. 王锴：《中央与地方法治关系——以地方立法权为视角》，载《宪法研究》（第 13 卷），社会科学文献出版社 2012 年版。
61. 王克稳：《我国违宪审查制度建立的主要法律障碍》，《现代法学》2000 年第 2 期。
62. 王叔文：《我国宪法实施中的几个认识问题》，《中国社会科学院研究生学报》1988 年第 5 期。
63. 王祯军：《论我国公民违宪审查建议权的意义及其完善》，《河北法学》2009 年第 11 期。
64. 王振民：《“一国两制”实施中的若干宪法问题浅析》，载社团法人韩国地方自治法学会编《地方自治法研究》，2006 年 12 月。
65. 王振民：《严格依据基本法处理香港政制发展问题》，载《中国人大》2007 年第 12 期。
66. 吴邦国：《香港的高度自治权来源于中央的授权》，载《人民日报》2007 年 6 月 6 日。
67. 吴邦国：《在纪念中华人民共和国澳门特别行政区基本法实施十周年座谈会上的讲话》（2010 年 12 月 4 日），载《纪念澳门基本法实施 10 周年文集》，中国民主法制出版社 2010 年版。
68. 吴邦国：《在纪念中华人民共和国香港特别行政区基本法实施十周年座谈会上的讲话》（2007 年 6 月 6 日），载《纪念香港基本法实施十周年文集》，中国民主法制出版社 2007 年版。
69. 吴家麟：《论设立宪法监督机构的必要性和可行性》，《法学评论》1991 年第 2 期。
70. 吴知论：《关于中央与地方关系的分析》，载《中国公共服务体制：中央与地方》，中国经济出版社 2006 年版。
71. 夏丽华：《中国共产党处理中央与地方关系思想的发展》，载《毛泽东思想研究》2009 年第 1 期。
72. 肖蔚云：《关于香港特别行政区基本法的几个问题》，载《法学杂志》2005 年第 2 期。
73. 谢庆奎：《中国政府的府际关系研究》，《北京大学学报》（哲学社会科学版）2000 年第 1 期。
74. 熊文钊：《论中国中央与地方府际权力关系的重构》，载《河北法学》2005 年第 9 期。
75. 熊文钊：《中央和地方关系需法律保障》，载《瞭望新闻周刊》2005 年第 49 期。
76. 许崇德、郑贤君：《“宪法司法化”是宪法学的理论误区》，《法学家》2001 年第 6 期。
77. 许崇德：《“宪法司法化”质疑》，《人大研究》2006 年第 11 期。
78. 许崇德：《“一国两制”：具有中国特色的国家发展道路》，载《许崇德全集》（第二卷），中国民主法制出版社 2009 年版。
79. 许崇德：《澳门特别行政区的法律地位》，载《许崇德选集》（第三卷），中国民主法制出版社 2009 年版。

80. 许崇德:《简析香港特别行政区实行的法律》，载《许崇德选集》（第三卷），中国民主法制出版社 2009 年版。
81. 许崇德:《略论我国地方制度的特点》，载《许崇德选集》（第二卷），中国民主法制出版社 2009 年版。
82. 许崇德:《香港回归中的几个法律问题》，载《许崇德选集》（第三卷），中国民主法制出版社 2009 年版。
83. 许崇德:《香港基本法若干用语解读》，载《港澳研究》2007 年第 5 期。
84. 闫晶:《基本法架构下的特区政制及其实践——以香港特区行政、立法、司法的关系为视角》，载《行政法学研究》2011 年第 2 期。
85. 杨海坤、金亮新:《中央与地方关系法治化之基本问题研讨》，载《现代法学》2007 年第 6 期。
86. 杨明泉:《关于加强我国宪法监督的几个问题》，《政治学研究》1988 年第 6 期。
87. 杨明伟:《既讲“北京话”，又讲“地方话”——毛泽东等领导人对中央与地方关系的生动把握》，载《党的文献》2012 年第 3 期。
88. 殷啸虎:《论宪法在特别行政区的适用》，载《法学》2010 年第 1 期。
89. 张千帆:《宪法变通与地方试验》，载《法学研究》2007 年第 1 期。
90. 张友渔:《加强宪法理论的研究》，载《宪法论文选》，法律出版社 1983 年版。
91. 张友渔:《在国际宪法学协会圆桌会议上的发言——关于中国的地方分权问题》，载《张友渔文选》（下卷），法律出版社 1997 年版。
92. 张震:《北京等起行政区划调整的宪法分析——以我国中央与地方关系的法治化为视野》，载《宪法研究》（第 13 卷），社会科学文献出版社 2012 年版。
93. 翟国强:《违宪判决的型态》，《法学研究》2009 年第 3 期。
94. 翟国强:《宪法判断的正当化功能》，《法学研究》2012 年第 1 期。
95. 郑毅:《宪法文本中的中央与地方关系》，载《东方法学》2011 年第 6 期。
96. 周永坤:《政治文明与中国宪法发展》，《法学》2003 年第 1 期。
97. 朱福惠、刘连泰、周刚志:《社会转型时期的宪法课题——中国法学会宪法学研究会 2007 年年会综述》，载《北方法学》2008 年第 3 期。

98. 朱孔武:《地方参与中央决策的法治建构——以整顿地方政府驻京办为例》,载《法学论坛》2009 年第 2 期。
99. 朱孔武:《行政主导与澳门民主治理模式》,载《当代港澳研究》2010 年第 1 期。
100. 朱苏力:《当代中国的中央与地方分权》,载《中国社会科学》2004 年第 2 期。

# 后　　记

现行宪法颁布实施以来，各级立法机关也制定了大量的法律，包括人民代表大会在内的国家组织机构逐渐完善。根据现行宪法的授权，全国人大常委会加快了立法进度，政治、经济、文化等各个领域的法律制度逐步得到完善。不过，现行《宪法》第67条规定的全国人大常委会享有的监督宪法实施和解释宪法的权力，至今还没有法律层面上的规范依据。回顾现行宪法颁布实施三十几年的法律实践，全国人大常委会在监督宪法实施方面作为不大，在解释宪法方面基本没有做出过具有法律效力的宪法解释或宪法判断。在社会主义法律体系形成后，人大立法的主要职能是根据社会发展对法律体系进行修补和完善，大规模立法的时代即将结束。此后如何避免法律体系的碎片化，维持法律制度的统一性将成为法治建设的一个重要任务。整体来看，现有的法律制度仍缺乏一种从宪法层面对法律体系的合宪性和正当性进行统合的优化机制，“法的宪法化”理念尚未获得理论和实践两个角度的彰显，因此，如何对法律体系进行宪法性控制，是全国人大及其常委会发挥宪法监督职能的一个紧迫课题。由于主流政治观念无法接受司法机关做出合宪性判断的制度模式，宪法学界对于宪法实施监督的理论主张，主要还是寄希望全国人大及其常委会能够选择合适的切入点推进宪法监督的实践。

随着依法治国方略的实施，特别是社会主义法律体系的形成和完善，法律系统相对于政治系统的独立性已经逐渐显现。在中共中央的正式文件中，逐渐开始将社会主义法律体系与政治制度加以并列表述，法治话语逐渐获得了相对独立的地位。这种政治话语的逐渐发展，在为宪法的法律化实施提供政治理论支持的同时也将为宪法基础理论的研究提供一种较为明确的政治坐标。为此，如何结合中国的政治实践并基于法学的立场研究宪法实施以及宪法监督问题，将是宪法学研究的一个重要的研究课题。与此同时，实践问题导向的宪法理论研究将成为主流。

值得注意的是，在过去的一年中，由于习近平总书记在2012年12月4日纪念现行宪法正式施行30周年大会讲话中，明确提出了“依法治国首先是依宪治国，依法执政关键是依宪执政”的宪法至上的“宪治”思想，加强宪法的法律权威，不断推动宪法实施，成为贯彻落实依法治国基本方略的重要政策目标。刚刚举行的党的十八届三中全会通过的《中共中央关于全面深化改革若干重大问题的决定》规定“推进法治中国建设”的一项重要措施，就是“维护宪法法律权威”。而“维护宪法法律权威”的具体制度措施，包括“宪法是保证党和国家兴旺发达、长治久安的根本法，具有最高权威。要进一步健全宪法实施监督机制和程序，把全面贯彻实施宪法提高到一个新水平。建立健全全社会忠于、遵守、维护、运用宪法法律的制度。坚持法律面前人人平等，任何组织或者个人都不得有超越宪法法律的特权，一切违反宪法法律的行为都必须予以追究”。从《决定》上述规定精神来看，可以说“健全宪法实施监督机制和程序”，为今后一段时间的宪法学理论研究提出了重大的现实课题。在今年10月中旬在重庆召开的2013年中国宪法学研究会年会上，会议的主题并没有像外界所猜测的那样“悲观”，对“依宪治国”思想的高度关注乃至对“社会主义宪政”概念价值的理性分析，都得到了绝大多数与会者的支持。可以预见，中国宪法学界在经历一段短暂的徘徊和犹豫之后，必然会迎来一个崭新的春天。围绕着《决定》所提出的近300项改革措施，如何有针对性地通过宪法修改、宪法解释的路径来完善宪法制度，使得目前的宪法制度更好地为全面深化改革事业保驾护航，成为最具有时代紧迫感的宪法学人的共同的研究话题。

中国的宪法学研究正处在不断发展变化中，各种高质量的研究成果正不断涌现，本书只是选择了近年来若干重要问题领域，对宪法学的理论研究成果做了有选择性的介绍。限于本书的篇幅与作者的能力，本书对中国宪法学新发展的梳理，难免挂一漏万。若有不周之处，敬请读者批评指正。

本书的撰稿人分别是：中国社会科学院法学研究所副所长、研究员莫纪宏，中国社会科学院法学所宪法行政法研究室副主任、副研究员翟国强，国家行政学院教授任进，中南财经政法大学法学院教授王广辉，北京联合大学教授崔英楠，中国社会科学院西亚非研究所副研究员崔皓旭，中国社会科学院国际法研究所副研究员刘小妹，中国社会科学院美国研究所副研究员周婧。本书具体分工如下：导论翟国强，第一章崔英楠、崔浩旭、刘小妹，第二章周婧、翟国强，第三章任进，第四章王广辉。全书由莫纪宏研究员修改、审定。

莫纪宏　翟国强

2013 年 12 月于北京沙滩